权威·前沿·原创

皮书系列为

“十二五”“十三五”“十四五”时期国家重点出版物出版专项规划项目

U0911638

BLUE BOOK

智库成果出版与传播平台

福建蓝皮书
BLUE BOOK OF FUJIAN

福建乡村振兴报告（2020~2022）

REPORT ON RURAL REVITALIZATION IN FUJIAN PROVINCE (2020-2022)

主　　编／杨国永　温铁军　林建鸿　唐江桥
执行主编／郑永平　林丽梅　林晨蕾　刘其赟
副 主 编／林姝敏　郭玉辉　余丽燕　黄静晗
王全明　郑海荣　施生旭　宋　羽

福建农林大学　新时代乡村治理研究中心
福建农村发展智库
乡村振兴研究院

社会科学文献出版社
SOCIAL SCIENCES ACADEMIC PRESS (CHINA)

图书在版编目(CIP)数据

福建乡村振兴报告．2020-2022 / 杨国永等主编；郑永平等执行主编．--北京：社会科学文献出版社，2022.12

（福建蓝皮书）

ISBN 978-7-5228-1080-5

Ⅰ．①福… Ⅱ．①杨… ②郑… Ⅲ．①农村-社会主义建设-研究报告-福建-2020-2022 Ⅳ．①F327.57

中国版本图书馆 CIP 数据核字（2022）第 215550 号

福建蓝皮书

福建乡村振兴报告（2020~2022）

主　　编 / 杨国永　温铁军　林建鸿　唐江桥
执行主编 / 郑永平　林丽梅　林晨蕾　刘其赟
副 主 编 / 林姝敏　郭玉辉　余丽燕　黄静晗
　　　　　王全明　郑海荣　施生旭　宋　羽

出 版 人 / 王利民
责任编辑 / 张建中
文稿编辑 / 杨惠茹
责任印制 / 王京美

出　　版 / 社会科学文献出版社·政法传媒分社（010）59367156
　　　　　地址：北京市北三环中路甲 29 号院华龙大厦　邮编：100029
　　　　　网址：www.ssap.com.cn
发　　行 / 社会科学文献出版社（010）59367028
印　　装 / 天津千鹤文化传播有限公司

规　　格 / 开 本：787mm×1092mm　1/16
　　　　　印 张：20.25　字 数：300 千字
版　　次 / 2022 年 12 月第 1 版　2022 年 12 月第 1 次印刷
书　　号 / ISBN 978-7-5228-1080-5
定　　价 / 158.00 元

读者服务电话：4008918866

本书是国家社会科学基金项目“分类视角下空心村协同治理研究”（项目批准号：20BGL240）的阶段成果之一。

《福建乡村振兴报告（2020~2022）》
编　委　会

主要作者简介

杨国永 福建漳浦人。福建农林大学公共管理学院公共事业管理系系主任。博士，副教授，硕士研究生导师。兼任福建省社会学会常务理事、福建农村发展智库主任。台湾大学建筑与城乡研究所、中国人民大学公共管理学院、厦门大学公共事务学院访问学者。主要研究领域为土地、住房与城乡发展，乡村建设与治理等；主持国家社科基金项目、福建省社会科学规划项目、福建省软科学计划项目等课题6项。以第一作者/通讯作者在《农业技术经济》《资源科学》《中国农业大学学报》《改革》《城市发展研究》等CSSCI/CSCD期刊发表论文10余篇，其中权威期刊论文7篇；出版专著3部。辅导晋江市、古田县、漳浦县多个地区的美丽乡村创建和乡村旅游发展。主要代表作有《农民工回乡建房的家庭福利效应》(论文)、《农民工回乡建房的事件史分析》(论文)、《耕地抛荒及其治理——文献述评与研究展望》(论文)、《权属意识、针对施治与耕地抛荒的现实因应》(论文)、《变局市场——厦漳地区房地产市场格局演替》（专著)、《我省耕地损毁情况及治理对策建议》（决策咨询报告）等。

温铁军 祖籍河北昌黎，出生于北京市。博士，教授，博士研究生导师，享受国务院政府特殊津贴专家。福建农林大学乡村振兴学院院长，福建农林大学乡村振兴研究院院长，西南大学中国乡村建设学院执行院长，暨南大学乡村振兴研究院学术委员会主任，海口经济学院特聘教授，国家环境咨询委员会委员，国家粮食安全专家委员，国家发改委新型城镇化专家委员，民政部全国基层政权和社区建设专家委员，商务部、国家林业和草原局、北京市、重庆市、福建省等的专家顾问，以及中国邮政储蓄银行独立董事。曾任原中共中央农村政策研究室主任科员、副处长，原农业部农村经济研究中心处长，中国经济体制改革研究会副秘书长，中国经济体制改革杂志社社长兼总编辑，中国人民大学农业与农村发展学院院长等职，先后担任过多个国家级项目首席专家。主要研究领域包括发展中国家比较研究、乡村治理、农村金融、生态资源价值实现。主要代表作有《八次危机：中国的真实经验（1949—2009）》（专著）、《三农问题与制度变迁》（专著）、《解构现代化》（专著）、《从农业 1.0 到农业 4.0》（主编）、《我们的生态化：二十年转型辑录》（主编）、《全球化与国家竞争：新兴七国比较研究》（主编）。

阮晓菁 福建福安人。福建农林大学社会科学处处长、公共管理学院院长。博士，研究员，硕士研究生导师。主要研究领域包括公共管理、马克思主义中国化。主要代表作有《论习近平绿色发展理念的六维结构体系》（论文）、《习近平关于"中华优秀传统文化创造性转化、创新性发展"论述研究》（论文）、《传承发展中华优秀传统文化视域下红色文化资源开发利用研究》（论文）、《基于乡村治理的马克思主义大众化实现路径研究》（论文）等。

郑永平 福建长汀人。福建农林大学公共管理学院公共事业管理系副主任，福建农村发展智库副主任。博士，讲师。主要研究领域包括传统村落保护与开发、区域发展战略规划与评价、城镇发展战略等。主要代表作有《传统村落空心化的成因及治理对策——以屏南县漈头村为例》（论文）、《台湾农村六级化产业发展对大陆乡村振兴的启示——以台东县永安社区为例》（论文）、《福建省设区市农业产业化发展水平差异比较研究》（论文）、《海西建设中的省部合作现状与对策探讨》、《平潭综合实验区开发建设与海峡西岸经济区特色发展》（论文）、《生态文明建设视角下长汀县城镇化发展研究》（论文）等。

林建鸿　福建仙游人。福建农林大学公共管理学院讲师。主要研究领域包括社会保障、社会工作与社会政策。主要代表作有《合理社会分层与农村稳定》（论文）、《劳动力外流与农村家庭养老研究》（论文）、《行动者导向下的高校毕业生返乡下乡创业困境纾解》（论文）、《社会医疗保险中的PID现象及其消解》（论文）、《中国呼唤“银色拐杖”》（论文）、《福建省农村婚丧礼俗消费调查及建议》（决策咨询报告）等。

唐江桥　湖南宁乡人。福建农林大学公共管理学院讲师。主要研究领域包括公共管理、农业经济管理。主持“福建省农业面源污染治理效率测度及影响因素研究”“高校本科公共管理类课程线下与线上教学质量评价比较研究”“福建省农产品价格波动预警研究”等省级课题多项。公开发表论文多篇，其中代表性论文有《改革开放40年来城镇化背景下农村生态环境问题探析》《福建省农产品价格波动、传导及预警》《中国鸡蛋价格波动周期识别与短期预测》等。

郑逸芳　福建古田人。教授，博士研究生导师。福建农林大学公共管理学院原院长，福建省师德标兵，公共管理省级重点学科带头人，公共管理一级学科硕士点带头人，农村社会管理二级学科博士点带头人，福建省自然资源管理研究中心主任。兼任中国劳动学会理事，全国妇女理论研究会理事，全国农林水院校公共管理学科发展协作组副主任委员，福建省行政管理学会副会长，福建省社会建设研究会副会长，福建省妇女理论研究会副会长，福建农村发展研究中心特约研究员。主要研究领域包括农村公共管理、基层廉政。主持国家社科基金全国教育科学“十三五”规划项目1项、国家软科学项目1项、教育部人文社科项目1项、福建省社科重点项目等30多项。发表学术论文70余篇。相关成果获福建省社科成果三等奖1项、二等奖1

项，获国家教学成果二等奖 1 项，福建省教学成果特等奖 1 项、二等奖 1 项，民政部优秀成果二等奖 1 项。多项研究咨询报告获省部级领导批示和采纳。参与编著《新型社区治理理论与实践》《科技管理》等教材及《千方百计增进农民福祉》《科学发展观的历史演进和时代意蕴》等著作 10 部。

摘　要

2020 年是全面建成小康社会目标实现之年，也是全面打赢脱贫攻坚战收官之年；2021 年是“十四五”规划的开局之年，也是全面推进乡村振兴的第一年，农业农村进入新发展阶段。2020~2021 年，福建省深入践行习近平生态文明思想和“两山”理念，经受新冠肺炎疫情考验，坚持走具有福建特色的乡村振兴之路，扎实有序做好乡村发展、乡村建设、乡村治理重点工作，高质量全面推进乡村振兴取得新进展。

通过在福建省的典型乡村进行实地调查，面向涉农部门、乡镇、村庄、企业、合作社和农户开展深度访谈，基于年度统计和问卷调查数据，采用描述性统计和计量分析方法，并参考相关部门的工作总结和媒体公开报道，本书对 2020~2021 年福建省乡村经济、社会、政治、文化和生态发展状况及相关热点问题进行监测、分析和预测。

本书系统回顾和总结 2020~2021 年福建省乡村振兴进展情况，包括乡村发展、乡村建设、乡村治理，以及乡村改革与保障等方面。2020~2021 年，福建省乡村振兴取得新进展，全省第一产业增加值 2897.74 亿元，比上年增长 4.9%；全面实施特色现代农业高质量发展“3212”工程；启动实施种业振兴行动，全省农作物和畜禽良种覆盖率达 98.6%；脱贫人口收入增幅持续高于全省平均水平；农村人居环境大幅改善，全面完成三年整治“一革命四行动”目标任务等。对照乡村振兴的五个方面目标要求，本书认为福建省乡村振兴还存在一些问题，并结合 2022 年福建省乡村振兴面临的机遇和挑战提出了若干对策，高质量全面推进福建省乡村振兴。

本书分析2020~2021年福建省乡村产业、人才、文化、生态和组织五个方面振兴情况。2020~2021年福建省农村经济持续增长，乡村产业振兴取得显著成效，实现粮食面积、单产、总产“三增长”；乡村人才队伍不断壮大，制度环境持续优化，各类人才支撑乡村振兴的格局逐渐形成；围绕乡风文明，持续推进乡村思想文化建设，大力弘扬八闽优秀传统文化，不断健全乡村公共文化服务体系；有序推进农村人居环境整治、重点生态系统保护和修复、生态旅游产业链发展、城乡防灾减灾体系建设；在提升农村基层党组织的组织建设、村民自治、社会组织参与、集体经济发展方面取得了一定成绩。本书对福建省农村集体产权制度改革、农民专业合作社运行、耕地“非粮化”及其治理、农村金融发展、农村垃圾治理情况等进行了调查分析。最后对长汀县、寿宁县下党乡、将乐县高唐镇、南安市灯光村等地区探索乡村振兴之路的过程、经验等进行分析。

关键词： 乡村振兴　乡村发展　乡村建设　乡村治理　福建特色

目录

Ⅰ 总报告

Ⅱ 分报告

Ⅲ 专题篇

Ⅳ 案例篇

Ⅴ 附 录

总报告

General Report

B.1
福建省乡村振兴进展与展望（2020~2022年）*

杨国永　郑永平　林姝敏　郭玉辉　黄跃东　陈永贵　王全明　杨朝钦**

摘　要： 2020~2021 年，福建省乡村振兴取得新进展。2021 年，全省第一产业增加值 2897.74 亿元，比上年增长 4.9%；粮食播种面积、总产量超额完成国家下达任务；生猪产能提前恢复到常年水平；全面实施特色现代农业高质量发展“3212”工程；农业利用台资数量和规模保持全国第一；启动实施种业振兴行动，全省农作

---

* 除特别标注外，本篇报告的数据均来自中共福建省委实施乡村振兴战略领导小组办公室提供的汇总资料（省委省政府相关部厅局委《关于报送乡村振兴工作进展情况的函》）。

** 杨国永，福建农林大学公共管理学院副教授，博士，研究方向为土地、住房与城乡发展、乡村建设与治理；郑永平，福建农林大学公共管理学院讲师，博士，研究方向为传统村落保护与开发、区域发展战略规划与评价、城镇发展战略；林姝敏，福建农林大学公共管理学院讲师，在职博士研究生，研究方向为农村社会管理；郭玉辉，福建农林大学公共管理学院副教授，博士，研究方向为农村社会保障；黄跃东，福建省农业农村工作研究中心办公室原主任，研究员，福建农林大学兼职教授，硕士研究生导师；陈永贵，福建省漳州市畜牧技术服务站站长，硕士，高级农业经济师；王全明，福建农村发展智库主任助理；杨朝钦，福建农林大学公共管理学院公共管理专业硕士研究生，研究方向为农村公共管理。

物和畜禽良种覆盖率98.6%；脱贫人口收入增幅持续高于全省平均水平；农村人居环境大幅改善，全面完成三年整治“一革命四行动”目标任务；913个乡镇党委完成换届，平稳有序推进村（社区）“两委”换届；多方参与乡村振兴，全省落地实施农村农业类PPP项目20个，投资额117亿元。但是，对照乡村振兴的五个方面目标要求，福建省乡村振兴还存在一些问题，比如农业结构性矛盾仍然比较突出，农业高质量发展的格局尚未形成，人居环境整治存在不少短板，乡村文化设施网络重建轻管，法治乡村建设整体效能有待进一步释放，农民持续稳定增收面临较大压力。本报告对2022年福建省乡村振兴面临的机遇和挑战的基本判断是：多重战略叠加，“互联网+”和“数字经济”为乡村振兴提供机遇；但世界不确定不稳定因素明显增多，自然灾害进入多发频发期，极端天气气候事件频发，整体宏观经济增速放缓，农村平稳发展的任务更为艰巨等。2022年是党的二十大召开之年，是“十四五”规划实施的关键一年，也是全面推进乡村振兴、加快农业农村现代化的关键一年，建议福建省采取相应对策，高质量全面推进乡村振兴。

关键词： 乡村发展　乡村建设　乡村治理　农村人居环境　福建省

一　2020~2021年福建省乡村振兴进展分析

（一）2020~2021年福建省乡村发展情况

1. 粮食生产和重要农产品供给

（1）粮食生产和供给

2020~2021年，福建省农业总体保持稳定发展，主要农产品保持增长，重要农产品稳产保供，形势持续向好。这两年，在新冠肺炎疫情背景下，福建省各级政府加大政策支持力度，落实“米袋子”党政同责，层层压实属地责任，逐级分解粮食播种任务。加快耕地地力保护补贴资金发放进度，加大种粮奖补力度，调动农民种粮积极性，确保粮食面积只增不减。福建省在推进科技特派员等制度的基础上，积极引导粮食生产向绿色、高效方向发展，普及优良品种和关键增产技术，推广优质稻 700 万亩以上，促进大面积增产增效。制止耕地“非农化”、防止耕地“非粮化”，以 800 万亩水稻生产功能区为重点，截止到 2021 年新建高标准农田 135 万亩，加强产地环境例行监测，推进耕地可持续安全利用，不断提高粮食综合生产能力。

具体来看，2021 年福建省粮食播种面积高于 2020 年，达到 1252 万亩；产量 506. 42 万吨。2021 年福建省第一产业产值为 2897. 74 亿元，同比增长 4. 9%，占地区生产总值的比重为 5. 9%；2021 年同样实现粮食面积、总产、单产“三增长”，其中，稻谷产量 393. 18 万吨，比上年同期增加 1. 43 万吨，增长 0. 4%，有效保障粮食供给（见表 1 和表 2）。

表 1　2017~2021 年福建省第一产业产值情况

单位：亿元，%

指标	2017 年	2018 年	2019 年	2020 年	2021 年
第一产业产值	2215. 12	2379. 02	2595. 53	2732. 32	2897. 74
比上年增长	3. 6	3. 5	3. 5	3. 1	4. 9
占地区生产总值的比重	6. 6	6. 1	6. 1	6. 3	5. 9

资料来源：《2021 年福建省国民经济和社会发展统计公报》，福建省统计局网站，2022 年 3 月 14 日，https：//tjj. fujian. gov. cn/xxgk/tjgb/202203/t20220308_5854870. htm；《福建统计年鉴 2021》，福建省统计局网站，https：//tjj. fujian. gov. cn/tongjinianjian/dz2021/index. htm。

表 2　2017~2021 年福建省粮食产量情况

单位：万吨，%

指标	2017 年	2018 年	2019 年	2020 年	2021 年
粮食产量	487. 15	498. 58	493. 90	502. 32	506. 42
比上年增长(粮食)	2. 0	2. 3	-0. 9	1. 7	0. 8

续表

指标	2017年	2018年	2019年	2020年	2021年
稻谷产量	393.19	398.31	388.79	391.75	393.18
比上年增长(稻谷)	1.7	1.3	-2.4	0.8	0.4

资料来源：《2021年福建省国民经济和社会发展统计公报》，福建省统计局网站，2022年3月14日，https://tjj.fujian.gov.cn/xxgk/tjgb/202203/t20220308_5854870.htm；《福建统计年鉴2021》，福建省统计局网站，https://tjj.fujian.gov.cn/tongjinianjian/dz2021/index.htm。

（2）生猪产能

福建省持续加快生猪产业发展，巩固提升生猪产能。2020年，福建省通过制度建设推动规模生猪养殖场补栏增养、新改扩建，《福建省稳定生猪生产促进转型升级三年行动计划（2019—2021年）》持续推进，落实生猪稳产保供十条政策措施和非洲猪瘟防控八项措施，生猪产能得到显著提升，提前完成生猪存栏900万头的年度任务。在2020年的基础上，2021年福建省根据农业农村部、国家发展改革委等多部委《关于促进生猪产业持续健康发展的意见》和农业农村部《关于印发〈生猪产能调控实施方案（暂行）〉的通知》等文件精神，结合本省实际，制定实施《福建省生猪产能调控实施方案（暂行）》。分级建立生猪产能调控基地，分阶段实施调控措施，稳固生猪基础产能。2021年生猪生产实现恢复性增长，提前完成三年行动计划，年末生猪存栏937.62万头，超额完成国家下达任务，年末生猪存栏、全年生猪出栏、能繁猪存栏均实现增长，规模养猪场数量保持在5000个以上，力争市场猪肉价格不会出现大幅波动。制度建设进一步深化，政府对生猪产能的调控进一步增强，积极应对新冠肺炎疫情等各类突发事件对生猪市场的冲击。

（3）“菜篮子”产品供给

2020~2021年，福建省新冠肺炎疫情多次反复，稳定的“菜篮子”产品供给能力成为抗疫的重要保障。2020年疫情较严重时期，福建省农业农村厅提出实施畜禽产业优化工程，新增肉鸡3000万羽、蛋鸡250万羽、牛羊兔等草食动物100万头，实现肉蛋奶稳定供给。推进优质高效蔬菜建设项目，做强一批千亩以上蔬菜基地，支持设施蔬菜高效栽培，在满足省内需求基础上为“南菜北运”多做贡献。2021 年福建省明确要求大力发展设施蔬菜和夏秋高山蔬菜，提升蔬菜周年均衡供应水平。特别指出强化“菜篮子”负责制，继续提高“菜篮子”产品供给能力，满足人民群众的生活需求。

具体来看，2020 年，福建省蔬菜种植面积 895.46 万亩，比上年同期增加 25.76 万亩。在保障省内市场供给的同时，40%调供省外。全年肉蛋奶总产量 330.88 万吨，比上年增长 3.8%。肉类总产量 259.39 万吨，比上年增长 1.7%。全省农产品市场量足质优价稳。2021 年肉蛋奶、菜茶果菌等主要农产品全面增产，供应充足。其中，猪肉产量 124.34 万吨，比上年增长 19.8%；禽蛋产量 55.91 万吨，比上年增长 4.2%；牛奶产量 19.43 万吨，比上年增长 14.7%。生猪生产恢复性增长，生猪产能提前恢复到常年水平。年水产品总产量 853.07 万吨，比上年增长 2.4%。2021 年福建省主要农产品产量见表 3。

表 3　2021 年福建省主要农产品产量情况

单位：万吨，%

产品名称	产量	比上年增长
粮食	506.42	0.8
春收	24.39	0.6
夏收	77.33	0.1
秋收	404.71	1.0
油料	23.31	2.5
其中:花生	22.21	2.5
油菜籽	1.02	6.1
甘蔗	28.79	6.7
烤烟	10.52	4.9
茶叶	48.79	5.8
水果	810.29	6.0
蔬菜	1540.46	3.2
食用菌	146.04	5.9

资料来源：《2021 年福建省国民经济和社会发展统计公报》，福建省统计局网站，2022 年 3 月 14 日，https：//tjj.fujian.gov.cn/xxgk/tjgb/202203/t20220308_5854870.htm。

（4）合理保障农民种粮收益

福建省全力推动农业生产，促进农民就业增收，拓宽农民就业途径，保障农民的粮食收益。2020~2021年，福建省农民收入和消费水平均显著提高，城乡差距缩小。2021年福建省居民人均可支配收入40659元，扣除价格因素，实际增长8.5%（见图1）。其中，按常住地划分，农村居民人均可支配收入23229元，增长11.2%，扣除价格因素，实际增长10.9%。城乡居民人均可支配收入比值为2.20，比上年缩小0.06。福建省居民人均生活消费支出28440元，扣除价格因素，实际增长12.4%。其中，农村居民人均生活消费支出19290元，增长18.1%，扣除价格因素，实际增长17.7%。

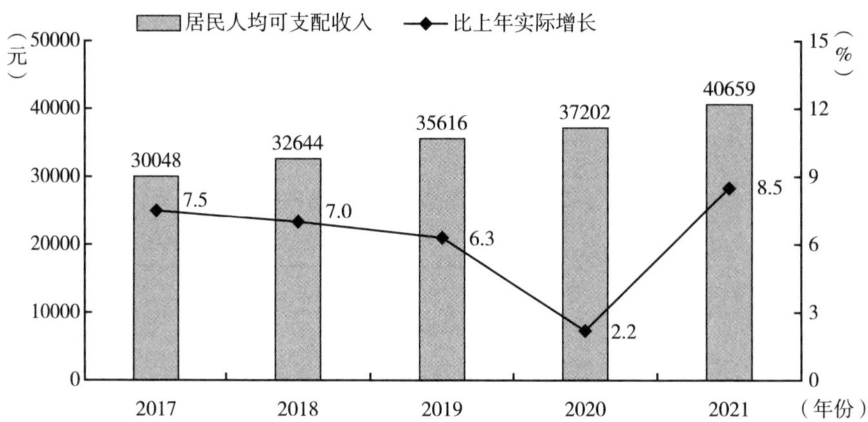

图1　2017~2021年福建省居民人均可支配收入及增长情况

福建省合理保障农民种粮收益的具体措施主要有三个方面。一是加大补助力度。福建省专门制定了种粮大户奖励政策，鼓励县（市、区）财政、农业农村部门根据当地的实际情况，对种粮面积30亩以上的种粮大户实施30元/亩以上的叠加补助政策。2020年部分县（市、区）对种粮大户的补贴标准远高于30元/亩，如福鼎市的奖励标准是100元/亩、永定区80元/亩、建宁县60元/亩等，这些补贴政策对当地粮食生产的稳定发展起到了较好的促进作用。二是开展项目扶持。省级粮食产能提升、绿色高质高效创建、农业生产社会化服务、优质稻品种示范推广等粮食生产扶持项目均重点投向南平、三明、龙岩等粮食生产重点地区，对应用粮食增产关键技术，发展适度规模经营，开展代耕、代播、代种、代收、代烘等社会化服务内容的种粮农民、种粮大户，予以项目资金扶持。三是提高风险保障水平。为抵消台风、干旱等自然灾害可能给种粮农民带来的成本损失，2020 年开始，福建省将水稻种植保险每亩保额从 400 元提高到 500 元，并对 50 亩以上的种粮大户实行单独投保，充分拓展投保面和提高理赔率，努力提高种粮农民的风险保障水平。

2. 特色现代农业高质量发展

（1）特色产业集聚提升

2020~2021 年，福建省加快特色产业集聚，深入实施特色现代农业“968”工程，推动农业高质量发展。全面实施特色现代农业高质量发展“3212”工程，走特色路，打造特色品牌，促进特色现代农业提质增效，不断提升质量、效益、竞争力。一是全力做优、做强、做大十大乡村特色产业，新建现代农业项目 810 个，新增投资 320 亿元，推进安溪铁观音、平和蜜柚、古田食用菌、建宁水稻制种等十大现代农业产业园，武夷岩茶、设施蔬菜、福建百香果等八大优势特色产业集群和 27 个国家产业强镇建设，在特色产业集聚效应下，形成一批产业强县、强镇、强村，带动乡村经济发展。截至 2021 年，已推进 2 个国家优势特色产业集群、5 个国家现代农业产业园、37 个国家农业产业强镇建设，创建省级以上特色农产品优势区 121 个、现代农业产业园 60 个，实施现代农业重点项目 962 个、完成投资 366. 7 亿元。二是加强农业品牌建设，创建优质农产品标准化示范基地 600 个，“三品一标”农产品达 5016 个，培育福建农产品区域公用品牌 40 个、福建名牌农产品 116 个，“福”字号优质绿色农产品影响力、竞争力不断增强。2021 年，农业良种覆盖率达 98. 5%，水稻优质率提高到 80%，畜禽养殖规模化率达 87%，茶果菜、肉蛋奶等绿色优质率大幅提高。三是提升农产品产地加工能力，新建改造农产品产地初加工和商品化处理中心 370 个，新增初加工能力 3 万吨，规模以上加工企业主营业务收入 13437 亿元，农产品加工转化率提高到72%。四是加快发展农产品电商，开展“县长带你买好货”、驻村第一书记和“网红”直播带货等电商活动，带动农产品网络销售362亿元，增长41%。五是拓展农业多种功能，加快一二三产业融合发展，推进5个国家农村产业融合发展示范园建设，扶持发展中央厨房、休闲农业、乡村旅游、乡村物流等新产业、新业态。规模以上休闲农业经营主体达3706家，年接待游客4751万人次。2021年形成农业特色产业百亿强县9个、十亿强镇79个、亿元村146个。乡村特色产业提质增效，十大产业全产业链总产值超过2万亿元。

（2）县域商业体系建设

2020~2021年，新冠肺炎疫情对商业体系建设带来较大阻力，福建省委、省政府高度重视县域商业体系的稳定和建设，通过一系列制度保障措施，深化乡村振兴与商业体系融合，着力增强乡村振兴活力。

在县域商业体系硬件建设方面，首先，深入推进电子商务进农村和农产品出村进城，加快完善县乡村三级农村物流体系，推动城乡生产和消费有效对接。其次，加快推进农产品仓储保鲜冷链物流设施建设，推进田头小型仓储保鲜冷链设施、产地低温直销配送中心建设，积极创建国家骨干冷链物流基地。最后，做强、做优农副食品加工业，加大加工产品市场推广力度。2021年《福建省食品加工产业高质量发展行动计划（2021—2025年）》出台，福建省依托乡村丰富的农林牧畜渔业资源，大力发展农副食品加工业，加快泽汇渔业产业园等的重点技改步伐，推进乡村农副食品加工业机械化、智能化、规模化转型升级。2021年福建省商务厅继续安排省级商务发展资金2146万元支持农产品交易市场建设和改造提升，支持商贸流通企业建设改造冷库等冷链设施，对符合条件的项目，按实际投资额给予最高50%的补助。

在县域商业体系软件建设方面，一是支持发展农村生活性、生产性服务业，充分发挥供销合作社乡镇惠农服务中心、益农信息社的作用，拓展服务功能、丰富服务内容、创新服务方式，提供线上线下相结合的乡村服务。推动农村居民耐用消费品更新换代，满足农村居民消费升级需求。二是积极搭建平台。线下平台包括首届莆田食品展示推介会、第三届中国食品名城

（漳州）食品交易会暨第二届龙海国际休闲食品博览会、第五届海峡两岸食品交易会暨第八届闽台（泉州）食品交易会等活动，可拓展农副加工产品市场，达成交易。其中，第三届中国食品名城（漳州）食品交易会暨第二届龙海国际休闲食品博览会达成现货交易、协议交易合计36.7亿元，第五届海峡两岸食品交易会暨第八届闽台（泉州）食品交易会达成意向交易额163.58亿元。线上平台则充分发挥电子商务进农村、示范县的辐射带动作用，完善农产品网络销售体系，让农产品“出村进城”更为便捷、顺畅、高效。2021年上半年，全省农产品网络零售额183.4亿元，排全国第6位，同比增长8.3%。三是打造乡村旅游品牌，推进文旅产业发展。目前福建省共6个村入选第三批全国乡村旅游重点村，3个镇入选第一批全国乡村旅游重点镇（乡），2021年福建省培育了41个“金牌旅游村”和17个“全域生态旅游小镇”，着力打造本省乡村旅游品牌。通过重点项目支撑，带动文旅产业高质量发展。结合各地特色，福建省出台项目创意策划指南，指导推动各项目发挥资源优势，围绕滨海旅游、温泉度假、森林康养、研学旅游、旅游演艺、非遗体验等业态打造特色品牌。

（3）农民就地就近就业创业

福建省健全统筹城乡的就业政策和服务体系，推动公共就业服务机构向乡村延伸。深入实施新生代农民工职业技能提升计划，面向农民就业创业需求，开展职业技术教育与技能培训。鼓励农村自主创新创业，出台用地、财政、金融等优惠政策，引进现代科技，依托福建农民创业园、现代农业产业园、农业科技园区等，助力农村创新创业。目前，福建省共建立了26个国家级和121个省级农村创新创业园区（基地），并培育了7个全国农村创业创新典型县、8000个带头人。

2020年，福建省为应对新冠肺炎疫情，发布《关于全面推动农业复工复产扎实抓好春季农业生产二十条措施的通知》，采取提供培训补贴、就业岗位补助、网络销售奖励，组织专场招聘等措施，促进农业复工复产，拓宽就业途径；开展农民工工资支付情况排查整顿工作，建立讨薪纠纷案件长效机制，加大欠薪惩处力度。前三季度全省各级劳动保障监察机构检查用人单位 12685 家，将 12 家严重拖欠农民工工资的用人单位列入“黑名单”，为 4741 名劳动者追发工资 4493.7 万元，公布重大劳动保障违法行为 49 起。2021 年，为继续推动农民就地就近就业创业，福建省专门增加适应进城农民刚性需求的住房供给，同时帮助在县域就业的农民工就地市民化。福建省政府相关工作的重点在于推动脱贫人口稳岗就业，持续做好有组织的劳务输出工作。规范公益岗位管理，促进弱劳力、半劳力、残疾人等家庭就近就业，对符合条件的就业困难人员进行就业援助。

（4）农业农村减排固碳

福建省作为全国首个国家生态文明试验区，持续优化产业结构和能源结构，着力推进体制机制创新，为减排增汇展现绿色担当，贡献绿色智慧。福建省的老区、苏区第一产业占比高、森林覆盖率高，往往承担着区域性生态安全重任。例如福建省的南平市、三明市等，积极建设省级绿色金融改革试验区，设立了集用能权、碳排放权、碳排放权交易功能于一体的海峡资源环境交易中心，推动金融机构在绿色信贷投放、绿色金融产品创新、绿色企业上市挂牌，以及绿色金融服务体系建设等方面开展一系列创新实践。2020 年，南平市顺昌县创新开发“一元碳汇”线上销售项目并完成交易 47 万吨，实现收益 4700 万元。2020 年末，福建省绿色信贷余额达 2900 亿元，增长 18%，绿色投融资金额迅速增长，其中，三明市林票制度改革、南平市“生态银行”等入选自然资源部生态价值实现典型案例。截至 2021 年 6 月，碳中和债券、碳汇质押和远期碳回购以及碳汇资产价格指数保险，林权抵押贷款、碳汇交易等碳金融创新业务均已在福建省落地。同时，福建省已累计实施碳汇林面积 100 多万亩，开发、备案碳汇项目 20 个，碳汇成交量达 275 万吨，成交额达 4055 万元，带动碳汇金融投资 5000 多万元，形成具有福建省特色的林业生态产品价值实现路径。

（5）农业对台合作

福建省农业对台合作走在前列，2020~2021 年闽台农业合作和农产品出口提升工程持续推进。在闽台农业合作上，2020 年闽台农业融合发展实现新突破。一是台湾农民创业园建设水平提升，打造“一园一特色、一区一产业”的特色发展格局。截至 2021 年 11 月，6 个国家级台创园累计集聚台农 2000 多人，累计吸引 680 家台资农业企业，合同利用台资 2.4 亿美元，吸引台资近 12 亿美元。1~10 月，6 个台创园新批 29 个台资农业项目，合同利用台资 2100 万美元，包揽国家年度综合考评前 6 名。二是创建 9 个闽台农业融合发展产业园和 125 个闽台农业合作推广示范县，在种业、农机、精致果业、休闲农业等台湾优势产业上实现对接合作，引进台湾农业良种、新农药、新肥料、先进实用技术以及先进农机具和加工设施等，其中农业良种累计 2500 个，先进实用技术和新肥料、新农药累计 1000 多项，先进农机具和加工设备累计 2 万多台（套），推广面积超过 1000 万亩，2020 年全年新增台资农业项目 68 个。2021 年闽台农业加快融合发展，全年新批办台资农业项目 78 个，农业利用台资规模和数量常年居全国第一。三是密切闽台基层交流，目前已有 5000 余名台胞常年在闽发展现代农业，成功举办海峡论坛·两岸特色乡镇交流对接活动、两岸农业合作交流云展会、两岸茶博会、两岸林博会等两岸交流活动，线上线下共同推进闽台农业技术培训。

（6）农业对外合作

一是继续推进“百展万企”计划。在“百展”名单中，有 14 个食品类展会包含农产品。扶持外贸公司参加境外专业优质展会，促进福建省外贸公司与境外优质企业合作交流，拓展境外市场，在国际市场上多元化发展。在新冠肺炎疫情之下，福建省继续对“百展”主办方在线上举办的项目和参加展会的外贸企业予以扶持，并牵头组织 15 场福建外贸云展会，其中包括食品类 1 场。二是继续推进“助力万企成长”行动。邀请海关、税务、外汇、工信等部门为企业宣传讲解外贸促进政策、《区域全面经济伙伴关系协定》（Regional Comprehensive Economic Partnership，RCEP）等惠企政策及措施，扩大政策覆盖面，提升企业对相关政策的知晓度；同时加强对企业国际市场拓展、网络平台运用、报关通关程序等业务知识和技能的培训，为企业拓宽国际市场提供有力支持。2021 年前三季度，福建省累计组织 42 次线上线下业务知识和技能培训，包括农产品企业在内的共 3415 家企业参加培训，受训超万人次。2021 年福建省农产品出口创历史新高，全年出口额超 110

亿美元，居全国第二，福建菌草技术国际合作成为我国农业技术国际合作的名片。

3. 现代农业基础支撑

（1）耕地保护

福建省坚决遏制耕地“非农化”。一是加强耕地利用监管。制定实施《福建省耕地“非农化”常态化监管行动方案》和《关于防止耕地“非粮化”稳定粮食生产实施方案》，落实落细自然资源部耕地卫片监督工作要求，部署全省对耕地变化疑似问题图斑开展核实整改，组织开展设施农业用地上图入库，加强监管。二是加强永久基本农田特殊保护。按照自然资源部的统一部署推进永久基本农田套合标注、核实整改补足工作。一般建设项目不得占用耕地，重大建设项目确需占用的，在预审选址、用地报批阶段均应进行严格论证，项目用地预审报自然资源部审批，农用地转用和土地征收报国务院审批。三是坚决遏制新增农村乱占耕地建房。将遏制新增农村乱占耕地建房纳入纪委监委“点题整治”内容，全省摸底排查 2020 年 7 月以来新增农村乱占耕地建房问题 1332 宗，截至 2021 年 11 月已处置整改 1332 宗，处置整改率 100%。四是坚持疏堵结合。制定《关于进一步加强农村宅基地和村民住宅建设管理的若干意见（试行）》，规范审批管理，保障农民合理建房需求。仅 2021 年第三季度，全省共办理农村宅基地审批 5356 宗，面积 64.05 公顷。各地通过加强日常巡查、举报线索梳理、信访舆情信息分析、卫星遥感影像监测等手段，充分发挥村级组织作用，调动农村居民积极性，及早发现、及时处置农村新增乱占耕地建房行为，坚决将新增违法问题遏制在苗头阶段，最大限度降低执法难度和防止社会资源浪费。

（2）高标准农田建设

福建省的目标是确保到 2022 年建成 10 亿亩高标准农田，所有高标准农田实现统一上图入库，形成完善的管护监督和考核机制。到 2022 年，农田有效灌溉面积达 10.4 亿亩，耕地质量平均提升 0.5 个等级（别）以上。在此规划下，福建省为应对疫情千方百计稳面积、增单产。2020~2021 年，福建省不断推进高标准农田建设，开展“十二五”以来高标准农田建设情况摸底。

2020 年高标准农田建设任务 130 万亩，对其实行统一规划布局、统一建设标准、统一组织实施、统一验收考核、统一上图入库的“五统一”管理。截至 2020 年 9 月底已开工建设高标准农田 183.7 万亩，建成 103 万亩，完成投资 18.6 亿元，占年度任务的 93%。省级整合资金全部到位，中央下达补助 14 亿元，省级配套补助 7.3 亿元，地方配套及其他资金 1.3 亿元。共发放耕地地力保护补贴 12.1 亿元。对于受污染耕地，福建省配合推进受污染耕地安全利用工作。

2021 年制定实施《福建省高标准农田建设专项规划（2021—2030 年）》，年度新建高标准农田 151 万亩。研究制定 2021 年度全省受污染耕地安全利用具体任务，细化分解全省 2021 年安全利用类任务 68.59 万亩、严格管控类任务 2.9 万亩，督促指导各地细化分解任务到具体地块并推进落实。推动项目谋划，推动农业农村部门根据质量类别划分成果，科学谋划耕地安全利用项目，加大资金支持力度，以项目实施推动耕地安全利用，有效保障食用农产品安全。截至 2021 年，福建省已指导各地农业农村部门向生态环境部申报耕地安全利用项目 7 个，浦城县项目已获得 1280 万元中央专项资金支持。

（3）种业振兴行动

福建省高度重视种业创新，2021 年开始实施种业创新工程。福建省深入推进种业创新工程，选育、审定、认定 106 个农作物及畜禽新品种。种子是农业的“芯片”，2021 年，福建省 52 个新品种通过国家审定，杂交水稻、食用菌、茶树育种等均走在全国前列，农作物和畜禽良种覆盖率达 98.6%。特别值得一提的是，“圣泽 901”白羽肉鸡最终通过国家畜禽遗传资源委员会审定，成为我国首批自主培育的白羽肉鸡品种，打破种源完全依赖进口的局面，打破国外的长期垄断。

与此同时，福建省的设施蔬菜、畜禽育种相对薄弱，因此 2021 年福建省确定了 20 个省级保护单位，建设 10 个种质资源库，推进一批地方特色种质资源产业化开发。福建省加强联合育种攻关，发展水稻、蔬菜、食用菌、肉鸡、蛋禽等重点产业，选育 20 个优质专用绿色新品种，开展白羽肉鸡配套系和高产蛋鸭配套系选育。加快良种繁育基地建设，高标准打造“中国稻种基地”25 万亩，建设特色果蔬育苗基地 3 万亩，改扩建国家畜禽核心育种场和畜禽良种繁育基地，种畜禽群体规模超过 50 万头（羽、只）。加强新品种展示示范，新建 3 个省级农作物品种试验站，建立核心展示示范片 280 个，示范推广优质专用农作物新品种 100 个以上。完善种业公共服务体系，建设福建种业大数据中心。

（4）农业科技装备研发推广

2020~2021 年，福建省农业科技装备水平获得提升。2020 年启动新一轮 7 个现代农业产业技术体系建设，组建 15 个农业科技创新专业联盟，深入实施科技助力乡村产业振兴“千万行动”，面对面帮助农民解决生产技术难题。全面落实农机购置补贴政策，补贴购置农机具超过 11 万台（套），农机化作业面积达 1845 万亩，全省农作物综合机械化率达 70%。新建高标准农田 148 万亩，全省高标准农田保有量超过 1100 万亩。加快数字乡村建设，福建“农业云 131”信息工程投入运营，建成现代农业智慧园 50 个、农业物联网运用基地 600 个，“互联网+”农产品出村进城工程启动实施，益农信息社覆盖 85%以上建制村。

2021 年福建省实施科技提升工程，深化基层农技推广体系改革与建设，加强农技人员业务培训，提升基层农技人员服务能力。进一步推进 7 个现代农业产业技术体系建设，组建 97 个科技创新推广工作站，发挥 15 个农业科技创新专业联盟作用，强化资源整合与协同创新，集中力量破解一批产业技术和工艺提升问题。深化科技助力乡村产业振兴“千万行动”，选派千名专家进万村开展“菜单式”“订单式”技术服务。开展“百万农民培育行动”，每年培养中专以上学历农民 1 万人次，培训高素质农民 10 万人次，远程培训农民 100 万人次以上。

（5）设施农业

福建省不断加快建设现代农业设施。2020 年，福建省建设高标准农田 130 万亩，扶持建设 120 多个千亩设施农业示范基地；实施主要农作物全程机械化推进行动，加快农业机械化和农机装备产业转型升级，2020 年耕种收综合机械化率达 66.5%；完成 11 个大中型灌区节水配套改造，新开工重大水利项目 177 个，完成水利投资 410 亿元；推进渔港建设三年行动计划，开展新一轮渔港建设，2020 年开工建设渔港项目 31 个，升级改造养殖网箱 16.3 万口，为全省 1.2 万余艘海洋渔船安装北斗示位仪。进一步完善农村物流体系，不断扩大交通物流节点覆盖面，目前已覆盖全省 97.6%的县、91.3%的乡镇。加快农产品冷链物流产业体系建设，启动农产品仓储保鲜冷链物流设施建设工程和“中央厨房”项目（供销云厨农产品加工及冷链配送项目），在全省农产品主产地规划建设 200 个产地仓小冷库，在每个设区市规划建设 3000 平方米左右的中心仓冷库。

（6）农业农村防灾减灾

2020~2021 年，福建省农业安全生产形势巩固向好，坚持底线思维，强化安全生产意识，狠抓安全生产责任和措施落实。首先，在新冠肺炎疫情防控背景下加强重大动植物疫情防控，未发生非洲猪瘟、高致病性禽流感、口蹄疫、草地贪夜蛾、红火蚁等重大动植物疫情。2020 年农产品质量安全合格率 99.3%，全省农产品市场量足质优价稳。其次，加强安全生产监管，按照“管行业必须管安全”要求，压实安全责任，严查安全隐患，统筹农机、农药、饲料、沼气、屠宰等的安全生产，严防重大安全生产事故发生，农机、农药、饲料、沼气、屠宰等领域未发生重特大事故。最后，加强极端灾害性天气应对。会同气象等部门强化监测预警预报，及时指导防御低温、冰雹、台风、暴雨等极端天气，完善应急预案，备足种子、消毒剂等救灾物资，做好防灾技术指导，最大限度减少农业生产因灾损失，自然灾害得到有效应对。福建省还持续推进海洋生态保护修复项目。作为全国海岸线最长的省份，福建省着力建设海洋大省，目前福州、厦门、泉州、漳州、莆田、平潭综合试验区共实施 7 个中央财政支持的海洋生态保护修复项目，其中 2019 年莆田市“蓝色海湾”项目已完成投资 5.86 亿元，年度工程量完成约 93%；2020 年泉州市“蓝色海湾”项目已完成投资 2.08 亿元，年度工程量已完成；2020 年福州滨海新城海岸带保护修复工程已完成投资 2.04 亿元，年度工程量完成 92%；2021 年，厦门、漳州、泉州、平潭等 4 个海洋生态保护修复项目获得 12 亿元中央资金支持，正在开展项目实施前期工作。

4. 脱贫成果巩固

（1）巩固拓展脱贫攻坚成果长效机制

2020~2021 年，福建省着力巩固拓展脱贫攻坚成果，推动脱贫攻坚同乡村振兴有效衔接。脱贫摘帽不是终点，而是新生活、新奋斗的起点。2020 年，福建省认真落实“联席推进、结对帮扶、产业带动、互学互助、社会参与”工作机制，持续加大资金支持力度，拨付财政帮扶资金 16 亿元，实施帮扶项目 1045 个，深入开展劳务协作、产业合作、人才支援、消费扶贫，协作协议确定的各项任务圆满完成。2021 年出台《关于实现巩固拓展脱贫攻坚成果同乡村振兴有效衔接的实施意见》，下达省级以上衔接资金 19.1 亿元，主要帮扶政策保持稳定，强化产业、就业等帮扶举措，扶持 11.1 万户脱贫户发展产业，指导帮助 15.3 万脱贫劳动力稳岗就业，有力提升“两不愁三保障”水平。

在福建省一系列巩固拓展脱贫攻坚成果的机制中，“一键报贫”的做法成为亮点，被国家乡村振兴局推广。主要做法是，健全完善防止返贫监测和帮扶机制，常态化组织开展防止返贫动态监测和帮扶工作，有效运用网络技术，搭建“一键报贫”等平台。每月组织乡村干部进行走访排查、行业主管部门专项筛查。受理农户申请 16051 户，排查发现疑似对象 1844 户，核实认定监测帮扶对象 13 户 48 人，并推动纳入低保 530 户，临时救助 311 户。

（2）接续推进脱贫地区乡村振兴

福建省以本省实际为基础，聚焦老区苏区，持续开展省内挂钩帮扶工作，加大帮扶力度。省政协牵头，选派高校干部挂职，积极对接其他省直单位共赴实地调研，共同谋划帮扶工作，安排企业家、异地商会，协调各级社会组织，共同实施帮扶项目，落实帮扶工作，接续推进老区振兴。以仙游县为例，2016 年以来，省统一战线共安排 67 名企业家、23 个异地商会挂钩帮扶仙游县，累计实施 69 个帮扶项目，落实帮扶资金 3345.6 万元。2021 年协调省光彩事业促进会资助仙游县及乡村振兴特色乡镇马尾区亭江镇、洛江区虹山乡 30 名贫困大学生每人 5000 元助学金。同年全省共下达振兴补助资金 3500 万元，用于老区乡村基础设施、公共服务和生产发展项目，以此巩固脱贫攻坚成果，接续推进乡村振兴。全面推进"阳光1+1"牵手计划，组织千个老区村和千家社会组织结对共建，目前全省共有1232个社会组织与1263个老区村结对共建，生成帮扶项目1120个，各级社会组织共投入资金8亿多元助力老区村巩固脱贫攻坚成果同乡村振兴的有效衔接。2021年，福建省加大对少数民族乡村的扶持力度，共下达中央、省级少数民族资金877万元，用于支持产业发展。在68个民族村被国家民委命名为"中国少数民族特色村寨"，41个民族村入选省乡村振兴试点村，以及4个民族乡、50个少数民族特色村寨列入福建省首批民族乡村振兴示范点培育名录的基础上，福建省注重把少数民族村寨建设与打造旅游胜地、优化生态环境、发展特色经济相结合，不断培育和打造典型示范乡村，辐射带动民族乡村产业发展和促进基础设施完善。2021年共举办各类实用技术培训4期，培训乡村产业带头人200多人。

（3）建立健全农村低收入人口常态化帮扶机制

2020年，福建省扶持贫困户发展产业项目13.6万个，支持贫困人口返岗务工14.3万人，推动4593户12596人纳入低保兜底保障。全省建档立卡贫困人口人均纯收入达15283元/年，"两不愁"水平持续提升。医疗保障政策全覆盖，排查中发现的辍学及住房安全问题全部得到妥善解决，"三保障"质量不断巩固。探索建立防止返贫监测和帮扶机制，全面推行"一键报贫"，及时将7294户23994人确定为监测对象，单列管理、重点帮扶。2021年福建省推动开展农村低收入人口动态监测，对其实行分类帮扶。对有劳动能力的，要坚持开发式帮扶，加大产业、就业扶持力度，帮助他们用自己的双手致富。对没有劳动能力的，要纳入城乡低保系统或特困人员救助供养范围，及时给予专项救助、临时救助，兜牢社会保障底线。

（4）深化闽宁对口协作和对口支援机制

闽宁对口协作已成为优秀的省际协作模式。2021年继续深化闽宁协作和对口支援机制，提升协作帮扶工作成效。一是开展招生合作。2021年福建省中等职业学校计划面向宁夏招收360人。福建省先后安排6所中职学校赴宁夏开展中等职业学校东西部合作办学对接活动。二是增进互动交流。选派党政干部赴宁夏挂职，派出专业技术人员赴宁夏开展帮扶工作，省委、省政府主要负责同志等省级领导5批10人次赴宁夏开展调研对接。2021年5月底，宁夏回族自治区教育厅考察组一行6人前往福建船政交通职业学院等院校调研；福建船政交通职业学院等4所院校与结对院校开展交流互访。三是落实落细闽宁对口协作，闽宁协作协议确定的各项任务基本完成。2021年福建省安排财政援宁资金6.1亿元，同比增长15%，辖区10个县（市、区）与宁夏9个县（区）和闽宁镇结对帮扶，新引进75家企业落地宁夏，帮助28054名当地劳动力转移就业，销售宁夏农产品17.64亿元。四是加强学生交流。2021年6月，根据《福建省教育厅、宁夏回族自治区教育厅2021年教育协作协议》，已有4对结对院校签订2021年合作办学协议。2021年7月，宁夏乡村振兴重点帮扶县（区）和脱贫地区中职学校到福建优质企业实训交流实习学生1289人；2021年福建省高水平中职学校为宁夏贫困县开展12个培训项目，培训人员438人。

（二）2020~2021年福建省乡村建设分析

1. 乡村建设实施机制完善

按照“多规合一”总体要求，针对不同居住类型村庄进行详细分类，因地制宜，推进建设“村民看得懂，用得上”的功能性村庄。2021年福建省已制定完善村庄发展的三年建设规划，预计到2023年底基本完成村庄规划编制工作。统计结果显示，全省应编尽编村庄规划总数约7900个，正在开展的总数已达4660个，其中县级政府批复的有2079个。

简化村民住宅建设规划许可审批，截至2021年11月，全省通过用管系统核发乡村建设规划许可证6544本。加强农房建筑风貌和样板工程建设，要重点抓好“4个10”，截至2021年11月，全省“崇尚集约建房”建设共完成投资99018万元，集镇环境整治共完成投资10265万元，新时代农村社区建设样板工程共完成投资11563万元，完成13万栋裸房整治，完成率130%，完成投资41.3亿元。

在推进农村改造受损房屋的整体修复项目上，福建省被住建部、财政部专家组认定为实施农村危房改造试点工作较为积极主动、成效明显的试点省份。在扎实推动深化农村房屋结构安全隐患专项普查治理工作中，全省村庄危房完成第三次全网覆盖全面排查，复查住房 746 万栋，发现农村存在严重风险房屋 56057 栋；再次复查全省农村经营性自建旧房 1.6 万栋，发现存在风险房屋 795 栋。

深化闽台乡建乡创合作，福建省加大对闽台乡建乡创融合发展支持力度，强化政策支持，采取务实举措。截至 2021 年 12 月累计 95 支台湾设计师（文创）团队和 300 多名台湾建筑人才开展陪伴式村庄规划设计、文化创意、社区营造等服务；闽台乡建乡创合作项目覆盖全省近 70%县（市、区）；建立常态化闽台交流推广机制，组织台湾建筑师对接 275 个项目，签约落地 120 个项目，下达 5000 万元资金补助 100 个项目。

2. 农村人居环境整治提升

近年来，福建省按照省委、省政府关于加强乡村振兴建设和加快农村人居环境整治的新要求，围绕生态省建设，加快引导乡村生产、生活、生态协调发展，让良好宜居的生态氛围成为福建省一抹亮丽的乡村底色。全省住建系统以农村厕所革命、农村生活污水专项治理、农房整治和村容风貌管控为主要抓手，不断提升福建省乡村建设水平，改善乡村宜居环境。

截至 2021 年底，福建省全面完成三年整治“一革命四行动”目标任务，实现农村公厕建制村全覆盖，农村卫生厕所普及率达 99.2%；农村污水处理设施实现全面覆盖，农村生活污水治理水平进一步提高，2021 年污水治理率已达 87.3%。福建省实施百城千村绿化美化宜居工程，2020 年完成各类生态造林与绿化建设，总绿化面积为 98.1 万亩，累计完成 800 个省级森林村庄建设，全省森林覆盖率逐年提高，现已达 66.8%，继续保持全国第一。

2021 年福建省人居环境建设同样取得了较好的成绩，福建省重点改善农村水环境，全面推进河湖治理，实施 30 个综合性小规模水利治理工程，提高对小流域环境的监管，确保“四有”管护机制的有效落实，巩固提升小流域水质。实施农村生活污水治理工程，建立工作推进机制；制定规范标准，完善治理设施建设运维指引及相关图集；建立全省312条黑臭水体治理清单，其中150条纳入国家优先治理清单，推进福清、南安、诏安3个县的治理试点，已完成15条治理任务，占年度任务的150%。

为扎实推进农村生活污水提升治理、近岸海域综合治理等重点任务，福建省立足“绿盈乡村”建设，进一步加强农村环境综合整治，不断向建设美丽宜居乡村的目标靠近。2021年底，全省“绿盈乡村”累计占福建省乡村总数的70%以上。

3. 城乡基础设施互联互通

2020~2021年，福建省在“四好农村路”的建设上不断推进，推动“四好农村路”向纵深发展。截至2021年10月，全省农村公路建设改造相比2020年增加了760.8公里，占年度计划的225.8%。2021年福建省为提升农村客货运输水平，开展了城乡交通一体化示范创建工作。扎实推进城市公交向周边重点村镇延伸和农村客运公交化试点运营，截至2021年11月，78个涉农重点县（市、区）和18个区（市）实现乡镇全域公交通行；并且推动客运条件较成熟的地区逐步开展农村客运公交化建设，85%的县（市、区）实现城乡区域交通运输网络一体化发展。加快推进县、乡、村三级运输物流网络建设，方便群众出行，降低农村物流成本。截至2021年，全省县、乡物流覆盖率分别为100%和91.3%。

福建省加强农村水利基础设施网络建设，2021年新增19个中型灌区节水配套改造项目，下达省级以上补助1.77亿元，已完成投资1.45亿元。2020年立项的16个重点中型灌区节水配套改造项目基本完成收尾工作，累计完成投资3.8亿元，实现改善灌溉面积37.9万亩。南安、秀屿、建宁等县3个重点农村水系连通及农村水系综合整治试点县已累计完成投资15.76亿元，占总投资的95.42%。

4. 数字乡村建设

为加快数字乡村建设，助力乡村振兴，持续提升农村地区信息通信网络覆盖广度和深度，全省所有行政村在 2021 年实现光纤、4G 通达，建成移动物联网基站 3.6 万个。建成移动 5G 网络基站近 3.6 万个，5G 通信网络乡镇覆盖率达 80%。

在加强“5G+智慧农村”的融合及应用开发方面，2021 年福建省通信管理局主办了第四届“绽放杯”5G 应用技术征集大赛和福建区域赛，10 余个涉农项目参赛，涌现出一批具备试点示范能力的应用场景。通过细化年度整治清单、强化监测考核，有序推进农村通信杆线整治工作，2021 年全行业累计投入改造资金约 800 万元，分别对 195 个村庄开展了专项整治，整治杆线超过 800 皮长公里，新建管网约 230 公里。

5. 基本公共服务县域统筹

为推动福建省农村区域性社会养老管理服务中心项目的开发建设，省级下达 9500 万元财政补助支持资金，推动全省共 70 个农村区域性养老服务中心开工建设，改造提升了 133 个社区居家养老照料服务示范点；国家下达 1000 万元生活补助奖励资金，对全省共 1 万户特殊困难老年人家庭实施适老化改造。开展“我为群众办实事”项目，全省各地区均开通了农村老年人补贴申领亲友代办和线下办理业务，承诺为有特殊困难的老年人提供老年津补贴申领上门服务。

加强政府对农村留守妇女、儿童、青少年的长期关爱管理服务，举办了各项关爱服务活动累计 130 余场次，3.8 万名贫困农村留守儿童切实受益；积极推进对服刑在押人员子女的关爱保护，政府下拨专项服务补助经费 300 万元，关爱服务已实现全覆盖；研究印发儿童保障有关的工作通知，精准有效地保障了事实无人抚养儿童的生活。

福建省在切实提高乡村公共文化基础设施服务质量上，制定出台了《福建省村综合文化服务中心管护指南》等系列政策文件，截至 2021 年 9 月已建成各类乡镇（街道）综合文化站 1126 个，覆盖率达 99.6%。在推动公共文化服务数字化建设上，已完成平台软件优化、性能测试、安全测评、资源加载等相关工作；智能型“文化一点通”已完成设备配送、软件开发优化、测试运行、资源加载、安全测评等相关工作。

（三）2020~2021年福建省乡村治理分析

1. 农村基层组织建设

近几年，福建省从加强基层党组织纪检监察机构规范化建设、优化监管结构、补齐监管短板、提升执行能力等方面入手，督促乡镇党委和纪委履行好主体职责和监督职能。为加强省基层纪检机关监察派驻机构的建设，监委每年定期组织基层乡镇纪检监察机构干部开展集中专题考察培训。

将法治纳入“两委”班子成员的轮训内容，提高村干部依法治村的能力素质，是福建省加强乡镇领导班子建设的有效措施。同时在抓好乡镇领导班子换届上，福建省注重对熟悉农村依法治理人才的吸纳，使一线基层的法治力量得到补充。截至 2021 年 9 月底，全省 7257 个村（社区）党组织顺利完成换届选举，从选出的班子结构来看，较好实现年龄、学历“一降一升”，总体达到以高中（中专）以上学历、36~55 周岁年龄为主体的目标。

2021 年，为确保进一步加强村级自治组织阵地建设，继续大力整顿软弱涣散村党组织，通过反复筛选最终确定换届选举工作难度最大的村，采取“一村一策”机制解决问题，严防“村霸”组织等各种黑恶势力干涉、侵蚀基层政权。

2. 农村精神文明建设

2020 年福建省开启全面提高乡村文明建设水平的进程，鼓励把社会主义核心价值观融入美丽乡村建设、地方文化和人民生活。推进七大平台网络“云平台”建设，积极开展乡风评议、营造良好家风活动，积极发展具有多元文化价值的乡镇和村庄。推动全省农村精神文明建设，开展形式多样的创建达标活动，力争全省县级及以上文明村和乡镇占比达 50%。开展助力乡村振兴“社会工作+志愿服务”行动，截至 2020 年已推进 51 所乡村学校少年宫、42 所省级家风家训馆建设。

截至 2021 年 9 月，福建省在乡村精神文明建设上取得了显著成效，县级以上的文明村和乡镇占 55.9%，圆满完成 2020 年设定的目标。在取得良好成效的同时，福建省持续推进乡村精神文明建设，已建有德育教育馆 51

个、家风家训乡贤馆 42 个、新时代文明实践站 1 万多个。为持续深化殡仪管理改革，对违建坟墓整治成果进行巩固与提升，2021 年全省各地加强指导巡查，累计摸排 11.4 万块违建坟墓，其中 11.2 万块已经被整治，全省节地生态安葬率提高至 83%，居全国首位，其中已累计批建城市公益性公墓 24 个、乡村公益性公墓和骨灰楼堂 6696 个。

未来福建省将继续加强乡土文化传承，强化乡村风貌保护。为乡村文物保护提供法律依据，避免在城乡建设过程中出现“误拆”现象；强化对乡村文物的保护，加强对城乡“两点”之间不可移动文物的保护与管控，推动文物保护实现“多规合一”，并将其工作纳入“一张图”实施统一管理。

3. 平安乡村建设

福建省在推进平安乡村建设上，探索建立信访评理室制度和乡镇信访联席会议制度，2021 年建立信访评理室 18192 个，开展评理 3.8 万件，化解率相比 2020 年增长 5.8%。大力推行“一村一警务助理”模式，2020 年福建全省共配备警务助理 1.5 万名，已覆盖 94%建制村，2021 年持续加强对警务助理的配备，累计人数已达 1.8 万名。同时，全省共设 2481 个农村警务室，设治安巡防组织 1.7 万个，配备驻村民警 3061 名，这些举措是打造平安乡村的重要保障。2020 年福建省推进“一村一法律顾问”，实施乡村“法律明白人”培养工程，提升法治乡村建设水平，全省群众安全感率达 98.9%。在推动落实公共安全视频监控建设城乡一体化工作上，全省已实现 16195 个行政村、15.55 万路公共安全视频监控建设联网，其中千人以上行政村监控覆盖率达 100%，千人以下行政村覆盖率达 85%，基本覆盖进出村道、村内主要道路、村民聚居区等重要部位、公共区域。

（四）2020~2021年福建省乡村改革与保障分析

1. 重点改革

（1）农村基本经营制度

为持续完善农村基本经营制度，福建省不断深化乡村集体林业权制度改革，稳步推进重点生态区位商品林赎买，截至 2020 年完成 2.8 万亩，累计完成35.1万亩。2020年福建省明确将第二轮长期土地承包到期时间再一次延长30年，2021年土地承包政策将得到持续稳定推进。与此同时，建立健全新型农村用地承包的管理协调机制，继续加强农村土地资源高效均衡配置。为给大众提供深入了解农村土地使用管理信息的机会，福建省建立起完善的土地经营权流转合同网签制度。此外，为加强对农村租用土地的监测和管理，福建省还建立和完善工商企业法人等各种社会资本参与租用国家农地建设的主体资格条件审查、项目资格审核、风险隐患防范等机制。

（2）农村土地制度

鼓励农村土地制度改革。与2020年发展规划相比，2021年的计划目标更注重优先保障农村产业规划项目和农村开发建设项目用地，统筹推进农村集体经营性建设用地入市机制，并实现稳定有序开展。逐步推进福建省农村宅基地制度试点及改革，有效识别宅基地住房所有权、资格、使用权差异，积极促进农村宅基地改革和现有农村土地的科学保护与有效利用。规范并开展房地一体化的宅基地日常登记与颁证工作，贯彻落实自然资源部、农业农村部“八不准”政策相关制度规定，坚决遏制当前农村乱占耕地、乱建房行为。

（3）农村集体产权制度

深化福建省农村集体产权制度改革，建立实施“省统筹、市督促、县负总责”的相关工作机制，制定及出台深化农村集体产权制度改革的实施意见、试点实施方案、工作规范指引等政策性文件。2020年福建省开展全面清产核资工作，建立资产台账，全省核实集体资产总额1408.6亿元、集体土地1.6亿亩。为明晰产权归属，开展成员确认工作，现已完成1536个村（居）集体经济组织成员身份确认工作，共确认集体成员2922.8万人；全省14334个有经营性资产和资源性出租收入的村（居）全部完成股份合作制改革，成立新型集体经济组织，登记赋码率100%，股权证发放率97%，股份改革效果显著，有效促进集体经济的发展。2021年福建省农业农村的改革持续深化，农业农村发展新动能不断增强，农村集体产权制度改革“回头看”工作扎实推进，通过“点题整治”收回资金1046万元、土地5791亩，新增租金2311万元；农民合作社、家庭农场超过17万家，丘陵山区经济作物生产托管模式在全国推广，19家农垦国有农场改革发展成果得到巩固提升。

（4）现代农业经营体系

设计和开发现代农业管理系统。福建省现有家庭农场13万家，具有示范作用的家庭农场1000多家。福建省从实行“农民+合作社”和“农民公司”利益联结机制，逐步转向建立发展农业社会服务组织，配套完善产前、产中、产后全过程社会服务，推动小农户生产与现代农业发展要求有机衔接。加大对农村优质农户的培育力度，落实“四免一补”支持政策，推动全省新增中专学历以上高素质农民2万人。

2. 投入保障

（1）资源投入

福建省委统战部注重发挥资源优势服务乡村振兴，支持引导省各民主党派发挥人才智力优势，持续打造各类社会服务工作品牌，选派具有中高级职称的专业技术人才到党外干部服务基地挂职锻炼，助力乡村特色产业快速发展。以“万企兴万村”行动为主要抓手，鼓励引导民营企业将资本、技术、人才、管理、数据等生产要素注入农业农村，持续巩固“千企帮千村”成果，深入推进“万企兴万村”行动，提升农业农村现代化水平。2021年8月，全省共有1483家民营企业和商会组织参与“千企帮千村”行动，结对帮扶1554个村，累计投入帮扶资金10.87亿元，惠及6.7万贫困人口。

（2）金融服务

福建省鼓励银行保险公司创新涉农金融产品和服务方式，完善信用评级和授信制度，使之能够与农村创新创业的特点相适应，扩大有效担保物范围，提高创新创业风险保障水平，并优先支持带头人创新创业；在全省农村扶持建立“百千万”创新创业项目，打造创新创业金融服务中心，支持农村返乡人员积极开展创新创业活动。对担保创业贷款实行贴息政策，简化贷款审批程序，扩大信贷覆盖面，并且允许合理展期，降低利率。截至 2021 年 9 月末，涉农贷款余额突破 1.56 万亿元，比年初增长 9.57%；普惠型各项涉农贷款余额达 4355.09 亿元，比 2021 年初增加 590.98 亿元，增长 15.70%，高于各项贷款增速 6.11 个百分点。

（3）人才队伍

福建省建立科技成果和人才市场信息及时发布制度，每年推荐选任省级科技特派员 2000 余名，实现科技特派员在省内乡镇、村的全覆盖。2021 年福建省继续加大乡村人才培养、下派、引进力度，为乡村振兴提供有力支持。开展分层分类全产业链培训，高素质农民队伍不断发展壮大，截至 2021 年，累计培育输出各类高素质农民 50 多万人，5.4 万名青年农民通过“四免一补”完成大中专学历教育。人才返乡下乡渠道不断拓宽，如党员干部驻村任职、科技特派员制度等。福建省累计选派 2.1 万名驻村第一书记、1.2 万名科技特派员服务乡村振兴。选派第六批驻村第一书记 3736 名，实现乡村振兴重点村、“双薄弱”村全覆盖，1 万多名科技特派员活跃在乡村一线。

（4）党的领导

压实全面推进乡村振兴责任，推进“三农”工作重点任务落实。福建省坚决贯彻党中央决策部署，扎实做好“六稳”工作，全面落实“六保”任务，制定印发《关于加强党对农村工作领导做好农村新冠肺炎疫情防控工作的通知》，采取农村农业复工复产“20 条”等一系列政策措施，全力做好农产品稳产保供和农村疫情防控工作，确保全省农业农村经济社会稳定发展。

福建省委对《中国共产党农村工作条例》进行认真解读，积极采取适应福建省农村工作现状的措施并落细落实。福建省积极培养懂农业、爱农村、爱农民的“三农”工作队伍①，提高农村干部的待遇水平。建立基层区域一体化制度，加强区域间联系，推进社区化管理和服务重心向基层转移，

① 史志军：《做好高质量发展文章　答好乡村振兴之卷》，《唯实》2018 年第 5 期。

将更多资源落实到乡镇和村。加强基层纪检监察组织与农村村务监督委员会之间的沟通交流以及相关制度方案等的有效衔接，形成监督合力。

抓点带面推进乡村振兴全面展开。福建省大力推进农业农村发展，建立健全乡村振兴战略实施管理体制和工作机制，推动福建省乡村振兴取得重大进展，现已初步形成较为完善的体制机制和政策体系。成立福建省乡村振兴局，着眼于巩固和拓展扶贫工作与乡村振兴的有效衔接。延续省级乡村振兴实践路径，在市、县两级成立领导小组和乡村振兴工作室，形成“省委统一领导、市县推进落实、乡村组织实施、部门合力共为、责任层层压实”的整体工作格局。以推动产业振兴、人才振兴、文化振兴、生态振兴和乡村组织振兴为重点，制定省、市、县三级乡村振兴五年规划。

（5）政策法律

福建省制定了乡村振兴十条措施等一系列政策，强化乡村振兴资金、人才、用地等保障。为全面实施乡村振兴战略，加快农业农村现代化进程，在高质量发展中稳步促进共同富裕，根据《中华人民共和国乡村振兴促进法》等有关法律、行政法规规定，结合福建省自身的实际，制定了《福建省乡村振兴促进条例》。

二　2020~2021年福建省乡村振兴存在的问题

（一）“产业兴旺”方面存在的问题

一是稳定粮食生产压力依然较大。2021年全省粮食生产任务虽总体完成，但还存在部分县（市、区）未完成粮食生产任务的情况，地方重农抓粮的责任还要进一步压实。二是农业结构性矛盾依然比较突出。首先，部分农产品供求结构性失衡比较明显，中低端产品过剩，高精端产品不足，特色农业需进一步提质增效，尤其应满足群众对绿色优质农产品日益增长的需求；其次，农业集体组织结构不健全，龙头企业规模不够大，农业大品牌数量不够多，农民专业合作社、家庭农场等新型经营主体发展不规范。三是农业高质量发展格局尚未形成。小生产与大市场、小农户与现代农业衔接不顺畅，农村一二三产业融合发展深度不够。从福建省情况来看，目前农业发展面临的突出问题依然是种业创新能力不强、农田基础设施不健全、农业机械化程度偏低、农业综合生产能力不高。四是农业发展要素支撑不足。首先，产业发展人才短缺，新型职业农民总量偏小，引导各类人才到乡村创新创业机制尚不健全；其次，多元化投入及其保障机制还不完善，主要存在资源流转评估处置较难、农村的金融服务供不应求，以及农业风险保障机制还需进一步健全等问题。五是“农业+”项目同质化较严重，欠缺差异化竞争。各地普遍反映，在农旅融合发展上，休闲农业发展定位不清晰，缺乏科学性、系统性的规划，且多停留在观光或采摘体验层面，对当地特有文化、民俗等资源挖掘不深、开发不足，直接制约了休闲农业产业的发展。

（二）“生态宜居”方面存在的问题

一是生态环境保护工作面临的形势依然严峻。首先，乡村生态资源禀赋、区位条件和发展基础差异显著，山区与沿海乡村发展不平衡，广大农村地区生产、生活、生态“三生空间”交叠，环境保护的压力越来越大，生态环保设施有待进一步完善。其次，乡村生态振兴和农业农村生态环境保护体系尚未健全。市场化机制、社会化手段应用不足，农村污水垃圾处理和农业面源污染治理市场主体培育不足。最后，农村生态环境保护监管薄弱。基层生态环境保护监管和执法力量不足，具体承担农业农村生态环境保护工作的乡镇、村大多缺乏生态环境保护机构和配套人员。

二是人居环境整治存在不少短板。首先，在乡镇生活污水治理方面，乡镇生活污水管网覆盖率较低，支管和接户管铺设远未到位，部分往年建成的设施损毁失效；管网铺设成本高、投入大，据估算每个乡镇集镇建成区要完成管网铺设需近 2000 万元，福建省多数乡镇财力不足，对推动管网建设有心无力。此外，生活污水治理专业性强，部分乡镇尚缺乏专业管理队伍，导致“建了不管、失管，管了也管不好”的现象突出。其次，在农村生活垃圾治理和公厕管护方面，农村垃圾常态化治理机制还需进一步完善，一些地方还存在房前屋后乱倒垃圾、公厕脏乱差的现象。以镇（村）为单位将保洁分散发包给第三方企业的，由于责任边界不清，存在推诿责任和监管不到位的现象。最后，在农房建设管理方面尚存在乱象，部分农村还存在外立面裸房多、半拉子房多的问题，缺乏地域性建筑风貌；室内存在通风采光不够、卫生间布局不合理、功能不完善等问题。农房建设品质低，农房建设质量安全方面的问题也时有发生。

三是乡村绿化规划存在不合理、不科学、无特色问题。首先，部分乡村绿化面积规划不合理，缺乏科学性。部分乡村只是盲目地进行乡村绿化，具有较强的随意性，未能形成统一的乡村整体绿化格局。其次，大多数乡村在环境绿化建设中存在形式主义、同质化严重的问题，致使乡村环境不能突出地域特色，未能保留原有风土风貌。最后，部分乡村在绿化建设管制方面也存在松懈、不重视等问题，片面地为绿化而绿化，让绿化片区自力更生，甚至对植被稀疏地带置之不理。

（三）“乡风文明”方面存在的问题

一是乡村文化设施网络重建轻管，效能不高。乡村综合性文化服务中心基本实现了功能整合，但是它们没有充分发挥其职能，特别是缺乏人力资本和持续的资金投入，因此存在作用发挥不理想、文化产品和服务供给数量不足与质量不高同时并存等问题。二是现有农村公共文化供给存在结构性矛盾，包括一部分文化产品的供给数量大于农民所需，而另一部分文化产品供不应求，低质量的文化产品以及较差的服务无法满足农民群众日益增长的文化需求。三是对文化资源挖掘不深，利用成效不显著。首先，福建省各地乡村有多姿多彩的地域特色文化资源，但各地政府普遍对其重视不够、研究阐释不深入，造成开发利用程度不高、成效不明显的问题。其次，对乡村文化理解不深刻，在发展乡村文化产业过程中有的村甚至忽略了传统文化的价值，谈到乡村文化、乡风文明，就盲目模仿城市文化并引进外来文化，使村庄独特的文化资源未被很好地继承。四是文化机制创新不够，机制不活，文旅、文创等产业上下游链条发展不够紧密，共享机制、社会力量参与机制以及供需对接机制等尚未健全。五是基层党组织与群众的推动和参与不足。有些基层干部缺少经验借鉴、缺乏对乡风文明建设的思路，没有长期规划、长效机制和具体措施；部分乡村基层干部力量薄弱，对乡风文明建设力不从心；缺乏与农民实际生产生活联系密切的乡风文明建设项目，导致农民缺乏参与乡风文明建设活动的积极性和主动性。

（四）“治理有效”方面存在的问题

一是治理主体缺位。因受区域经济发展水平、思想认知水平、社会因素、客观条件等方面的影响，福建省内不同地域村民存在不同程度思想落后和文化水平不高的问题，与新时代思想脱钩，部分乡村出现治理主体缺位的现象。二是基层干部队伍建设有待加强。有些乡村基层干部队伍建设面临人员超编、整体素质不高、工作方法简单、待遇低、积极性不高等困境，难以推动村民自治组织有效治理。三是法治乡村建设整体效能有待进一步释放。首先，法律服务工作存在开展不均衡的问题。一些地方专职调解员配备不足、行业管理不到位，部分乡村对调解员案件补贴方面存在政策滞后或者不落实的情况，影响调解员工作积极性，使“一村（社区）一法律顾问”工作在建设推动过程中仍存在工作进度不均衡的问题。其次，普法宣传力度不足，农村法治宣传工作有待加强。个别乡村存在对法治宣传重视不够、投入不足的问题，普法氛围不够浓厚，针对农村人群特点的精准宣传措施还不到位，运用新媒体、新技术开展乡村普法工作还有待加强。四是法治数字乡村建设有待加强。法治乡村建设系统集成、协同高效的实现程度相对有限，部门间信息共享、区域间信息互通有待进一步加强，个别地方仍存在乡村视频监控、卡口等建设覆盖面不够广的问题，在一定程度上掣肘数字政法向乡村的延伸。不同地区信息技术水平参差不齐，技术匮乏，难以取得实效，无法打造覆盖城乡的信息化公共法律服务体系。

（五）“生活富裕”方面存在的问题

一是农村基础设施保障还不够有力。农村垃圾处理、生活污水治理等设施不够完善，长效管护机制不够健全，农村生活品质有待进一步提升。二是城乡基础设施和公共服务水平差距仍较大。农村道路、饮水、通信、网络等基础设施虽已实现全覆盖，但整体质量不高，运营管护机制不完善；公共服务短板仍然明显，集中表现为乡村师资力量薄弱、医疗资源匮乏、养老问题突出，不能有效满足农民群众对美好生活的需要。三是农民持续稳定增收面临较大压力，当前经济仍处在复苏当中，农民务工收入、经营性收入等仍受到不同程度影响，乡村产业难以支撑农民增收，实现农民持续稳定增收还面临不少困难。四是部分乡村的脱贫成果还需进一步巩固和提升。受历史、自然、区位等因素制约，部分苏区、老区县产业发展基础薄弱，经济发展相对滞后，一些脱贫村集体经济还比较薄弱。

三　2022年福建省乡村振兴面临的机遇和挑战

（一）2022年福建省乡村振兴面临的机遇

2022 年是党的二十大召开之年，是“十四五”规划实施的关键一年，也是全面推进乡村振兴、加快农业农村现代化的关键一年。一是 21 世纪海上丝绸之路核心区、中国（福建）自由贸易试验区、生态文明建设示范区等多重国家和区域战略叠加，为福建省促进农业农村发展提供了巨大的空间。二是“十四五”期间，党中央提出要立足新发展阶段、贯彻新发展理念、构建新发展格局，以推动高质量发展为主题，统筹发展和安全，在实施粮食安全战略、乡村振兴战略方面做出了重要部署，为促进乡村振兴营造了有利条件，增添了强劲动力；农业供给侧结构性改革向纵深推进，为进一步转变农业发展方式奠定了更为坚实的基础。三是党的十九届五中全会做出“加快构建以国内大循环为主体、国内国际双循环相互促进的新发展格局”重大战略部署，为福建省在国家经济发展大局中把握自身定位，进一步完善农业产业链、供应链指明了方向。四是“互联网+”和“数字经济”为乡村振兴建设和发展提供了机遇，数字技术驱动乡村治理方式变革，数字赋能农业产业链协同转型的成效更加明显。五是国家对县域发展以及乡村建设日益重视，城乡融合发展的体制机制和政策体系不断完善，资金、人才、技术等要素持续投向农业农村，为福建省特色农业农村发展营造了良好环境。

（二）2022年福建省乡村振兴面临的挑战

当前我国经济发展面临需求收缩、供给冲击、预期转弱三重压力，全球新冠肺炎疫情仍在持续，外部环境更趋复杂严峻，这些因素给福建省农业农村工作带来了困难和挑战。一是当今世界正经历百年未有之大变局，国际体系和国际秩序深度调整，新冠肺炎疫情全球大流行使世界格局加速变化，全球产业链、供应链面临冲击，包括农业及粮食安全在内的世界安全格局深刻调整，不确定、不稳定因素明显增多。二是福建省“八山一水一分田”、人多地少的省情，使福建省农业及粮食生产呈现地区性、结构性不平衡，在粮食消费需求刚性增长的背景下，粮食稳产增产和调控难度仍比较大。三是当前农产品供给与人民对美好生活的需求还不相适应，与人民群众更加注重多样化、个性化，更加注重绿色有机、安全营养的消费需求还不匹配，中低端产品过剩，高精端产品不足，农产品种植结构调整以及农业供给侧改革的任务还很艰巨。四是近年来自然灾害进入多发频发期，极端天气气候事件频发，对福建省特别是沿海地区的影响不容忽视；食品安全隐患依然存在，保护公众生命健康安全责任重大。五是受内外部因素影响，整体宏观经济增速放缓，农村平稳发展的任务更为艰巨，农民保就业、促民生方面的压力增大，农民增收难度不断加大，提升农村基础设施和公共服务所需投入将面临更多制约。

四　全面推进福建省乡村振兴高质量发展的对策建议

（一）实施绿色引领、融合发展的乡村产业提升行动

1. 稳定提升粮食综合生产能力

要牢牢把住粮食安全主动权，确保重要农产品的有效供给。着力抓好“米袋子”，粮食主产区和非主产区都要保面积、保产量。抓好“菜篮子”生产，进一步提升蔬菜、肉类等农产品自给率和控制力。加快耕地地力保护，开展粮食绿色高质高效创建工作，制止耕地“非农化”，防止耕地“非粮化”，加快推进高标准农田建设。

2. 加快现代种业创新发展

着力发挥杂交水稻、食用菌、茶树育种优势，补足设施蔬菜、畜禽育种短板，聚焦种质资源保护与利用、育种攻关与产业化开发、种业供给能力提升等核心问题，强化现代农业科技支撑与信息化手段融合，打造南方现代种业发展高地。

3. 促进现代农业高质量发展

围绕茶叶、水果、蔬菜、林竹、花卉苗木、畜禽、水产、食用菌等优势特色产业，创建现代农业产业园、优势特色产业集群、农业产业强镇和“一村一品”专业村，形成点线面推进特色现代农业发展格局。继续深化三明市林票制度改革、南平市“生态银行”等生态产品价值实现机制，探索一批农业绿色发展模式，启动一批农业碳汇平衡试点，打造具有福建特色的农业绿色发展先行区。

4. 强化区域农业品牌建设

突出品牌打造，创建一批行业领先、全国知名的农产品区域公用品牌，打造一批有独特竞争优势的企业品牌和产品品牌，积极构建政府、行业协会、科研院所和企业协同推进农业品牌建设的新机制。加强“生态福建·绿色农业”宣传推介，持续开展“闽茶海丝行”活动，不断提高“福”字号绿色优质农产品的美誉度、知名度。

5. 促进农村一二三产业融合发展

鼓励发展农产品精深加工，提升农产品加工转化率，提高农产品上市品级和附加值。加快农产品仓储、保鲜、冷藏等配套冷链物流设施建设。加强休闲农业规划指导，推动形成沿线成廊、连片成带、集群成圈的休闲农业格局。拓展农业多种功能，大力发展新产业新业态，推进农村一二三产业融合发展示范园、农业科技园区和科技示范园区建设。

6. 加快构建现代农业经营体系

鼓励龙头企业与农民专业合作社、家庭农场、农户建立紧密的利益联结机制，牵头农民专业合作社、家庭农场等联合成立农业产业化联合体，带动小农户发展现代农业。组织实施农民专业合作社规范提升行动，实施家庭农场培育计划，加强高素质农民培育，大力培育新型服务主体。培育壮大农业社会化服务组织，推动社会化服务从产中向产前、产后环节延伸，完善金融保险、品牌培育、电商销售、冷链仓储等配套服务。

7. 完善农业发展要素支撑体系

大力实施农作物全程机械化推进行动，大力发展适应小农户需求的多元化、多层次农机社会化服务组织。着力强化科技装备支撑，增强农业综合生产能力。坚持和深化新时代科技特派员制度，提升科技特派员创业和技术服务在所有乡镇和重点村的覆盖率。加强基层农技推广体系改革与建设，提升基层农技员服务能力。完善福建“农业云 131”综合服务平台，建设一批现代农业智慧园和农业物联网应用基地，提升农业信息化水平。探索创新乡村抵押贷款模式，推进农村金融产品创新，进一步健全农业风险保障机制。

8. 加强对台合作

加强与台湾种业、农机、精致果业、农产品加工等优势产业对接合作，建设“一区一产业、一园一特色”的台湾农民创业园，建设闽台农业融合发展产业园，打造闽台农业融合发展示范区。

9. 进一步深化对外合作

加快农业“走出去”，大力实施特色优势农产品出口提升行动，创建一批示范带动作用强的国际标准农产品示范基地，提高福建省农产品国际竞争力。加大对共建“一带一路”国家和地区的市场拓展力度，保持农产品出口额位居全国前列。

（二）实施全域覆盖、生态宜居的新时代美丽乡村建设行动

1. 加快编制村庄规划

强化全域规划理念，坚持“多规合一”，加强村庄规划、国土空间规划等各类综合性、专项性规划的有机衔接，编制实用性村庄规划。科学布局乡村生产、生活、生态空间，分类推动村庄发展，保护好传统村落和乡村特色风貌。鼓励各地吸引台湾建筑师（含文创）团队到闽参与乡村建设，为乡村文创规划设计咨询提供陪护式服务。

2. 加强农房建设管理

开展“崇尚集约建房”专项行动，加强对建筑立面地域风貌的引导，强化裸房整治，加快形成协调的乡村风貌。探索建立农房建设管理有效机制，全面提升农房设计、建设、管理水平。完善休闲交流公共空间建设，深化美丽庭院创建。

3. 持续提升宜居环境

着力推进以县域为单位捆绑打包乡镇生活污水和农村生活垃圾治理市场化，加快推进污水配套管网新建改造，重点抓市场化运营维护，提高运行管理水平。对农村生活垃圾治理实行村庄保洁、垃圾转运、公厕管护“三位一体”全县域打包，总结推广适合福建农村实际的垃圾分类机制。继续实施“厕所革命”，进一步推动农村公厕改造升级。

4. 打造绿色生态空间

实施山水林田湖生态修复与保护，以“绿色矿山”的发展理念和模式推进矿山治理，持续推进土壤污染防治。严格保护河湖水域、岸线等水生态空间，推进小流域系统治理。加强海上综合整治。健全生态产品价值实现机制，探索开展零碳示范村、零碳示范园区建设，促进农业农村绿色低碳循环发展。

（三）实施乡风文明、素质全面的人文乡村发展行动

1. 加强乡村思想道德建设

坚持以人为本、农民主体、多方参与，持续推进农村精神文明建设。创新探索新时代文明实践中心建设路径，不断提升乡村文明程度，积极打造农村文明示范带。推进移风易俗，培育乡风文明新风尚。充分运用各主体喜闻乐见的版画、宣传栏、戏曲、方言、村规民约等方式，实现“以文化人”，潜移默化促进乡村思想道德建设。

2. 繁荣农村传统文化

大力开展历史文化村落保护建设工作，深入挖掘、推广乡村传统特色文化资源，重拾乡愁记忆。弘扬本土乡贤文化，积极培育新乡贤，发挥乡村精英的示范引领作用。推动各地挖掘乡村非遗技艺资源，促进非物质文化遗产创意创新发展与活态利用。帮助农民学习传统技艺，推动乡村地区传统工艺振兴，促进农民就业增收。

3. 增强乡村文化产业活力

加快特色文化开发利用和产业转换，充分挖掘和创新利用农耕文化，强化教育、康养、景观和休闲功能。推进乡村文化与特色农业、旅游产业等融合发展，培育一批福建省“金牌旅游村”和“全域生态旅游小镇”。充分将福建省生态要素融入特色文化产业，开发具有生态特色的文化产品和文化产业。

4. 健全乡村公共文化服务体系

推进城乡公共文化服务体系一体化建设、公共文化新型空间培育和乡村公共文化数字化建设。深化实施“文化惠民”行动，组织开展具有地方特色的民间艺术表演、农民艺术节等群众性文化活动。建设乡村综合性文化服务中心，提升文化组织管理人员综合能力，培育和扶持发展农村民间文艺社团和业余文化队伍。

5. 提升人才集聚水平

因地制宜、多措并举，以更新理念和提升技能为核心，加快推进农民素质提升和新型职业农民培育，为加快农业农村高质量发展、促进乡村振兴提

供人才和智力保障。实施“百万农民培育行动”，全面推进高素质农民学历提升工程、高素质农民培训工程、农村实用技术远程培训工程“三大工程”。完善内培外引相结合的人才振兴机制。完善激励机制，深化交流合作机制，引导各类城市人才主动投身基层、扎根基层。创新利益分配机制，完善权益保障机制，优化人才在乡村发展的环境。

（四）实施多元结合、治理有效的善治乡村推进行动

1. 加强基层干部队伍建设

突出基层党组织的政治功能，大力实施支部建设工程，强化驻村第一书记和工作队员的管理服务。组织一批工作经验丰富的党政干部回村工作，实行派出单位与驻点村结对共建。提升基层干部队伍能力素质，进一步增强干部干事创业的积极性。

2. 着力深化农业农村改革

持续用创新的理念、改革的办法破解“三农”发展难题，激发农民发展动力，提升农村发展活力，增强集体经济实力。鼓励在土地制度、集体经济、城乡融合等重要领域和关键环节积极创新探索，形成可复制推广的样板模式，推动乡村治理整体水平提升。

3. 推动村民组织有效治理

坚持自治为基，推动村民自治，完善自我管理机制，充分运用“一事一议”民主决策机制，提升民众参与乡村治理的积极性。推广运用清单制，保障农民各项权益，提高乡村治理效率。推广运用积分制，引导群众发挥主体作用，形成共建共治共享的社会治理格局。

4. 提升法治建设整体效能

推动乡村法治建设均衡化、乡村法治保障精准化、乡村法治工作数字化。持续推进农业农村综合行政改革向基层延伸，打造基层普法和依法治理一站式平台。充分利用信息化手段助力数字政法体系建设，打造立体化乡村社会治安防控体系。

（五）实施共建共富、全民共享的乡村民生优化行动

1. 提升民生服务保障水平

优化中心村学校和乡（镇）寄宿制学校建设布局，建立城乡师资力量轮岗交流机制，改善农村办学条件。改善农村医疗条件，通过定向委培等多种方式充实基层医护人才队伍；支持远程医疗服务设施建设，扩大远程医疗乡村覆盖面。加大乡村养老服务设施投入力度，加快推进农村幸福院、日间照料中心等养老机构建设，推动医养结合。

2. 加快基础设施提档升级

发挥各地的自然景观优势，合理规划公园绿地和生态景观带。推动市政基础设施向农村延伸，提升农村能源、给排水、污水和垃圾处理及绿化等基础设施建设水平。推动交通基础设施向农村延伸，提升农村路网等级，完成农村公路升级改造。持续推动城乡网络基础设施一体化，不断提升农村数字化应用水平与信息基础设施水平。

3. 巩固拓展脱贫攻坚成果

推动脱贫攻坚同乡村振兴有效衔接。重点加强对脱贫人口的监测帮扶，促进脱贫人口收入持续稳定增长，坚决守住不发生规模性返贫底线。强化造福工程搬迁后续扶持，继续完善集中安置区配套设施，确保搬迁群众安居乐业，逐步致富。加强挂钩帮扶，持续推进山海协作，推动乡村振兴重点县和老区、苏区县加快发展。

4. 促进农民持续稳定增收

进一步健全与经济增长相适应的农民收入增长机制，围绕不同地区、不同群体分类施策，促进农民持续稳定增收。鼓励创业带动就业，支持多渠道灵活就业，多措并举促进转移就业，带动农民增收。深化农村集体产权制度改革，促进农村集体资产保值增值，有效增加农民财产性收入。

参考文献

沈农：《走具有福建特色的乡村振兴之路》，《福建日报》2022 年 3 月 18 日。

《中共福建省委福建省人民政府印发〈关于做好 2022 年全面推进乡村振兴重点工作的实施意见〉》，《福建日报》2022 年 3 月 15 日。

林振福、唐旭：《福建漳州市　建立清洁新机制　按下乡村“美颜键”》，《农民日报》2022 年 2 月 28 日。

福建省文化和旅游厅：《福建　赋能乡村旅游　奏响田园牧歌》，《中国旅游报》2021 年 12 月 13 日。

董良瀚：《走好福建特色的乡村振兴之路》，《团结报》2021 年 12 月 4 日。

蔡茂楷：《福建泉州：“整镇推进”助力乡村全面振兴》，《农民日报》2021 年 11 月 30 日。

福建省供销合作社：《福建南平市社　推进消费帮扶　助力乡村振兴》，《中华合作时报》2021 年 8 月 31 日。

王惠兵：《福建乡村来了“新”科特派》，《人民政协报》2021 年 8 月 19 日。

陈群：《构建茶产业人才“金字塔”　助力福建乡村全面振兴》，《海峡通讯》2022 年第 5 期。

黄婧：《持续强化数字赋能　加快福建乡村振兴》，《发展研究》2022 年第 4 期。

陈明旺：《走具有福建特色的乡村振兴之路——全面推进福建乡村振兴的实践探索与思考》，《发展研究》2022 年第 4 期。

《福建：出台“乡村振兴贷”实施暂行办法》，《中国食品》2022 年第 8 期。

陈明旺：《因地制宜　多措并举　全力打造乡村善治“福建样板”》，《农村工作通讯》2022 年第 1 期。

张琮：《福建南平芹口村　“五实时”助力乡村高效治理》，《农村工作通讯》2021 年第 19 期。

孙杨杰：《生态扶贫与乡村振兴有效衔接的福建探索》，《发展研究》2021 年第 9 期。

李艺玲、杨佳麟：《福建传统村落保护与活化利用——以实施乡村振兴战略为背景》，《闽南师范大学学报》（哲学社会科学版）2021 年第 2 期。

赖瑞联等：《基于福建生态文明试验区建设的乡村产业振兴与农业绿色发展对策》，《亚热带资源与环境学报》2021 年第 2 期。

陈菁等：《生态振兴视域下福建乡村生态产业开发路径研究——基于台湾地区桃米社区生态产业的开发经验》，《安徽农学通报》2021 年第 10 期。

林夏竹：《福建乡村高质量发展的现实困境与路径分析》，《龙岩学院学报》2021 年第 3 期。

雷刘功等：《奋力谱写八闽乡村高质量发展新答卷——福建乡村振兴观察》，《农村工作通讯》2021 年第 9 期。

本刊编辑部:《因地制宜推进福建乡村振兴》,《发展研究》2021 年第 3 期。

赵振文、曾芳芳:《乡村振兴视野下福建乡村治理途径研究》,《农村经济与科技》2021 年第 5 期。

福建省南平市委组织部:《福建南平:打造乡村振兴青年生力军》,《中国人才》2021 年第 1 期。

分 报 告

Partial Reports

B.2

福建省乡村产业振兴情况分析（2020～2021年）*

唐江桥**

摘　要： 2020～2021年福建省乡村产业振兴取得显著成效。农村经济持续增长，2020年、2021年第一产业增加值分别为2732.32亿元、2897.74亿元，比上年增长3.1%、4.9%。实现粮食面积、单产、总产“三增长”，粮食保供能力得到提升。通过做强做优做大乡村特色产业、强化农业品牌建设，推动特色现代农业持续发展。以“3212”工程为抓手，推动乡村特色产业向适宜区集中、向产业园区集聚。农业投入品减量化稳步推进，农业绿色发展先行区创建取得成效。2020年创建优质农产品标准化示范基地600个，“三品一标”农产品累计达5016个，主要农产品质量安全监测总体合格率继续保持全国前列。已建设益农信息社站点1.1万多个，覆盖85%以上建制村，

---

* 除特别标注外，本篇报告的其他数据均来自中共福建省委实施乡村振兴战略领导小组办公室提供的汇总资料（省委省政府相关部厅局委《关于报送乡村振兴工作进展情况的函》）。

** 唐江桥，福建农林大学公共管理学院讲师，博士，研究方向为公共管理、农业经济管理。

建成省级现代农业智慧园50个，农业物联网应用基地700个。2020年、2021年农产品出口额分别为92.94亿美元、116.85亿美元，比上一年增长1.6%、25.7%；2020年，6个国家级台湾农民创业园累计吸引643家台资企业入园创业，引进台资近12亿美元。2020年新增初加工能力2.5万吨，农产品产后损失率平均下降16个百分点，农产品加工转化率提高到72%。同时，福建省乡村产业振兴也存在一些问题，表现为：稳定粮食生产压力仍然较大，农业产业链还存在短板，农业科技创新水平还不高。为加快推进乡村产业振兴，福建省要确保“米袋子”“菜篮子”供应稳定充足，加快建设特色现代农业，加快推进农业绿色发展和农业科技创新。

关键词： 乡村产业振兴　特色现代农业　质量兴农　数字产业　三产融合

一　农林牧渔业产值

2020~2021年，福建省农村经济持续增长。2020年全年福建省实现第一产业产值2732.32亿元，按可比价格计算，比2019年增长3.1%；2021年全年实现第一产业产值2897.74亿元，按可比价格计算，比2020年增长4.9%，是近5年来的最高增速（见表1）。

从地区生产总值的构成来看，福建省第一产业占地区生产总值的比重总体呈下降趋势。2021年福建省第一产业产值占比为5.9%，比2017年下降了0.6个百分点，比2019年下降了0.2个百分点（见表1）。

2020年，福建省农林牧渔业总产值4901.07亿元，按可比价格计算，比2019年增长3.3%。其中，农业、林业、牧业、渔业、农林牧渔服务业分别增长4.0%、3.2%、3.9%、1.9%、4.4%。[①] 各个产业都实现了不同程度

① 《福建统计年鉴2021》，福建省统计局网站，https：//tjj.fujian.gov.cn/tongjinianjian/dz2021/index.htm。

增长，其中农林牧渔服务业的增长速度最快。从 2020 年福建省农林牧渔业总产值构成来看，农业产值占比最高，为 37.10%，其次是渔业，为 28.02%，农林牧渔服务业产值占比最低，为 3.63%（见表 2）。

表 1　2017~2021 年福建省三次产业产值、占比和增速

单位：亿元，%

项目			2017 年	2018 年	2019 年	2020 年	2021 年
分产业	第一产业	产值	2215.12	2379.02	2595.53	2732.32	2897.74
		占比	6.5	6.1	6.1	6.2	5.9
		增速	3.7	3.4	3.5	3.1	4.9
	第二产业	产值	16290.02	18847.75	20065.48	20328.80	22866.32
		占比	48.1	48.7	47.4	46.3	46.8
		增速	7.2	8.8	5.4	2.5	7.5
	第三产业	产值	15337.30	17461.00	19665.57	20842.78	23046.30
		占比	45.3	45.1	46.5	47.5	47.1
		增速	10.0	8.6	10.4	4.1	8.8
地区生产总值			33842.44	38687.77	42326.58	43903.90	48810.36
地区生产总值增速			8.1	8.3	7.5	3.2	8.0

资料来源：《福建统计年鉴 2021》，福建省统计局网站，https：//tjj.fujian.gov.cn/tongjinianjian/dz2021/index.htm；《2020 年福建省国民经济和社会发展统计公报》，福建省统计局网站，2021 年 3 月 1 日，https：//tjj.fujian.gov.cn/xxgk/tjgb/202103/t20210301_5542369.htm。

表 2　2017~2021 年福建省农林牧渔业产值

单位：亿元

项目	2017 年	2018 年	2019 年	2020 年	2021 年
农业	1527.00	1653.45	1774.77	1818.18	1906.02
林业	327.73	389.00	417.33	390.57	424.87
牧业	750.49	718.42	914.39	1141.12	1059.91
渔业	1202.05	1318.20	1361.68	1373.12	1621.51

续表

项目	2017 年	2018 年	2019 年	2020 年	2021 年
农林牧渔服务业	139.88	150.44	168.40	178.08	188.65
总产值	3947.16	4229.52	4636.56	4901.07	5200.97

资料来源：《福建统计年鉴 2019》，福建省统计局网站，http：//tjj.fujian.gov.cn/tongjinianjian/dz2019/contents-cn.htm；《福建统计年鉴 2021》，福建省统计局网站，https：//tjj.fujian.gov.cn/tongjinianjian/dz2021/index.htm；《2022 福建统计摘要》。

2021 年，福建省农林牧渔业总产值 5200.97 亿元，按可比价格计算，比 2020 年增长5.1%。[①] 其中，农业、林业、牧业、渔业、农林牧渔服务业分别增长 4.1%、2.1%、10.4%、2.9%、5.1%。[②] 各个产业都实现了不同程度的增长，其中牧业的增长速度最快。从 2021 年福建省农林牧渔业总产值构成来看，农业产值占比最高，为 36.65%，其次是渔业，为 31.18%，农林牧渔服务业产值占比最低，为 3.63%（见表2）。

二　粮食安全

2020 年，福建省全面落实种粮补贴政策，出台扩种奖励措施，实现粮食面积、单产、总产“三增长”，粮食保供能力得到提升。[③] 2020 年福建省粮食播种面积 1251.65 万亩，比 2019 年增加 18.00 万亩。其中，稻谷播种面积 902.58 万亩，增加 3.72 万亩。2020 年福建省粮食产量 502.32 万吨，比 2019 年增加 8.42 万吨，增长 1.7%（见表 3）。其中，稻谷产量 391.75

① 《2021 年福建省国民经济和社会发展统计公报》，福建省统计局网站，2022 年 3 月 14 日，https：//tjj.fujian.gov.cn/xxgk/tjgb/202203/t20220308_ 5854870.htm。

② 数据来自《2022 福建统计摘要》。虽然 2021 年牧业产值当年值低于 2020 年当年值，但是经价格指数调整后，2021 年的实际值高于 2020 年的实际值。

③ 《2021 年福建省农业农村厅工作报告》，福建省农业农村厅网站，2021 年 1 月 31 日，http：//nynct.fujian.gov.cn/zjnyt/gzbg/202102/t20210219_ 5536196.htm。

万吨，增加 2. 96 万吨，增长 0. 8%。[①]

2021 年，福建省全面落实粮食安全党政同责，继 2020 年后再次实现粮食面积、单产、总产“三增长”，粮食安全得到有效保障。[②] 2021 年福建省粮食种植面积 1252. 65 万亩，比 2020 年增加 1. 00 万亩。粮食产量 506. 42 万吨，比 2020 年增加 4. 10 万吨，增长 0. 8%（见表 3）。其中，稻谷产量 393. 18 万吨，增加 1. 43 万吨，增长 0. 4%。[③]

表 3　2017~2021 年福建省粮食产量及其增长速度

单位：万吨，%

项目	2017 年	2018 年	2019 年	2020 年	2021 年
粮食产量	487. 15	498. 58	493. 90	502. 32	506. 42
增速	2. 1	2. 3	-0. 9	1. 7	0. 8

资料来源：《福建统计年鉴 2021》，福建省统计局网站，https：//tjj. fujian. gov. cn/tongjinianjian/dz2021/index. htm；《2020 年福建省国民经济和社会发展统计公报》，福建省统计局网站，2021 年 3 月 1 日，https：//tjj. fujian. gov. cn/xxgk/tjgb/202103/t20210301_ 5542369. htm。

2020 年，福建省肉蛋奶总产量 330. 88 万吨，比上年增长 4. 3%。福建省扎实推进稳定生猪生产促进转型升级三年行动计划，落实生猪稳产保供十条政策措施和非洲猪瘟防控八项措施，推进生猪养殖场增养补栏、新改扩建工作，巩固提升生猪产能，年末实现生猪存栏 910. 90 万头，比 2019 年增长 42. 0%，超额完成了存栏 900 万头目标；生猪出栏 1299. 86 万头，比 2019 年增长 0. 2%；猪肉产量 103. 75 万吨，增长 0. 7%（见表 4）。

2021 年，福建省肉蛋奶总产量实现大幅增长，年产量达 363. 38 万吨，比 2020 年增长 9. 8%。2021 年末实现生猪存栏 937. 62 万头，比 2020 年增长

① 《2020 年福建省国民经济和社会发展统计公报》，福建省统计局网站，2021 年 3 月 1 日，https：//tjj. fujian. gov. cn/xxgk/tjgb/202103/t20210301_ 5542369. htm。

② 《2022 年福建省农业农村厅工作报告》，福建省农业农村厅网站，2022 年 1 月 10 日，http：//nynct. fujian. gov. cn/zjnyt/gzbg/202201/t20220110_ 5812551. htm。

③ 《2021 年福建省国民经济和社会发展统计公报》，福建省统计局网站，2022 年 3 月 14 日，https：//tjj. fujian. gov. cn/xxgk/tjgb/202203/t20220308_ 5854870. htm。

2.9%；生猪出栏1547.59万头，比2020年增长19.1%；[①] 猪肉产量124.34万吨，比2020年增长19.8%，实现大幅增长，确保猪肉市场供应充足（见表4）。

表4　2017~2021年福建省畜禽产品产量

单位：万吨

项目	2017年	2018年	2019年	2020年	2021年
肉蛋奶总产量	280.67	314.69	317.26	330.88	363.38
肉类产量	232.70	256.06	253.53	259.39	286.54
猪肉产量	131.24	113.12	103.03	103.75	124.34
禽肉产量	91.68	136.76	141.87	146.56	152.85
牛肉产量	3.52	1.94	2.14	2.46	—
羊肉产量	2.60	2.04	2.22	2.28	—
禽蛋产量	46.50	44.32	48.58	53.66	55.91
牛奶产量	13.11	13.82	14.46	16.93	19.43

资料来源：《福建统计年鉴2019》，福建省统计局网站，http://tjj.fujian.gov.cn/tongjinianjian/dz2019/contents-cn.htm；《福建统计年鉴2021》，福建省统计局网站，https://tjj.fujian.gov.cn/tongjinianjian/dz2021/index.htm；《2017年福建省国民经济和社会发展统计公报》，福建省统计局网站，2018年2月26日，http://tjj.fujian.gov.cn/xxgk/tjgb/201802/t20180226_1487394.htm；《2018年福建省国民经济和社会发展统计公报》，福建省统计局网站，2019年2月28日，http://tjj.fujian.gov.cn/xxgk/tjgb/201902/t20190228_4774952.htm；《2019年福建省国民经济和社会发展统计公报》，福建省统计局网站，2020年3月2日，https://tjj.fujian.gov.cn/xxgk/tjgb/202003/t20200302_5206961.htm；《2020年福建省国民经济和社会发展统计公报》，福建省统计局网站，2021年3月1日，https://tjj.fujian.gov.cn/xxgk/tjgb/202103/t20210301_5542369.htm；《2021年福建省国民经济和社会发展统计公报》，福建省统计局网站，2022年3月14日，https://tjj.fujian.gov.cn/xxgk/tjgb/202203/t20220308_5854870.htm。

2020年福建省水产品产量为830.34万吨，比2019年增长1.9%。其中，淡水产品产量为92.49万吨，比2019年增长1.6%；海水产品产量为737.85万吨，比2019年增长1.98%。[②]

---

① 数据来自《2022福建统计摘要》。

② 《福建统计年鉴2021》，福建省统计局网站，https://tjj.fujian.gov.cn/tongjinianjian/dz2021/index.htm。

2021 年福建省水产品产量为 853.08 万吨，比 2020 年增长 2.7%。其中，淡水产品产量为 95.59 万吨，比 2020 年增长 3.4%；海水产品产量为 757.49 万吨，比 2020 年增长 2.7%。①

三　特色现代农业

首先，福建省优势特色产业产值持续增长。2021 年，福建省蔬菜、食用菌、水果、茶叶、林业（林竹）、渔业（水产）产值分别为 575.36 亿元、248.12 亿元、370.48 亿元、228.61 亿元、424.87 亿元、1621.51 亿元，与 2020 年相比，产值均实现不同程度增长。其中，牧业（畜禽）从 2019 年开始实现大幅增长，福建省肉类供应得到有效保障。由于受到新冠肺炎疫情冲击，食用菌、花卉、茶叶和林业（林竹）等产业产值在 2020 年出现不同程度下降。2021 年，上述产业均实现恢复性增长（见表 5）。

表 5　2017~2021 年福建省优势特色产业产值

单位：亿元

项目	2017 年	2018 年	2019 年	2020 年	2021 年
蔬菜	444.19	478.93	520.65	547.95	575.36
食用菌	196.60	216.84	229.41	229.12	248.12
花卉	81.56	85.43	94.20	92.19	—
水果	245.56	287.70	335.60	345.93	370.48
茶叶	226.25	236.04	237.22	223.66	228.61
林业（林竹）	327.73	389.00	417.33	390.57	424.87
牧业（畜禽）	750.49	718.42	914.39	1141.12	1059.91
渔业（水产）	1202.05	1318.20	1361.68	1373.12	1621.51

资料来源：《福建统计年鉴 2019》，福建省统计局网站，http://tjj.fujian.gov.cn/tongjinianjian/dz2019/contents-cn.htm；《福建统计年鉴 2021》，福建省统计局网站，https://tjj.fujian.gov.cn/tongjinianjian/dz2021/index.htm；《2022 福建统计摘要》。

① 数据来自《2022 福建统计摘要》。

其次，持续做强做优做大乡村特色产业。2020 年 2 月，福建省制定出台《进一步推动十大乡村特色产业高质量发展工作方案》，实施“968”工程，推动乡村特色产业高质量发展。同年 4 月，福建省出台《实施一二三产业“百千”增产增效行动方案》，实施“百个以上农业特色产业和企业”增产增效行动，支持农业特色产业做大做强。2021 年 3 月，福建省农业农村厅、海洋与渔业局印发的《特色现代农业高质量发展“3212”工程实施方案》提出，持续做强做优做大茶叶、水果、蔬菜等乡村特色产业。[①] 2020 年，福建省新建现代农业项目 810 个，新增投资 320 亿元。截止到 2020 年底，十大乡村特色产业全产业链总产值超过 2 万亿元，[②] 10 个产业全部超过千亿元。[③] 2021 年，福建省实施现代农业重点项目 962 个，完成投资 366.7 亿元。截止到 2021 年底，福建省已培育形成农业特色产业百亿强县 9 个、十亿强镇 79 个、亿元村 146 个。[④]

最后，强化农业品牌建设。推进“一村一品”培育工程。2020 年福建省培育“一村一品”省级示范村 250 个，2021 年培育 98 个。[⑤] 截至 2021 年，福建省已培育“一村一品”专业村近千个。推进农产品标准化和地理标志保护工程。2021 年，福建省创建优质农产品标准化示范基地 250 个，培育“三品一标”农产品 240 个以上，评选 10 个福建农产品区域公用品牌、20 个以上福建名牌农产品，“福”字号优质绿色农产品影响力、竞争力

---

① 《福建省农业农村厅　福建省海洋与渔业局关于印发特色现代农业高质量发展“3212”工程实施方案的通知》，福州市农业农村局网站，2021 年 3 月 23 日，http：//nyj. fuzhou. gov. cn/zz/xxgk/zwgk/zcfg/202103/t20210323_ 4058571. htm。

② 《2021 年福建省农业农村厅工作报告》，福建省农业农村厅网站，2021 年 1 月 31 日，http：//nynct. fujian. gov. cn/zjnyt/gzbg/202102/t20210219_ 5536196. htm。

③ 中共福建省委、福建省人民政府：《关于 2020 年实施乡村振兴战略工作情况的报告》，2020 年 12 月，内部资料，福建省委乡村振兴办提供。

④ 《2022 年福建省农业农村厅工作报告》，福建省农业农村厅网站，2022 年 1 月 10 日，http：//nynct. fujian. gov. cn/zjnyt/gzbg/202201/t20220110_ 5812551. htm。

⑤ 《福建省农业农村厅关于公布 2020 年度省级“一村一品”示范村和农业产业化省级示范联合体名单的通知》，福建省农业农村厅网站，2020 年 12 月 11 日，http：//nynct. fujian. gov. cn/xxgk/zfxxgk/fdzdgknr/nyyw/ywgz/202012/t20201211_ 5480189. htm。

不断增强。[①] 积极打造乡村旅游品牌。截至 2021 年 11 月，福建省共有 6 个村入选第三批全国乡村旅游重点村，3 个镇入选第一批全国乡村旅游重点镇（乡）。2021 年，福建省共培育了 41 个“金牌旅游村”和 17 个“全域生态旅游小镇”。[②]

四　产业集聚

福建省以特色现代农业高质量发展“3212”工程[③]为抓手，推动乡村特色产业向适宜区集中、向产业园区集聚。2021 年福建省实施现代农业重点项目 962 个，完成投资 366.7 亿元。截至 2021 年 3 月，福建省已培育形成安溪铁观音、武夷岩茶、建瓯笋竹、古田食用菌、平和蜜柚、光泽肉鸡、连江水产、宁德大黄鱼、福鼎白茶等农业特色产业百亿元强县 9 个，十亿元强镇 79 个，亿元村 146 个；[④] 已构建安溪茶叶、平和蜜柚、古田食用菌等国家、省、市、县四级现代农业产业园；已建设食用菌、设施蔬菜、生猪、红茶、柑橘、百香果、蛋禽、铁观音等省级产业集群；已培育“一村一品”专业村近千个。[⑤] 2020 年，武夷岩茶优势特色产业集群列入国家首批优势特色产业集群，龙岩市福建百香果、福州市福州茉莉花茶、古田县古田银耳、福安市福安葡萄等 4 个中国特色农产品优势区

① 《2022 年福建省农业农村厅工作报告》，福建省农业农村厅网站，2022 年 1 月 10 日，http：//nynct. fujian. gov. cn/zjnyt/gzbg/202201/t20220110_ 5812551. htm。

② 福建省文化和旅游厅：《关于报送乡村振兴工作进展情况的函》，2021 年 11 月，内部资料，福建省委乡村振兴办提供。

③ 依据 2021 年 3 月 23 日《福建省农业农村厅　福建省海洋与渔业局关于印发特色现代农业高质量发展“3212”工程实施方案的通知》的文件内容，“十四五”期间，福建省将实施特色现代农业高质量发展“3212”工程，建设 30 个重点现代农业产业园、20 个重点优势特色产业集群，打造 100 个农业产业强镇、2000 个“一村一品”专业村。

④ 蔡茂楷：《福建持续推进现代农业产业集群发展》，《农民日报》2022 年 1 月 12 日，第 3 版。

⑤ 张辉：《着力构建乡村产业体系　我省实施特色现代农业高质量发展“3212”工程》，《福建日报》2021 年 3 月 29 日，第 1 版。

获批。①

推动特色现代渔业产业发展。推动蕉城区大黄鱼、诏安牡蛎、云霄贝类种业等现代农业产业园建设，重点支持大黄鱼、鲍鱼、牡蛎、对虾、紫菜、鳗鲡等6个优势特色产业集群发展，指导福清市渔溪镇、霞浦县溪南镇、连江县黄岐镇等40个渔业特色乡镇建设产业强镇。福清市渔溪镇（鳗鱼）、霞浦县溪南镇（海参）已分别获得农业农村部300万元补助，支持主导产业关键领域、薄弱环节发展，提升设施装备水平，促进产业转型升级、由大变强。②

五　农业绿色发展

农业投入品减量化稳步推进。2020年，福建省实施地力提升“3323”工程，种植绿肥308万亩，推动秸秆还田393万亩，推广有机肥2012万亩，开展测土配方施肥3078万亩次，化肥施用量比2019年减少5.1%。实施农作物病虫害绿色防控2810万亩次，开展统防统治1250万亩次，农药使用量比2019年减少5.1%。③ 自2017年开始，福建省大力推广绿色生产方式，深入实施农业绿色发展专项行动，截至2020年，福建省已连续四年实现化肥、农药减量增效，生态茶园全覆盖，“生态福建—绿色农业”成为福建农业的名片。④ 2017~2020年福建省农业化肥、农药和农膜投入量见表6。

① 福品宣：《福建做优“福”字号农产品》，《农民日报》2021年2月10日，第5版。

② 资料来源于福建省海洋与渔业局《关于报送乡村振兴工作进展情况的函》（2021年11月）。

③ 《2021年福建省农业农村厅工作报告》，福建省农业农村厅网站，2021年1月31日，http：//nynct.fujian.gov.cn/zjnyt/gzbg/202102/t20210219_ 5536196.htm。

④ 中共福建省委、福建省人民政府：《福建省贯彻落实2020年中央一号文件情况汇报》，2020年10月14日，内部资料，福建省委乡村振兴办提供。

表 6　2017~2020 年福建省农业化肥、农药和农膜投入量

单位：万吨

项目	2017 年	2018 年	2019 年	2020 年
化肥施用量	116. 32	110. 74	106. 26	100. 81
农药使用量	5. 22	4. 91	4. 55	4. 32
农膜使用量	6. 24	6. 00	5. 85	5. 18

资料来源：《福建统计年鉴 2021》，福建省统计局网站，https：//tjj. fujian. gov. cn/tongjinianjian/dz2021/index. htm。

农业废弃物资源化利用水平得到提升。2020 年，福建省推进畜禽粪污资源化利用，在 44 个重点县实施整县推进项目 892 个，支持利用畜禽粪便生产有机肥，推广沼液、肥水还田利用，畜禽粪污综合利用率达 90%，居全国前列。整县推进秸秆、农膜综合利用，秸秆综合利用率达 93%，农膜回收利用率达 83%。增设肥料农药包装废弃物回收处置试点，实现试点区域应收尽收。提前完成耕地环境质量类别划分，福建省受污染耕地安全利用率达 91%。①

农业绿色发展先行区创建取得成效。截至 2021 年，福建省共创建漳州市、南平市和永泰县 3 个国家级农业绿色发展先行区。② 2021 年，福建省创建 10 个省级农业绿色发展先行区，分别是福清市、罗源县、安溪县、德化县、尤溪县、永安市、新罗区、漳平市、柘荣县和屏南县。③

六　质量兴农

首先，推进农业全程标准化。2020 年，福建省创建优质农产品标准化

① 《2021 年福建省农业农村厅工作报告》，福建省农业农村厅网站，2021 年 1 月 31 日，http：//nynct. fujian. gov. cn/zjnyt/gzbg/202102/t20210219_ 5536196. htm。

② 《2021 年福建省农业农村厅工作报告》，福建省农业农村厅网站，2021 年 1 月 31 日，http：//nynct. fujian. gov. cn/zjnyt/gzbg/202102/t20210219_ 5536196. htm。

③ 《福建省农业农村厅关于第二批省级农业绿色发展先行区创建名单的公示》，福建省农业农村厅网站，2021 年 10 月 29 日，http：//nynct. fujian. gov. cn/xxgk/tzgg/qt/202110/t20211029_ 5752133. htm。

示范基地600个，“三品一标”农产品累计达5016个。培育福建农产品区域公用品牌40个、福建名牌农产品116个，打造“福稻”“福果”“福茶”“福菜”“福菌”“福鱼”“福丸”等一批“福”字号优质农产品，福建农产品影响力、竞争力不断增强。[①]

其次，农产品质量安全水平保持全国前列。2020年，福建省将食用农产品合格证与一品一码追溯有机衔接、并行推进，福建省主要农产品质量安全监测总体合格率达99.3%，[②] 保持全国前列。2021年，福建省主要农产品质量安全监测总体合格率达99.4%，比上年提高0.1个百分点，继续保持全国前列。[③]

最后，强化农业科技创新。2020年，福建省推进种业创新工程，选育、审定、认定106个农作物及畜禽新品种，设施茄果类蔬菜、白羽肉鸡品种打破国外垄断。启动新一轮7个现代农业产业技术体系建设，组建15个农业科技创新专业联盟，深入实施科技助力乡村产业振兴“千万行动”，面对面帮助农民解决生产技术难题。全面落实农机购置补贴政策，补贴购置农机具超过11万台（套），农机化作业面积达1845万亩次，福建省农作物综合机械化率达70%。新建高标准农田148万亩，福建省高标准农田保有量超过1100万亩。[④] 2021年，福建省启动实施种业振兴行动，52个新品种通过国家审定，特别是“圣泽901”白羽肉鸡打破种源完全依赖进口局面，福建省农作物和畜禽良种覆盖率达98.6%。新一轮高标准农田建设规划制定实施，年度新建高标准农田超过150万亩。[⑤]

---

① 《2021年福建省农业农村厅工作报告》，福建省农业农村厅网站，2021年1月31日，http://nynct.fujian.gov.cn/zjnyt/gzbg/202102/t20210219_5536196.htm。

② 《2021年福建省农业农村厅工作报告》，福建省农业农村厅网站，2021年1月31日，http://nynct.fujian.gov.cn/zjnyt/gzbg/202102/t20210219_5536196.htm。

③ 《2022年福建省农业农村厅工作报告》，福建省农业农村厅网站，2022年1月10日，http://nynct.fujian.gov.cn/zjnyt/gzbg/202201/t20220110_5812551.htm。

④ 《2021年福建省农业农村厅工作报告》，福建省农业农村厅网站，2021年1月31日，http://nynct.fujian.gov.cn/zjnyt/gzbg/202102/t20210219_5536196.htm。

⑤ 《2022年福建省农业农村厅工作报告》，福建省农业农村厅网站，2022年1月10日，http://nynct.fujian.gov.cn/zjnyt/gzbg/202201/t20220110_5812551.htm。

七 数字农业

着力推动数字农业“四个一”建设。“四个一”是指：建设“一工程”（信息进村入户整省推进工程）、打造“一朵云”（“农业云131”信息综合服务工程）、创建“一批园”（现代农业产业园）和培育“一批人”（农产品电子商务操作人员和职业经理人）。到2020年底，福建“农业云131”信息综合服务工程投入运营，福建省已建设益农信息社站点1.1万多个，覆盖85%以上建制村，选聘信息员1.2万名，建成省级现代农业智慧园50个，农业物联网应用基地700个。[①] 2021年6月，福建省财政厅、农业农村厅共同下达智慧农业（现代农业智慧园）资金2100万元，以支持福建春伦集团有限公司、闽榕茶业有限公司等企业承担的21项福建省智慧农业项目任务清单，[②] 推动农业数字化、智慧化发展。

农产品电商得到快速发展。2020年，福建省安溪、永春、福安、古田、平和5县入选全国“互联网+”农产品出村进城工程试点名单。同年，福建省开始推进“互联网+”农产品出村进城工程，到2020年底基本实现每个涉农县培育1~3个重点优质农产品，形成一条产销一体化的农产品电商供应链，福建省农产品网络零售额年均增长10%。[③] 2020年，福建省开展“县长带你买好货”、驻村第一书记和“网红”等直播带货活动，带动农产品网络销售362亿元，增长41%。[④]

根据农业农村部管理干部学院、阿里研究院2022年联合发布的《“数商兴农”：从阿里平台看农产品电商高质量发展》报告，福建省有9个县

① 蔡茂楷：《福建数字农业发展驶入快车道》，《农民日报》2020年11月11日，第4版。

② 《福建省财政厅 福建省农业农村厅关于下达2021年现代农业智慧园等特色现代农业发展专项资金的通知》，福建省农业农村厅网站，2021年6月21日，http：//nynct.fujian.gov.cn/xxgk/czzj/qtczzj/202106/t20210621_ 5629338.htm。

③ 张辉：《打造农村电商“升级版”》，《福建日报》2021年9月27日，第6版。

④ 《2021年福建省农业农村厅工作报告》，福建省农业农村厅网站，2021年1月31日，http：//nynct.fujian.gov.cn/zjnyt/gzbg/202102/t20210219_ 5536196.htm。

市进入 2021 年全国“农产品数字化百强县”榜单。上榜县市分别是安溪县、武夷山市、福鼎市、龙海市、仙游县、晋江市、南靖县、古田县、霞浦县。其中，安溪县位列榜单第一，武夷山市、福鼎市分列榜单第三、第四位。①

八　农业对外开放与闽台合作

优势特色农产品出口扩大。2020 年福建省农产品出口额为 92.94 亿美元，同比增长 1.6%，居全国第 3 位。2021 年福建省农产品出口额达 116.85 亿美元，同比增长 25.7%（见表 7），创历史新高，跃居全国第 2 位。2020 年福建省新批台资农业项目 68 个，合同利用台资 1.6 亿美元，农业利用台资数量和规模保持全国第一。② 2021 年，福建省新批台资农业项目 78 个，合同利用台资 1.2 亿美元，虽然合同利用台资数量与上年相比有所减少，但是全年农业利用台资数量和规模依然保持全国第一。③ 福建菌草技术国际合作成为我国农业技术国际合作名片。截至 2021 年 9 月，福建菌草技术已推广至全球 100 多个国家，培训国际学员 1 万余名，成为发展中国家民众的“幸福草”“致富草”，受到发展中国家的普遍欢迎。④ 福建省加强“生态福建·绿色农业”宣传推介，支持农业龙头企业参加国际知名展会，持续开展“闽茶海丝行”经贸推介活动，不断提高“福”字号绿色优质农产品的国际美誉度、知名度。

① 《安溪、武夷山、福鼎进入前五，全国农产品数字化百强县公布》，“闽南观察”百家号，2022 年 4 月 26 日，https://baijiahao.baidu.com/s?id=1731181382767221050&wfr=spider&for=pc。

② 《2021 年福建省农业农村厅工作报告》，福建省农业农村厅网站，2021 年 1 月 31 日，http://nynct.fujian.gov.cn/zjnyt/gzbg/202102/t20210219_5536196.htm。

③ 《2022 年福建省农业农村厅工作报告》，福建省农业农村厅网站，2022 年 1 月 10 日，http://nynct.fujian.gov.cn/zjnyt/gzbg/202201/t20220110_5812551.htm。

④ 《福建：始终如一支持推动菌草技术的发展》，福建省科学技术厅网站，2021 年 9 月 7 日，http://kjt.fujian.gov.cn/xxgk/gzdt/stdt/202109/t20210907_5682761.htm。

表7　2017~2021年福建省农产品出口额及其增长速度

单位：亿美元，%

项目	2017年	2018年	2019年	2020年	2021年
农产品出口额	88.96	100.13	91.48	92.94	116.85
增速	-2.2	12.4	-8.6	1.6	25.7

资料来源：《中国农产品进出口月度统计报告》（2017~2021）。

台湾农民创业园建设水平持续提升。福建省各台湾农民创业园注重谋划引导，打造“一区一产业、一园一特色”。2020年，福建省6个国家级台湾农民创业园累计吸引643家台资企业入园创业，引进台资近12亿美元，国家年度综合考评继续包揽前6名。

闽台农业融合发展产业园建设步伐加快。高起点规划、高标准建设9个闽台农业融合发展产业园和125个示范基地，加强与台湾种业、农机、精致果业、农产品加工等优势产业对接合作，2020年福建省引进推广台湾农业良种93个、先进实用技术42项。截至2020年，福建省已累计引进台湾农业良种2500个，先进实用技术和新农药、新肥料1000多项，先进农机具和加工设备2万多台套，推广面积超过1000万亩。[①]

闽台基层交流交往不断深化。举办第十二届海峡论坛·两岸特色乡镇交流对接暨乡村发展论坛、两岸农业合作交流云展会，两岸林博会、两岸茶博会，线上线下推进闽台农业技术培训，不断完善基层常态化交流机制，密切两岸基层、青年交流交往，5000多名台胞常年在闽发展现代农业。[②]

九　三产融合

大力推进农产品加工增值。2020年，福建省扶持发展农产品产地初加

① 《2021年福建省农业农村厅工作报告》，福建省农业农村厅网站，2021年1月31日，http://nynct.fujian.gov.cn/zjnyt/gzbg/202102/t20210219_5536196.htm。

② 中共福建省委、福建省人民政府：《福建省贯彻落实2020年中央一号文件情况汇报》，2020年10月14日，内部资料，福建省委乡村振兴办提供。

工，新建改造农产品产地初加工和商品化处理中心 370 个，组装式冷藏库 180 座，新增初加工能力 2.5 万吨，农产品产后损失率平均下降 16%。[①] 支持农产品精深加工，2020 年福建省规模以上加工企业主营业务收入达 1.34 万亿元，农产品加工转化率提高到 72%。[②]

积极拓展农业多种功能。扶持发展中央厨房、休闲农业、乡村旅游、乡村物流等新产业新业态，培育乡村产业新增长点。2020 年福建省休闲农业经营主体达 4053 家，其中规模以上休闲农业经营主体有 3706 家，年接待游客 4751 万人次。[③]

推进国家农村产业融合发展示范园建设。2020 年，南平市建瓯市、宁德市寿宁县和三明市尤溪县被认定为第二批国家农村产业融合发展示范园，加上第一批入选的南平市武夷山市和三明市建宁县，目前福建省共成功创建 5 家国家农村产业融合发展示范园。2020 年，5 家示范园实现第一产业产值 40.74 亿元、第二产业产值 39.09 亿元、第三产业产值 24.11 亿元；园区内龙头企业达 16 个，产值共计 12.04 亿元；接待旅游人数 69 万人次；电子商务年度销售额达 7.4 亿元，[④] 实现农业产业链、价值链双提升，充分发挥产业融合发展的示范引领作用。

坚持全产业链发展路径。福建省立足自身资源禀赋，按照构建集生产、加工、收储、物流、销售、电商于一体的全产业链发展方向，充分挖掘食用菌、茶叶、水产等十大乡村特色产业的生态价值、旅游休闲价值和文化价值，推进一二三产业深度融合发展。2020 年福建省十大乡村特色产业全产业链总产值突破 2 万亿元，十个产业全部超千亿元。实施

---

① 中共福建省委、福建省人民政府：《关于 2020 年实施乡村振兴战略工作情况的报告》，2020 年 12 月，内部资料，福建省委乡村振兴办提供。

② 《2021 年福建省农业农村厅工作报告》，福建省农业农村厅网站，2021 年 1 月 31 日，http：//nynct.fujian.gov.cn/zjnyt/gzbg/202102/t20210219_5536196.htm。

③ 《2021 年福建省农业农村厅工作报告》，福建省农业农村厅网站，2021 年 1 月 31 日，http：//nynct.fujian.gov.cn/zjnyt/gzbg/202102/t20210219_5536196.htm。

④ 《经验分享丨福建省推进农村产业融合发展示范园创建经验总结》，国家发展和改革委员会网站，2021 年 11 月 24 日，https：//www.ndrc.gov.cn/fggz/fgzy/xmtjd/202111/t20211124_1305040_ext.html。

农业重点项目 450 个，投资 150 亿元以上，带动相关产业全产业链新增产值 841 亿元。[①]

十　福建省乡村产业振兴存在的问题及对策建议

（一）福建省乡村产业振兴存在的问题

1. 稳定粮食生产压力仍然较大

作为粮食调入大省以及粮食主销区之一，福建省的粮食生产压力仍然较大。虽然 2021 年福建省总体完成了年度粮食生产任务，但是有部分县（市、区）没有完成年度任务，[②] 不同地区之间的粮食生产能力仍存在较大差异。

2. 农业产业链还存在短板

虽然福建省已按照全产业链发展方向初步构建优势特色农业产业链，但是已构建的产业链中上游链环即农产品初加工占比较大，其附加价值率相对较小。另外，部分农产品主产区甚至还不具备农产品初加工条件，冷库冷链资源也不足。[③]

3. 农业科技创新水平还不高

首先，部分特色产业育种环节薄弱。种子是农业产业链的源头，是农业的“芯片”。福建省虽然在杂交水稻、食用菌、茶树等作物育种方面走在全国前列，但设施蔬菜、畜禽育种还相对薄弱。[④] 其次，农业科技成果在基层的推广应用不足。高校和科研院所科技人员服务“三农”的积极性不高，

---

① 中共福建省委、福建省人民政府：《关于 2020 年实施乡村振兴战略工作情况的报告》，2020 年 12 月，内部资料，福建省委乡村振兴办提供。

② 《2022 年福建省农业农村厅工作报告》，福建省农业农村厅网站，2022 年 1 月 10 日，http://nynct.fujian.gov.cn/zjnyt/gzbg/202201/t20220110_5812551.htm。

③ 《2022 年福建省农业农村厅工作报告》，福建省农业农村厅网站，2022 年 1 月 10 日，http://nynct.fujian.gov.cn/zjnyt/gzbg/202201/t20220110_5812551.htm。

④ 《2021 年福建省农业农村厅工作报告》，福建省农业农村厅网站，2021 年 1 月 31 日，http://nynct.fujian.gov.cn/zjnyt/gzbg/202102/t20210219_5536196.htm。

相关政策措施的引导作用不强。[①] 最后，农业从业人员的科技素养不高。部分农业从业人员依然以粗放式发展的理念推进农业规模化，缺乏科学规划、科学种养思维。

（二）加快福建省乡村产业振兴的对策建议

1. 确保“米袋子”“菜篮子”供应稳定充足

要着力稳面积、提产量、挖潜力、夯基础，确保“米袋子”供应稳定。[②] 要压实粮食生产属地责任，完善耕地地力补贴政策，强化正向激励措施，确保粮食播种面积只增不减。安排财政资金支持各地创建粮食高产高质示范片。落实山垅田复垦种粮政策。引导农民退果、退茶、退塘、退林还粮，夯实粮食扩种基础。[③] 要着力稳产能、优结构、抓特色、强监管，确保“菜篮子”供应充足。不断提升生猪标准化、规模化养殖水平，加强生猪产能逆周期调控。优化蔬菜供给结构，抓好茶叶、水果、食用菌等特色农产品生产加工，强化农产品质量安全监管。[④]

2. 加快建设特色现代农业

以“3212”工程为抓手，围绕现代农业产业园、优势特色产业集群建设，加快推进农业特色产业集聚发展。围绕农业多种功能、多元价值做文章，大力发展农产品精深加工，提升农业产业链的附加价值率。加强农产品品牌创建和宣传，提升品牌质量，扩大“福”字号品牌影响力。

3. 加快推进农业绿色发展

利用“农业绿色发展先行区”建设契机，创新体制机制，强化资源保

---

① 福建省农业科学院：《2021 年度乡村振兴工作进展情况》，2021 年 11 月，内部资料，福建省委乡村振兴办提供。

② 《2022 年福建省农业农村厅工作报告》，福建省农业农村厅网站，2022 年 1 月 10 日，http：//nynct. fujian. gov. cn/zjnyt/gzbg/202201/t20220110_ 5812551. htm。

③ 《福建省人民政府办公厅关于稳定发展粮食生产九条措施的通知》，福建省人民政府办公厅网站，2021 年 5 月 10 日，http：//www. fujian. gov. cn/zwgk/zxwj/szfbgtwj/202105/t20210514_ 5595081. htm。

④ 《2022 年福建省农业农村厅工作报告》，福建省农业农村厅网站，2022 年 1 月 10 日，http：//nynct. fujian. gov. cn/zjnyt/gzbg/202201/t20220110_ 5812551. htm。

护与节约利用。继续实施化肥、农药减量增效工程，推广有机肥、测土配方施肥、种植绿肥、秸秆还田、农作物病虫害绿色防控、统防统治等措施。实施畜禽粪污资源化利用提升工程，提升农业废弃物资源化利用水平。[①]

4. 持续推进农业科技创新

加强农业特色产业品种选育。加强转基因育种、分子育种等农业基础研究。加强科技服务“三农”队伍建设。进一步落实科技特派员制度，继续做好科技特派员选任工作，推广应用科技特派员集团服务模式，推动创新、技术、人才要素向县域主导产业和龙头企业集聚，提高服务“三农”实效。[②] 持续开展线下和线上培训活动，提升农业从业人员科技素养。

参考文献

陈捷：《“十四五”福建数字农业促进农业农村现代化发展的思路浅析》，《新农业》2022 年第 4 期。

《推进“三品一标”建设　提升畜牧业竞争力》，《中国畜牧业》2021 年第 19 期。

徐磊：《福建设施农业温室大棚适用棚型集成推广》，《中国蔬菜》2021 年第 10 期。

毛德智等：《以农业社会化服务推进“三品一标”建设的思考——基于对福建省农业生产托管服务的调研》，《农村工作通讯》2021 年第 18 期。

王先伟：《漳平台湾农民创业园发展现状、困境及优化路径》，《台湾农业探索》2021 年第 4 期。

王忠田：《农业农村部〈农业生产“三品一标”提升行动实施方案〉解读》，《农村实用技术》2021 年第 7 期。

龚玉、陈双焰：《福建向特色现代农业进“菌”》，《农村工作通讯》2021 年第 10 期。

《福建：推出九条措施稳定发展粮食生产》，《中国食品》2021 年第 10 期。

崔永辉：《关于加快福建农业农村现代化的思考》，《发展研究》2021 年第 3 期。

---

① 《2022 年福建省农业农村厅工作报告》，福建省农业农村厅网站，2022 年 1 月 10 日，http：//nynct. fujian. gov. cn/zjnyt/gzbg/202201/t20220110_ 5812551. htm。

② 福建省农业科学院：《2021 年度乡村振兴工作进展情况》，2021 年 11 月，内部资料，福建省委乡村振兴办提供。

《福建：加强耕地保护　持续提升粮食安全保障水平》，《浙江国土资源》2020 年第 12 期。

沈立：《农业供给侧结构性改革背景下的福建茶叶产业转型升级研究》，《福建茶叶》2020 年第 10 期。

游丽斌：《两岸融合发展下福建省台湾农民创业园建设研究——基于支持因素的分析》，《闽台关系研究》2020 年第 3 期。

《福建加强高标准农田建设提升粮食生产能力》，《政策瞭望》2020 年第 8 期。

B.3
福建省乡村人才振兴情况分析（2020~2021年）*

刘其赟**

摘　要： 人才是乡村发展的重要支撑，人才振兴是乡村振兴的内在驱动力。2020~2021 年，福建省持续培育乡村本土人才队伍，引导各类人才流入乡村，不断优化乡村人才振兴的制度环境，乡村人才队伍日益壮大，制度环境更加优化，各类人才支撑乡村振兴的格局逐渐形成。但是，与乡村振兴的需求相比，福建省仍存在本土人才队伍不够壮大、结构不够合理，各类人才到乡村创新创业机制尚不健全，科技人员服务“三农”积极性有待提高，人才振兴中的资源整合和部门协调有待加强等问题。未来应继续加大乡村本土人才培养力度，加快吸引各类人才投身乡村发展的制度改革，优化人才在乡村发展的环境，不断强化并多方协调推进乡村人才振兴。

关键词： 人才振兴　职业农民　福建乡村　乡村人才

人才是乡村振兴的重要依靠，人才振兴是乡村振兴的关键和基础。2020~2021 年，福建省大力推进新型职业农民培育和农村专业人才队伍建设，支撑乡村发展的本土人才队伍日益壮大。福建省持续吸引城市人才流入

---

* 除特别标注外，本篇报告的数据均来自中共福建省委实施乡村振兴战略领导小组办公室提供的汇总资料（省委省政府相关部厅局委《关于报送乡村振兴工作进展情况的函》）。

** 刘其赟，福建农林大学公共管理学院，讲师，博士，研究方向为农村人力资源管理。

乡村，鼓励各类人才返乡创业，加大力度吸引乡贤回归，科技特派员、机关事业单位人员、城市专业人才等进入乡村的渠道进一步拓宽，规模不断扩大，各类人才积极投身乡村振兴事业的格局进一步显现。为营造各类人才在乡村干事创业的良好氛围，让人才在乡村进得来、留得住，福建省积极推进人才培育、引进、使用和成长等方面的制度改革，乡村人才振兴的政策和机制更加健全，乡村成为各类人才创业发展的热土。

一　福建省乡村振兴本土人才队伍建设情况

（一）新型职业农民培育

1. 总体概况

2020~2021 年，福建省适应乡村振兴需要，结合现代特色产业发展需求，以更新理念和提升技能为核心，加强新型职业农民培育。在全省 70 个主要农业县（市、区）推行形式多样的培训模式，持续培育有文化、懂技术、善经营、会管理的高素质农民，为加快农业农村高质量发展、促进乡村振兴提供人才和智力保障。

实施百万农民培育行动，全面推进高素质农民学历提升、高素质农民培训、农村实用技术远程培训“三大工程”。2020 年，高素质农民培育计划新增培训 3 万人次，采取“四免一补”（免学费、杂费、书本费、报名考试费，给予一定的生活费补助）政策，选送 200 名农村青壮年、返乡农民工、农业经营主体负责人等到农业大专院校接受非全日制大中专学历教育。新招收大专学历教育农民 2000 名。2021 年，共 14185 人次接受学历继续教育和非学历继续教育，新增培养中专学历以上高素质农民 1 万人次，新增培训高素质农民 10 万人次，开展农村实用技术线上培训 100 万人次。①

① 《大力推进乡村人才振兴——福建高素质农民培育工作观察》，中国经济网，2021 年 7 月 9 日，http：//tuopin. ce. cn/news/202107/09/t20210709_ 36705408. shtml。

2. 各地实践

为培育新型职业农民，2020~2021 年福建省各地因地制宜，灵活采取多种形式开展培训活动。莆田市实施新型职业农民培育工程，全面提升农民生产经营素质。厦门市加大新型职业农民培训力度，形成一批 1000 人以上的新型职业农民队伍。云霄县佳洲村通过“雨露计划”“农民田间学校”等形式开展农业技术和经营销售培训。如漳州绿州农业发展股份有限公司建立的农民田间学校，推广应用农业标准化生产技术，组织农户开展业务培训与现场交流，让农业新技术普惠农民，培养一批爱农业、懂技术、会经营的农民。

（二）农村专业人才队伍建设

1. 乡村教师支持计划

早在 2015 年，福建省即根据《国务院办公厅关于印发乡村教师支持计划（2015—2020 年）的通知》，结合福建省实际，制定《福建省乡村教师支持计划（2015—2020 年）实施办法》，提出加强乡村教师队伍建设的十大举措，从拓展乡村教师补充渠道、提高乡村教师生活待遇、优化乡村学校教师编制配置等多方面加强乡村教师队伍建设。从 2015 年起福建省连续 5 年实施乡村教师支持计划，已实现乡村教师生活补助从每人每月 300 元提升至 500 元。并通过实施乡村校长助力工程和乡村教师素质提升工程等，实现对全省乡村校长、教师的轮训。

2021 年，福建省教育厅共安排省级财政资金 1. 46 亿元，继续实施经济困难县补充农村学校教师资助、农村紧缺师资代偿学费、乡村教师生活补助等三项计划，鼓励经济困难县补充教师，吸引高校毕业生到农村从教，引导乡村教师安心在基层工作，累计惠及 19286 人。实施乡村优秀青年教师培养奖励计划，遴选产生 66 名奖励计划人。为拓宽乡村教师来源渠道，福建省教育厅支持南平、三明、莆田和市属本科高校联合定向培养本土化教师，成功推动南平市光泽县与福建师范大学试点开展公费师范生培养。2021 年，省市两级公费师范生招生计划数 1516 名，其中省级 850 名，南平（含光泽)、三明、莆田三地共666名。名优教师送教活动范围从原来的23个省级扶贫开发重点县扩大至41个原中央苏区县中小学校，帮扶覆盖面进一步扩大。

2. 乡村医生培养计划

近年来，福建省卫生健康委员会根据基层需求开展本专科医学人才订单定向培养，为49个基本财力保障县县级医院每年定向培养300名左右本科临床医学人才，并根据各县（市、区）提出的定向生需求为乡镇卫生院定向培养本土化高职高专学历医学人才。定向生毕业后经考核合格，由签约所在地的县（市、区）人社行政部门采取基层急需紧缺人才直接考核聘用的"直通车"方式，办理聘用核准及入编手续。截至2020年底，累计招收高职高专学历定向生2665人，本科临床医学定向生1978人。[①] 此外，福建省不断推进基层职称制度改革，对参加定向评价的基层卫生专业技术人员，实行单独分组、单独评审、单独确定通过率。截至2020年10月，取得基层卫生系列高级职称证书的人员有1570人。截至2021年7月，有1949名基层医疗卫生人才通过基层系列高级职称评审。[②]

2021年，福建省人民政府办公厅印发的《福建省2021—2023年加强基层医疗卫生人才队伍建设实施方案》提出，2021~2023年实施"公开招聘一批""定向培养一批""培训提升一批"等"三个一批"基层医疗卫生人才队伍建设项目，从招聘、培养、培训等环节协同发力，充实农村医疗卫生人才队伍。

3. 高校毕业生基层成长计划

福建省持续实施"一村一名大学生"培育计划，不断推进"三支一扶""服务社区计划"等基层服务项目，充实乡村人才队伍。2021年，福建省吸

① 《福建省卫生健康委员会关于省政协十二届四次会议20212183号提案的答复》，福建省卫生健康委员会网站，2021年7月16日，http：//wjw. fujian. gov. cn/xxgk/zfxxgkzl/zfxxgkml/qtzdxx/202107/T20210721_ 5653112. htm。

② 《福建省卫生健康委员会关于省政协十二届四次会议20212183号提案的答复》，福建省卫生健康委员会网站，2021年7月16日，http：//wjw. fujian. gov. cn/xxgk/zfxxgkzl/zfxxgkml/qtzdxx/202107/T20210721_ 5653112. htm。

纳近1850名应届毕业生到基层工作。实施第四轮高校毕业生“三支一扶”计划，从2021年起连续5年每年招募约600名高校毕业生到基层开展支教、支农、支医和帮扶乡村振兴服务。2021年，共招募644名高校毕业生到50个纳入县级基本财力保障范围的县（市、区）的473个乡镇开展“三支一扶”工作。鼓励到基层的大学生广泛开展自主创业创新，吸纳具有较强经营意识的“一村一名大学生”进入农村各类经济合作组织、家庭农场工作，着力打造一批具有专业技能的新型农民。

4. 农村实用人才培养计划

福建省依托农业大中专院校、科研院所、农广校等开展经营管理型、专业生产型和技能服务型等多种类型的培训，培养农村实用人才以及农民培训师。2020年，福建省举办省级示范培训班19期，共培训农业产业领军人才、农业经理人、新型农业经营主体带头人、高素质农民培育师等980人次。2021年上半年，全省农村实用技术培训惠及60万人次。①

为适应互联网经济发展，助推直播带货新业态发展，福建省立足群众需求，突出实用有效性，积极开展电商业务培训，培育形成一批有市场、懂技能、会营销的新农商。截至2021年7月，全省已举办农村电商培训班35期。②

除省级层面外，福建省各地也结合实际开展农村实用技术培训和人才培养，如石狮市举办的高素质农民拖拉机技能培训班、宁德市霞浦县举办的农民“网红”直播培训班等受到群众热烈欢迎，漳州市开展微商电商、种养殖技术、家政服务等系列讲座和培训班，帮助基层妇女强素质、增技能。

5. 其他各类农村专业化人才培养

为培育农村创业创新带头人，福建省出台用地、财政、金融等优惠政策，依托福建农民创业园、现代农业产业园、星创天地、众创空间、科技孵

① 《大力推进乡村人才振兴——福建高素质农民培育工作观察》，中国经济网，2021年7月9日，http：//tuopin. ce. cn/news/202107/09/t20210709_ 36705408. shtml。

② 《大力推进乡村人才振兴——福建高素质农民培育工作观察》，中国经济网，2021年7月9日，http：//tuopin. ce. cn/news/202107/09/t20210709_ 36705408. shtml。

化器、农业科技园区等建立 26 个国家级和 121 个省级农村创业创新园区（基地），积极培育农村创业创新典型县、农村创业创新优秀带头人。截至 2020 年 10 月，福建省已有全国农村创业创新典型县 7 个，农村创业创新带头人 8000 人。

为加强对返乡创业重点人群、贫困村创业致富带头人等的培训培育，福建省人力资源和社会保障厅实施“马兰花计划”“SIYB”等创业培训，对不同创业群体提供针对性培训。为进一步促进茶产业技能人才培养培训，福建省人力资源和社会保障厅还会同福建省农业农村厅印发实施《关于加强茶产业职业技能提升十条措施的通知》，深化茶产业职业技能评价，积极引导技工院校开设茶产业相关专业。为培育乡村“工匠”，福建省人力资源和社会保障厅定期开展各级各类职业技能大赛，鼓励山区地市人才积极参赛，培养、选拔一批有技术、有创意的乡村振兴人才和产业“工匠”，助力乡村振兴。

二　福建省各类人才流入乡村情况

（一）城市人才服务乡村振兴

1. 科技特派员服务乡村振兴

科技特派员制度是福建省科技创新人才服务乡村振兴的重要制度安排。近年来，福建省以深入实施科技特派员制度为抓手，着力推动科技特派员将服务领域从第一产业拓展到第二产业、第三产业。据统计，全年在一线开展服务的各级科技特派员超过 1 万人次。[①] 2021 年 3 月，福建省在搭建科技特派员利益共同体、激励保障、选认方式创新、服务领域拓展等方面提出一系列创新举措，在全国率先研究制定《科技特派员服务规范》。

① 《福建省在全国率先推出科技特派员服务规范》，闪电新闻网，2022 年 3 月 13 日，https://sdxw.iqilu.com/share=/ys0yms0xmjeynduxmq.html。

为进一步创新供需精准对接机制，福建省科技特派员工作联席会议办公室以“订单式”需求对接、“菜单式”服务供给为特色深化科技特派员制度改革，每年组织选认省级科技特派员 2000 名左右。截至 2020 年，累计选派科技特派员 12522 人次下乡开展创业和技术服务，实现科技特派员乡镇、村全覆盖和一二三产业全覆盖。2021 年选认的 2000 多名省级科技特派员中，服务原省级扶贫开发工作重点县的有 360 名以上。[①] 福建省各地深入推行科技特派员制度，福州市探索设立乡镇科技特派员工作站。

2. 机关事业单位人员服务乡村振兴

2020~2021 年，福建省深入开展县乡干部挂点包村，所有县（市、区）均已建立县级领导干部和县直部门主要负责人挂点制度，所有乡（镇）均已建立领导干部包村制度。挂点包村干部在收集村情民意、处置突发事件、化解问题诉求等方面发挥积极作用，推动党建引领乡村治理职责落实到一线。

组建乡村振兴工作队伍，试点推动一批政治素质好、工作经验丰富、热爱农村工作的干部到农村一线，充实乡村振兴工作力量。截至 2021 年 12 月，福建全省已有 844 名工作经验丰富的县（市、区）党政干部返乡助力乡村振兴。

探索形成乡村振兴“指导员”制度，鼓励引导临近退休的处级、科级干部等公职人员回原籍村庄或生活工作过的乡村担任乡村振兴指导员，引导助力乡村振兴。宁德市在全省率先探索实施该制度，截至 2020 年 2 月 25 日，首批 28 名市级乡村振兴指导员到位，2 个多月就对接项目近 60 项，筹措资金 1000 多万元。截至 2020 年 10 月，宁德市已择优选派 307 名处级、科级领导干部回原籍村庄、生活工作过的乡村或所在单位挂钩帮扶村，担任乡村振兴指导员。此外，宁德市还遴选市、县两级企事业单位中的专业技术

① 《推动实现“订单式”需求对接　2021 年福建省科技特派员开始选认》，“东南网”百家号，2021 年 9 月 8 日，https://baijiahao.baidu.com/s?id=1710307250100077115&wfr=spider&for=pc。

人才、技能人才和乡土人才组建万名专家“智库”，为服务乡村振兴储备人才。

3. 城市专业人才参与乡村振兴

2020~2021 年，福建省持续以乡情乡愁为纽带，激励和引导企业家、医生、教师、建筑师等社会专业人才进乡入村，通过多种方式服务乡村振兴事业。如开展“五千专家下乡进村”服务，每年组织在职或退休医生、教师、规划师、建筑师、农艺师等各 1000 名下乡，提供技术指导、投资兴业、行医送教、规划设计、文化保护及风貌打造等服务。福建省人力资源和社会保障厅开展“师带徒”医疗精准帮扶，组织北京名医及团队利用节假日深入乡村开展医疗帮扶活动，截至 2021 年 9 月，全省共建立名医工作室和导师工作室 82 个，培养基层医疗骨干 345 人。探索“师带徒”引凤还巢项目，以“师带徒”结对子的方式将创新创业领军人才的实用新型成熟项目“嫁接”给返乡创业青年，推动当地乡村产业升级，截至 2021 年 9 月，累计组织专家 127 人次，达成项目对接 70 项。

此外，福建省积极发挥民营经济活跃、海外侨胞多等优势，开展“千企帮千村”“万企兴万村”等活动，引导海内外企业家回乡投资兴业、公益捐赠。截至 2020 年 10 月，全省共 1440 家民营企业和商会组织结对帮扶 1492 个村，投入资金 9.7 亿元。

（二）各类人才回乡创业就业

近年来，福建省先后出台加强山区专业技术人才队伍建设十条措施、鼓励引导人才向艰苦边远地区和基层一线流动二十一条措施、支持农民工等人员返乡创业十二条措施等。高校毕业生“三支一扶”计划招募派遣指标继续向原省级扶贫开发重点县和“支农”“扶贫”岗位倾斜。

福建省人力资源和社会保障厅积极引导农民工等人员返乡入乡创业，对首次创业、正常经营 6 个月以上的返乡下乡人员，按规定给予不高于 1 万元的一次性创业补贴，返乡入乡创业企业吸纳就业困难人员、脱贫人口就业的，可按规定享受社会保险补贴。

实施“海归英才八闽行”等人才服务乡村振兴活动，发挥留学归国人员专业特长，对接乡村人才和技术需求，吸引海外留学人员回乡创业发展。

（三）乡贤回归

实施乡贤回归工程，广泛发动乡贤捐资捐助，引导广大农民群众创建美丽庭院、建设幸福家园。一些地方已出台回引优秀人才返村任职实施方案，如龙岩市绘制龙岩籍外出乡贤人才分布地图，建立 2000 多人的乡贤人才库。[①] 泉州泉港的黄田村、洛江的苏山村、安溪的虎邱镇、德化的李溪村等，通过乡贤回归创业等形式，引进社会资本，打造乡村旅游，成效明显。

（四）闽台人才交流合作

福建省发挥闽台特色优势，不断推动闽台人才交流合作。在乡村建设中加强台湾基层农会、高校学生、青年农民交流互动，两岸基层、青年交流交往频繁，5000 多名台胞常年在闽发展现代农业。[②]

2020 年，福建省成功举办线上海峡论坛·两岸特色乡镇交流活动。2020~2021 年，福建省持续组织开展“台湾农民福建行”“闽台乡建乡创”等人才交流活动。截至 2021 年 9 月，累计开展两岸农业人才交流活动 600 多次，引进 66 个台湾建筑师团队，开展陪伴式村庄规划设计、文化创意、社区营造等活动。

二　福建省乡村人才振兴制度环境建设情况

（一）本土人才队伍建设制度改革

1. 职业农民职称评定试点

福建省出台的《关于实施乡村振兴战略的实施意见》提出，要大力培

---

① 《发挥四项效应　以人才振兴助推福建乡村振兴》，人民网，2021 年 3 月 29 日，http：//m. people. cn/n4/2021/0329/c1142-14913912. html。

② 《2021 年福建省农业农村厅工作报告》，福建省农业农村厅网站，2021 年 1 月 31 日，http：//nynct. fujian. gov. cn/zjnyt/gzbg/202102/t20210219_ 5536196. htm。

育新型职业农民，鼓励开展职业农民职称评定试点。龙岩市在全省率先开展农村实用人才中级职称破格评价，先后出台农村实用人才职称评价办法等一系列举措，对“田秀才”、“土专家”、民间艺人等特殊人才，破格评审中级、初级职称，特别是在全国率先为 2 名台籍茶艺师破格评定中级职称。可以看出，龙岩市已形成一整套农村实用人才职称评价体系，促进农村人才资源有效开发利用。

2. 县域专业人才统筹制度改革

在乡村医生培养方面，推进落实基层医疗卫生机构人员激励保障机制，试行“定向评价、定向使用”的基层职称制度，所评职称在同级基层单位内有效，实现了基层卫生人才“引得进、用得好、留得住”的目标。

在乡村教师培养方面，深入推进中小学教师“县管校聘”管理体制改革，加快推进县域内教师交流轮岗，推动优质师资向乡村合理流动，优化教师资源配置。继续培养省级公费师范生，支持地市与市属本科高校联合定向培养本土化教师。持续开展乡村优秀青年教师培养奖励计划，通过奖励和培养相结合的方式，培养乡村骨干教师。进一步组织开展乡村教师省级专项培训项目，在全省部署开展名优教师送培送教下乡活动，继续优先安排革命老区县乡村教师到省、市优质学校跟岗，不断提升乡村教师教育教学能力。探索建立“定向评价、定向使用”的高级教师职称评聘制度，实施城乡统一的岗位结构比例并明确向乡村教师倾斜。

3. 专业人才培养模式创新

在高素质职业农民培育方面，福建省教育厅会同福建省农业农村厅实施高素质农民学历提升工程，继续探索产教融合、校企合作、工学结合的学历继续教育新模式。鼓励高校广泛参与农民工学历提升计划，遴选项目承办院校 92 所，2021 年招收农民工学员 9792 名。鼓励高职院校面向退役军人、下岗失业人员、农民工、高素质农民招生，采取“文化素质+职业技能”的考试方式单独组织考试测试、单独切线录取，2021 年高职院校录取退役军人 1910 名，录取下岗失业人员、农民工、高素质农民 8 名。持续推进校企合作实训基地建设，推动职业教育与产业发展相融合，促进山区地市技术人才加强专业技术交流。此外，持续加大涉农相关专业建设力度，实施省级高水平职业学校和专业建设计划。

在专业技术人员职称评定方面，完善农业农村领域高级职称评审申报条件，探索推行技术标准、专题报告、发展规划、技术方案、试验报告等视同发表论文的评审方式，引导农业农村领域专业技术人员“把论文写在大地上”。

在职业技能认定方面，积极稳妥推进职业技能等级认定，大力支持企业开展自主评价，鼓励各级各类院校参与等级评价，引导以人才培养服务为主要工作职责的行业协会、技能人才培训组织参与职业技能等级认定工作。

4. 乡村干部队伍培养选拔机制改革

2020~2021 年，福建省持续完善选派党员干部驻村任职长效机制，选派第 5 批 2997 名驻村第一书记、第 6 批 3847 名驻村第一书记和 1079 名工作队队员，对脱贫村、易地扶贫搬迁安置村、乡村振兴任务重的村以及党组织软弱涣散村做到全覆盖，第一书记抓班子、带队伍、固阵地的作用不断强化。继续推行“三个一遍”，落实村党组织书记县级备案管理制度，全面完成信息档案建设。坚持每 3 年组织 1 次从优秀村主干中考录乡镇机关公务员的工作，2021 年共招录 134 人。

重视对基层干部的培训培养，福建省印发《关于新时代基层干部主题培训行动计划的实施方案》，持续举办针对县（市、区）党政正职、乡镇（街道）党（工）委书记、村（社区）党组织书记等的示范培训班、基层干部教育培训等，对新任党组织书记、新选派驻村第一书记、新上任乡村干部进行全员培训，推动村级党组织带头人队伍整体水平提升。在福建干部网络学院平台开设“农村基层干部乡村振兴”“城市基层干部党建引领基层治理”专题网络培训班，依托各级党校（行政学院）开发党的创新理论、基层党建、基层治理等方面精品网络课程，持续推送优质、特色课程供广大基层干部线上学习。

三明市把村干部优先列为新型职业农民培育工程的服务对象，促进村干部从“能干”到“会说”，综合素质全面提高。注重储备并严格把关村后备干部，建立一定的容错机制和激励机制，使培养的后备干部既能进得来，又能留得住。

（二）吸引人才流入制度改革

2020~2021 年，福建省继续组织实施省级高层次人才认定支持办法，对符合条件的高层次和紧缺急需人才最高给予 700 万元补助。将现代农业、生态林业等领域人才纳入年度紧缺急需人才引进指导目录，并对山区地市、原扶贫开发重点县等适当降低标准，对符合条件的人才按规定给予生活补贴，2021 年已认定支持山区市及涉农领域 220 余人。同时，福建省在“雏鹰计划”青年拔尖人才、百千万人才工程省级人选等选拔推荐工作中，注重对农业农村领域的高层次人才和青年优秀人才的选拔推荐，使其更好地服务乡村振兴战略发展。

支持乡镇基层事业单位适当降低学历、年龄、专业等要求来招聘工作人员，对紧缺急需岗位采用降低开考比例或采取面试考核等方式进行招聘。加大涉农领域高层次人才引进支持力度。

鼓励人才创新创业，支持和鼓励符合条件的事业单位科研人员按照国家有关规定到乡村和涉农企业创新创业，充分保障其在职称评审、工资福利、社会保障等方面的权益。

（三）社会各界投身乡村环境营造

为凸显乡村振兴的重要性，营造浓厚的乡村振兴氛围，福建省每年评选一批乡村振兴推进力度大、成效明显的重点特色乡（镇）、实绩突出村进行奖补。每年评选表扬一批扎根基层、服务基层、奉献“三农”的“一懂两爱”好书记、优秀驻村第一书记、优秀科技特派员、农村创新创业明星、“千企兴千村”助村富民明星企业等。依托职业技能竞赛和职业技能培训打造一批靠技能就业、靠就业致富的先进典型，激发劳动致富内生动力。

为稳定基层专业人才队伍，福建省推动全省各地普遍建立中小学教师工资收入水平和公务员工资收入联动机制。建立乡村教师荣誉制度，为 8 万余名在乡村学校从教 30 年以上的教师颁发荣誉证书，[①] 引导乡村教师扎

① 《打造高素质教师队伍，福建这样干》，“海峡网”百家号，2021 年 9 月 15 日，https://baijiahao.baidu.com/s?id=1710948156157751839&wfr=spider&for=pc。

根基层。

为更好地引导社会各界投入乡村振兴事业，福建省持续推进各类人才服务乡村振兴的平台建设。如完善“乡村振兴大讲坛”等平台建设，加强专家服务基地建设，继续开展“智惠八闽”专家服务乡村振兴专项行动，组织专家深入基层及对口支援省份开展帮扶活动。进一步实施“师带徒”引凤计划，以“师带徒”结对子的方式，嫁接一批创新创业领军人才（专家）的实用新型成熟项目，孵化一批产业带动型企业人才。开展“海归英才八闽行”等留学人员服务基层活动，助力乡村振兴和基层发展。支持引导退休专家和干部服务乡村振兴。宁德市设立乡村振兴专家服务基地，搭建专家服务与乡村发展对接互动的有效平台。三明市建强乡贤议事团，通过“线上+线下”形式，搭建乡贤交流互动平台，引导人才、资本、技术回流，借助乡贤力量更好地服务“三农”发展。

四 福建省乡村人才振兴存在问题及对策建议

（一）存在问题

1. 乡村振兴人才队伍不够壮大

福建省乡村振兴人才队伍总量不足，特别是本土人才队伍规模较小，高层次人才不足。专业人才数量不足和水平不高导致农村教育、医疗、卫生、养老等公共服务城乡差距较大，还不能有效满足农民群众对美好生活的需要。现有乡村振兴人才队伍特别是基层农业从业人口存在老龄化趋势明显等年龄结构不合理的问题。在乡村人才队伍的专业结构方面，大多数人才集中在传统农林学科，农村实用人才集中在种植、养殖等传统生产领域，比较缺乏适应时代发展要求的，掌握互联网、大数据以及生物技术、人工智能等新技术、新方法，懂得生产开发、经营管理的专业复合型人才。

2. 各类人才到乡村创新创业的机制尚不健全

基层单位“引人难”“留人难”等问题长期存在，乡村还未成为各类人才创新创业的热土。随着乡村振兴的发展，乡村规划建设、文化保护、教育医疗、经营管理等多领域对专业人才的需求日益强烈，各类人才短缺的矛盾也日益突出。但乡村人才单向外流的现象依然明显，城乡人才双向互动的格局还未形成。大学生等返乡就业创业、乡贤参与乡村治理、城市专业人才下乡创业发展的机制有待进一步完善，乡村服务人才成长发展的条件和水平有待持续提升。

3. 科技人员服务“三农”的积极性仍有待提高

科技人员在乡村振兴中具有重要影响。福建省科技特派员制度具有丰富的经验和鲜明的特色，但科技人员服务乡村振兴工作的业绩考核、科技人员职称评聘、科技人员收益获得等方面制度还不够完善，在一定程度上影响和挫伤了科技人员服务的积极性。实现从组织安排科技人员下乡到科技人员自发自愿服务乡村振兴并干出事业的转变，还需要持续深化相关机制。

4. 人才振兴中的资源整合和部门协调有待进一步完善

虽然福建省制定了促进乡村人才培养和人才引进的办法措施，但因为人才培养和引进涉及的部门、项目和形式较多，在整体推进中省直机关与地方政府之间的工作协调、资源整合还存在一定问题，全省性的重点工程、重点项目、示范服务载体等还不够，推进乡村人才振兴的组织协调和统一部署仍存在不足，相关部门对人才振兴的重视程度也有待提高。

（二）对策建议

1. 加大乡村本土人才队伍培养力度

充分激发乡村本土人才动能，加大新型职业农民、农村实用人才和专业人才队伍建设力度，创新人才培养模式，建设以乡村人才为主体、多种人才为支撑的农业农村人才队伍。持续提升本土人才队伍知识和学历水平，以“本土化、直通车”方式培养基层急需紧缺人才，通过乡土人才定向委培、乡镇农技人员专升本函授、与农业院校合作开展定向培养招录等方式加强农村实用人才培养。创新新型职业农民培育方式，支持高等学校、职业院校创新人才培养模式为乡村振兴培养专业化人才，建立健全由农民专业合作社、专业技术协会、龙头企业等主体承担培训任务的机制，不断创新培训方式、更新培训内容、强化培训效果。持续推进职业农民职称评定试点和改革，不断探索完善适宜的条件设置和评定方法程序。贯彻落实基层专业技术人才队伍建设的改革方案和政策精神，持续推进县域专业人才统筹使用制度改革，以农村专业人才队伍改革建设提升乡村专业服务能力。优化乡村教师、基层医务人员招录程序，统筹基层编制资源向乡村农技倾斜，向中小学、幼儿园、卫生院等领域倾斜。扶持农业领域的职业经理人、农业技术经纪人、乡村工匠、基层文化能人、非物质文化遗产传承人等在农村开展相关业务，大力建设相关人才队伍。

2. 加快吸引各类人才投身乡村发展的制度改革

以乡情乡愁为纽带，完善激励机制，深化交流合作机制，鼓励和吸引各类人才到农村创新创业。加大引才投入力度和政策倾斜，大力招聘“一懂两爱”村务工作者。采取差别化待遇，鼓励各类人才分类别、分梯度到乡村一线开展工作。完善大学生村官政策，持续实施“三支一扶”、高校毕业生基层成长计划。探索符合要求的公职人员回乡任职机制。全面建立城市医生教师、科技文化人员等定期服务乡村机制。搭建乡贤反哺家乡平台，保障乡贤回乡发展土地租用、房屋租建、投资获利的权益。完善乡村创业支持政策，保护投身乡村发展人才的合法权益，引导各类城市人才主动投身基层、扎根基层。

3. 优化人才在乡村发展的环境

创新利益分配机制，完善权益保障机制，让人才拥有在乡村发展的广阔天地。拓宽县级“三农”工作部门和乡镇干部来源渠道，把到农村一线锻炼作为干部培养的重要内容和途径，提拔使用在基层工作中实绩优秀的干部。对在推进乡村振兴中表现突出的基层干部给予更多关爱，加大表彰和政策倾斜力度，切实提高基层干部待遇。加快县域专业人才统筹使用制度改革步伐，推动人才管理职能部门简政放权，保障和落实基层用人主体自主权，加强对下乡组织和人员的管理服务。健全农业科技领域科研人员利益分配机制，完善以知识产权明晰为基础、以知识价值为导向的分配政策，允许农技人员通过提供增值服务合理取酬。探索技术入股、领办企业、建立利益共同体等提高科技人员工作实际干事创业积极性的办法措施。允许农村集体经济组织探索人才加入机制，吸引人才长期就业居住。鼓励有条件的地方建立村庄人才公寓或专家公寓，为农业科技人才短期性、周期性下乡提供便利。完善支持返乡创业人员创业资金借贷、办公场所、基础设施、技术指导等方面的优惠和帮扶机制。

4. 多方协调合力推进乡村人才振兴

相关部门应从全省角度进一步加强对乡村人才振兴工作的重视，进一步完善乡村振兴人才培养、引进和考核评价的目标、规划、配套办法措施。统筹协调不同部门，分工协作推进，提高人才振兴工作的系统性。成立推进乡村人才振兴的组织协调机构，及时统筹解决遇到的问题，切实破解影响乡村人才振兴的制度障碍。加强对各类人才的数据统计，准确掌握全省投入乡村振兴各类人才的信息，根据乡村振兴发展实际分析预测人才需求，开展针对性培训培养和跟踪管理。

参考文献

张登国：《中国乡村人才振兴路径探析》，人民出版社，2022。

高鸣：《机遇与发展：乡村人才振兴的理论与政策》，中国农业出版社，2021。

辛宝英、安娜、庞嘉萍：《人才振兴：构建满足乡村振兴需要的人才体系》，中原农民出版社、红旗出版社，2021。

梁振东、陈建华、吴申敏：《“十四五”时期福建乡村人才振兴面临的问题及其对策——以漳州市为例》，《闽南师范大学学报》（哲学社会科学版）2022 年第 2 期。

陈群：《构建茶产业人才“金字塔” 助力福建乡村全面振兴》，《海峡通讯》2022 年第 5 期。

福建省龙岩市委组织部：《福建龙岩：构建乡村人才振兴新体系》，《中国人才》2021 年第 9 期。

《中共中央办公厅 国务院办公厅印发〈关于加快推进乡村人才振兴的意见〉》，

中华人民共和国中央人民政府网站，2021 年 2 月 23 日，http：//www. gov. cn/zhengce/2021-02/23/content_ 5588496. htm? trs = 1。

《中共中央　国务院关于实施乡村振兴战略的意见》，中华人民共和国中央人民政府网站，2018 年 2 月 4 日，http：//www. gov. cn/zhengce/2018-02/04/cont ent_ 5263807. htm。

《福建省印发〈关于实施乡村振兴战略的实施意见〉》，中华人民共和国中央人民政府网站，2018 年 3 月 26 日，http：//www. gov. cn/xinwen/2018-03/26/content_ 5277429. htm。

《福建省乡村振兴促进条例（2021 年）》，福建省人民政府网站，2021 年 12 月 10 日，https：//nynct. fujian. gov. cn/xxgk/zcfg/flfg/202112/t20211210_ 5791470. htm。

《调研文摘丨福建乡村人才振兴之路研究》，福建省人力资源和社会保障厅网站，2021 年 12 月 28 日，http：//rst. fujian. gov. cn/zw/rsrc/202112/t20211230_ 580 5123. htm。

B.4

福建省乡村文化振兴情况分析（2020~2021年）*

林建鸿　阮晓菁**

摘　要： 乡村文化振兴是乡村全面振兴的重要方面，也是乡村振兴的重要推动力量。2020~2021年福建省围绕乡风文明，通过强化价值引领、移风易俗、载体创新、典型示范等持续推进乡村思想文化建设；通过打造标识、赓续文化遗产、强化家庭家教家风教育等大力弘扬八闽优秀传统文化；通过强化供需对接、创新文化惠民、促进融合发展等不断健全乡村公共文化服务体系。同时，福建省乡村文化振兴在工作手段、力量、政策执行效果及文旅融合发展等方面仍存在问题和不足。对此，本报告认为福建省需要建立健全长效机制，整合壮大建设力量，进一步优化服务供给，打造特色品牌，探寻特色乡村文化振兴之路。

关键词： 乡村文化振兴　价值引领　载体创新　文旅融合发展

一　2020~2021年福建省乡村文化振兴进展分析

乡村文化振兴是乡村全面振兴的重要方面，对乡村产业振兴、人才振

* 除特别标注外，本篇报告的数据均来自中共福建省委实施乡村振兴战略领导小组办公室提供的汇总资料（省委省政府相关部厅局委《关于报送乡村振兴工作进展情况的函》）。

** 林建鸿，福建农林大学公共管理学院讲师，研究方向为社会保障、社会工作与社会政策；阮晓菁，福建农林大学社会科学处处长、公共管理学院院长，博士，研究员，研究方向为公共管理、马克思主义中国化。

兴、生态振兴、组织振兴等具有引领和推动作用。习近平总书记指出："乡村不仅要塑形，更要铸魂。"① 乡风文明是乡村振兴的灵魂。近年来，福建省委、省政府全面实施乡村振兴战略，紧紧抓住乡风文明这个保障，加强农村思想道德和公共文化建设，大力弘扬八闽优秀传统文化，着力加强乡村特色文化资源开发利用和公共文化服务体系建设，繁荣兴盛农村文化，培育文明乡风、良好家风、淳朴民风。

（一）加强农村思想道德建设

近年来，福建省委、省政府全面贯彻习近平总书记关于社会主义精神文明建设的重要论述精神，以社会主义核心价值观为引领，持续深化农村思想道德建设，为新时代新福建高质量发展提供强大精神动力和道德支撑。

1. 价值引领，推动新思想落地生根

持续强化理想信念教育，把深化中国特色社会主义和中国梦教育贯穿融入乡村思想道德建设全过程，发挥各级文明村镇创建测评体系的导向作用、新时代文明实践中心（所、站）和乡风文明联系点等的阵地作用以及各级各类精神文明建设先进典型的示范带动作用，推动党的创新理论在基层农民群众心中扎根铸魂。结合中国人民抗日战争胜利 75 周年、中国人民志愿军抗美援朝出国作战 70 周年、中国共产党成立 100 周年等重大纪念庆典，深入开展各类群众性主题教育活动，扎实推进农村基层"四史"教育，加强爱国主义、集体主义、社会主义教育，推动理想信念教育常态化、制度化，使社会主义核心价值观深入人心、见诸行动。② 同时，通过实施公益广告宣传提升行动，刊播展示内容丰富、形式多样的宣传社会主义核心价值观和讲文明树新风的公益广告，推进社会主义核心价值观内化于心、外化于行，不

① 习近平：《坚持把解决好"三农"问题作为全党工作重中之重　举全党全社会之力推动乡村振兴》，《求是》2022 年第 7 期。

② 《凝聚精神力量　弘扬文明新风——党的十九大以来全省精神文明建设成就综述》，《福建日报》2021 年 4 月 27 日，第 4 版。

断夯实深化文明乡风建设的思想道德根基。[①]

深入开展“听党话、感党恩、跟党走”宣讲活动，用农民群众愿意听、听得懂、记得住的语言开展宣讲，提升宣讲实效；在报纸、广播、电视、“两微一端”、网络短视频平台发布宣传内容，营造浓厚氛围，引导农民群众坚定信心跟党走，积极投身乡村全面振兴的伟大战略工程。2021 年莆田市开展“奋进新征程·永远跟党走”等主题活动 30 多场，厚植爱党爱国爱社会主义情感，加强公民思想道德建设。厦门市海沧区坚持党建带群建，组建以村（居）老党员、乡贤能人、优秀青少年为主要成员的“草根宣讲团”，创建“榕树下”“茶桌边”讲学等机制，开展“红领巾公益积分”活动，聘请台胞青年任农村社区营造员，将台湾社区营造的“培根计划”和大陆“小手拉大手”融合，开展“芦塘社小小解说员”等活动，充分调动老、青、少等不同年龄段的群众参与农村基层社区治理。龙岩市连城县全面推行创建农村区域化“党建联盟”，共建立“村+村”联盟 32 个，共有 117 家机关事业单位、178 家企业（社会组织）与 235 个村党支部对接挂钩，在组织生活、党员教育管理、服务型党建等方面取长补短、互促共进，合力推进脱贫攻坚、乡村振兴等重点工作。仙游县书峰乡兰石村“党建+224”工作模式[②]、福清市江镜镇南宵村“353”党建工作机制[③]、长汀县濯田镇寨头村党员“515”积分管理制度[④]等创新让基层党建引领力更强。

---

① 《“听党话、感党恩、跟党走”宣讲活动在福建乡村拉开序幕》，福建省农业农村厅网站，2020 年 7 月 30 日，http：//nynct. fujian. gov. cn/tpxw/202007/t20200730_ 5335014. htm。

② “党建+224”工作模式即党员帮扶两个结对有力到位、党员示范两个产业基地有效运营、幸福生活四个指标（教育基础再提高、医疗条件再完善、人居环境再提升、饮水安全再巩固）有序健全。

③ “353”党建工作机制即构建“三项制度”（村务联席会议制度、党委委员包片党员领办项目制度、党内关怀帮扶制度）、“五步议事”法（提议题—出主意—拟方案—开言路—说了算）、“三联三促”工作模式（联系乡贤侨贤、共建乡村、两新组织等共谋共促发展）。

④ “515”积分管理制度即成立 5 个先锋党员服务队（便民利民服务队、矛盾纠纷调解队、环保卫生督导队、文明新风劝导队、应急处置突击队），收集全村党员 1 句话承诺，定期开展 5 个活动（集中整治环境活动、涉麻制毒整治巡查活动、电信网络诈骗整治宣传活动、扫黑除恶专项斗争入户宣传活动、困难群众走访慰问活动）。

2. 新风培育，移风易俗成效显著

坚持把移风易俗作为文明乡风建设的重中之重来抓，出台《福建省文明乡风建设专项小组工作方案》，统筹全省文明乡风建设，聚焦矛盾突出的陈规陋习，破立并举，深耕细作，通过“硬约束、强阵地、重引领”，持续深化《福建省农村社会风气突出问题专项治理实施意见》，深入开展移风易俗“一县一专项”治理，将文明、健康、科学新风融入日常生活，社风民风日益向上向善，群众满意度持续提升。

法治自治双管齐下，养成和弘扬新风正气。破除铺张浪费、天价彩礼、大操大办、薄养厚葬、封建迷信等陈规陋习，融入文明行为促进条例（办法或规定），不断强化法治约束。泉州市落实推进《泉州市深化移风易俗工作三年行动方案》，出台以“婚事新办、喜事俭办、丧事简办、佛事少办、迷信事不办”为主要内容的《泉州市文明行为促进条例》，将移风易俗工作纳入法治轨道，仅 3 年就节约 6.3 亿元资金并将其用于扶贫济困、敬老助老、奖教兴学等事业。① 福州市制定《党员干部婚丧喜庆事宜申报审批制度》《党员干部不违规操办或参加婚丧喜庆承诺制度》《党员干部操办、参加婚丧喜庆活动公示制度》《党员干部违反移风易俗规定举报制度》等，强化党员干部操办婚丧嫁娶活动的纪律约束。同时，各地充分发挥村规民约在推动村民自我管理中的重要作用，规范修订村规民约，纳入移风易俗事项，增强村规民约权威性和约束力，促进“土办法”转化为村民的行为自觉。南平市印发《关于进一步规范村规民约修订工作的通知》，制定范本并将移风易俗重点内容列入村规民约，通过村规民约引导群众转变观念，把农村“佛生日”“全村吃请”等大操大办转变成“文体活动日”“公益慈善日”等，树立文明新风尚。此外，积极探索移风易俗工作的有效路径和管理模式。宁德福鼎市制定《福鼎市推进移风易俗专项治理网格化管理办法》，以市直单位、乡镇（街道）、村（社区）为单元，划分网格，配备 635 名网格

① 《凝聚精神力量　弘扬文明新风——党的十九大以来全省精神文明建设成就综述》，《福建日报》2021 年 4 月 27 日，第 4 版。

管理员，移风易俗办、民政局收集汇总婚丧喜庆事宜等相关情况后，通过微信平台将婚丧信息发送至乡镇（街道），并实时传递给辖区内对应的网格员，启动劝导处理程序。厦门市同安区设立“移风易俗智能管理系统”，实现对申报、审核和检查等重要环节的实时、动态跟踪监管，并结合线下网格队伍，多管齐下，推动婚丧喜庆可控、可管、可劝导。

倡导诚信道德规范，出台《福建省集中治理诚信缺失突出问题　提升全社会诚信水平的实施方案》《福建省诚信缺失突出问题专项治理行动重点项目推进方案》等，努力打造不敢失信、不能失信、不愿失信的农村社会环境。科学研究制定文明村镇测评体系，组织全省乡镇、村参与群众性精神文明创建活动。目前全省县级以上文明乡镇 870 个，占比 95.4%；文明村 8813 个，占比 61.5%。加大对农村非法宗教活动的打击力度，抵制邪教迷信。莆田市开展“一十百千万”（一支队伍、十个课时、百人承诺、千人倡议、万人看展）系列反邪教宣传活动，充分发挥宗教界在反邪教工作中的作用。①

统筹推进疫情防控和文明乡风建设，紧盯民俗节庆等农村聚集性活动，把紧移风易俗关，少聚集多运动、不攀比少浪费等已成广大农民群众共识，移风易俗“战”疫情成为群众的自觉行动。福建省委文明办印发的《关于深化有针对性精神文明教育、持续开展文明健康绿色环保生活方式活动的通知》，引导人们把佩戴口罩、讲究卫生、排队保持“一米线”、用公勺公筷、垃圾分类等好做法坚持下去，培养文明行为习惯、养成健康生活方式。根据厦门市印发的《关于进一步推进移风易俗　加强农村疫情防控工作的通知》，2021 年以来，厦门岛外四区共简办婚宴（或延期）2739 场次，简办丧事 2036 次，停办民俗活动 686 场，以文明行为助力疫情防控。

3. 载体创新，开展文明创建活动

高质量推进新时代文明实践中心建设，仅 2020 年福建省就统筹安排 2400 万元用于全国试点县（市、区）文明实践中心志愿服务队伍组建、大型示范

---

① 《福建莆田市开展宗教反邪“一十百千万”活动》，中国反邪教网，2019 年 7 月 9 日，https://www.chinafxj.cn/n45/c87806/content.html。

活动（含文化、科普）开展、品牌项目建设等。充分发挥新时代文明实践中心打通宣传、教育、服务农民群众“最后一公里”的平台载体作用。推动建成67个县级新时代文明实践中心、845个乡镇实践所、10222个村居实践站，常态化开展助学支教、科学普及、助力精准脱贫、移风易俗等志愿服务活动。[①] 根据龙岩市印发的《全国、省级文明单位与新时代文明实践所（站、特色点）结对共建工作方案》，全市现有208家省级以上文明单位按照就近就便、以点带面的原则，与所在地的新时代文明实践所（站、特色点）结对共建，营造“合”的优势，开展“懂”的宣讲，推进“风”的净化，丰富“送”的活动，破解“难”的问题，[②] 积极探索新时代文明实践“龙岩模式”。长汀县创新群众性活动载体，组建理论宣讲、文明风尚、教育关爱、文艺惠民、创业科技、体育健康、平安法治、生态文明等8支志愿服务分队，开展人居环境整治、科普宣传和“学雷锋志愿服务”等主题活动，引导群众在环境整治、文明乡风建设中发挥主体作用。

深化文明村镇创建活动。目前福建省共有67个村镇获得“第六届全国文明村镇”殊荣。[③] 文明村镇创建让乡村面貌发生了日新月异的变化，生活环境更宜居了，村民素质不断提升，乡村精神风貌更健康了。充分发挥67个省级文明乡风联系点的示范带动辐射作用，持续抓好51个省级公民思想道德教育馆、42个家风家训乡贤文化馆的常态化运营，有效地把好家风、好家训“挖出来”“展出去”“传下去”，用家风带村风，以村风扬民风，进一步巩固农村思想文化阵地。

4. 典型示范，营造良好社会氛围

坚持把选树、学习、宣传道德模范、文明家庭、身边好人、最美人物、星级文明户等作为推进文明乡风建设的有力举措，充分发挥各类先进典型的

① 《凝聚精神力量　弘扬文明新风——党的十九大以来全省精神文明建设成就综述》，《福建日报》2021年4月27日，第4版。

② 《龙岩：省级及以上文明单位融入新时代文明实践共建》，《精神文明报》2021年3月31日，第B1版。

③ 《凝聚精神力量　弘扬文明新风——党的十九大以来全省精神文明建设成就综述》，《福建日报》2021年4月27日，第4版。

示范带动作用，大力营造学习先进、崇尚先进、争当先进的浓厚氛围。截至2021年6月，福建省共有全国文明家庭22户、省级文明家庭196户，其中农村家庭分别为5户、53户；全省612人获评“中国好人”、1290人获评“福建好人”，其中大部分来自农村基层，他们的凡人善事闪耀着社会主义核心价值观的光辉，成为群众见贤思齐的榜样。南平市创新开展“十星文明户”“庭院星”“好邻居”“好婆媳”等评选活动，将好家风好家训、道德模范事迹等改编成故事集、文艺节目等群众喜闻乐见的形式并加强宣传，营造文明乡风。同时，用活各类宣传平台，制作并面向全省征集移风易俗等与文明乡风建设相关的公益广告，在微信公众号、抖音等新媒体平台推出《文明守护、防控疫情》《家家防控、人人行动》等公益广告，不断增强广大农民提升自我、主动参与移风易俗的意识。福州市编撰印发的《我身边的移风易俗故事》，全书共收集了37个移风易俗典型故事，让移风易俗工作更加贴近群众。三明市延续“五来一去”[①] 成功经验，推动资源、服务、力量向农村基层倾斜，满足广大农民精神文化需求。晋江市创新“美丽晋江人”评选类别，首次设立“移风易俗类”美丽晋江人，[②] 营造“参与移风易俗光荣、奢侈大操大办可耻”的良好社会氛围。龙岩市长汀县突出乡村美德典型宣传，已举办“一乡一品”农民文化艺术节、道德模范评比等活动30余次，共表彰“最美家庭”等道德模范100余人。

（二）弘扬八闽优秀传统文化

近年来，福建省委、省政府以推动八闽优秀传统文化创造性转化、创新性发展为抓手，着力推进文化遗产保护传承创新，促进文化和旅游融合发展，持续打响“清新福建”“全福游、有全福”品牌，彰显八闽文化自信，助力文化强省建设。

---

① “五来一去”即理论讲开来、节目演好来、电影送准来、广播响起来、故事讲好来、陋习移出去。

② 《“十佳美丽晋江人”评选启动》，《泉州晚报》2021年5月21日，第12版。

1. 打造标识，弘扬优秀传统文化

福建特色乡村振兴“特”在文化。历史上福建是相对独立的地理单元，造就了八闽文化原真性和多元性的两大特色。福建省按区域大致可以划分为闽南、闽都、闽中、闽北、莆仙等地，不同地域在宗教、饮食、建筑等方面呈现千姿百态的文化形态。[①] 近年来，福建省深入实施福建优秀文化传承发展工程，加强地域特色文化保护和文化资源研究整理，打造八闽文化标识体系。通过“三个一”[②] 多措并举推动红色文化资源转化为建设新福建的时代动力。围绕朱子文化标志性遗存路径，如尤溪朱子诞生地、建阳朱子著述地及归葬地、武夷山朱子讲学地、同安朱子首仕地、漳州朱子《四书》思想成熟地等，创造性、创新性发展朱子文化。划定历史文化名镇名村和传统村落等文物保护单位、历史建筑的文化保护线，编辑乡村文化故事和特色文化资源名录，建设乡村非遗传习所（点），创建国家级名镇名村42个、中国传统村落229个。

实施传统节日振兴工程，持续开展“我们的节日”主题文化活动，深挖春节、元宵、清明、端午、七夕、中秋、重阳等传统节日的时代价值。龙岩市于2021年正月十三在该市全媒体中心红土地网直播平台举行“我们的节日・欢乐祥和闹元宵——龙岩市喜迎建党百年网上元宵灯谜晚会”，网上直播观众及互动人数近100万人次。泰宁县崇际村已连续举办五届“小城过大年”、元宵舞桥灯活动，结合中秋节、重阳节举办“咏月诗文朗诵会”等文化活动，成立上青古乐队、板桥龙灯队、广场舞队等文化队伍，极大地丰富了村民的精神文化生活。武夷山市五夫村依托“荷花节”、“朱子文化节”、农村“开路节”等活动，成立各类文体队伍11支，常态化开展篮球赛、广场舞、龙鱼戏表演等活动，不仅丰富了村民业余文化生活，也增进了村民的相互交流，八闽大地传承弘扬中华优秀传统文化的基础进一步夯实。

2. 以文润人，和谐家庭蔚然成风

家是最小国，国是千万家。2021年9月，福建省委宣传部等7部门联

---

① 《坚定不移走福建特色的乡村振兴之路》，《福建日报》2022年1月18日，第9版。

② “三个一”即建设一批国家级红色文化基地，创作一批优秀红色文化精品，办好一批红色文化主题活动。

合印发《关于进一步加强家庭家教家风建设的通知》，要求将家庭家教家风教育贯穿到党史学习教育中，纳入各级党委讲师团宣讲内容，强化基层党员干部新时代家庭观教育；将家庭文明建设纳入群众性精神文明建设整体规划，与文明村镇、文明单位、文明校园等创建活动同部署、同推进，常态化开展“最美家庭”“五好家庭”“文明家庭”等群众性精神文明创建评选活动和道德讲堂、公益巡讲等活动。充分发挥42个省级家风家训乡贤文化馆、51个公民思想道德教育馆的平台作用，注重形式创新，贴近群众，通过村晚、文化下乡、动画视频、趣味漫画、故事会、板凳会、庭院会、文明小戏、山歌对唱、民俗活动等群众喜闻乐见的方式，传承良好家风家训和乡贤文化，增强文明家庭创建的实效性，以家庭文明建设促进社会文明进步。龙岩市雁石镇益坑村将廉政文化与村规民约、家规家训相结合，打造廉政亭、廉政湖、廉政家训馆、廉政修心小道、廉政名人堂等廉政文化教育基地，在传承家训、建设乡风文明过程中拉动乡村旅游产业发展。

3. 赓续光芒，非遗保护焕发生机

2021年7月16日至31日，第44届世界遗产大会在福建省福州市召开。大会会徽以中国传统建筑窗棂的形式呈现，加入马鞍墙、“福”字、“中国篆刻”等福建古厝标志性元素，会徽图案宛若一幅传统的中国画，用福建古厝优美的线条加以展示，古厝如朵朵祥云镶嵌在福山福水间，寓意自然和文化遗产得到完美传承与保护。“泉州：宋元中国的世界海洋商贸中心”项目申遗成功，福建省世界遗产数量位列全国第二。永春苦寨坑窑址考古获评全国十大考古新发现，昙石山遗址成功入选“百年百大考古发现”。继闽南文化生态保护实验区入选全国首批国家级文化生态保护区之后，国家级客家文化（闽西）生态保护实验区获批设立。全省四级非物质文化遗产名录体系基本确立，“送王船”项目列入联合国教科文组织人类非物质文化遗产代表作名录，福建省成为我国迄今为止在国际非遗保护三个系列上获得大满贯的唯一省份。[①] 截至2021年底福建省入选非物质文化遗产名录858项，其中

① 《讲好福建故事　建设文化强省》，《福建日报》2021年11月10日，第2版。

世界级 8 项、国家级 145 项，位列全国第十，泉州、福州、宁德、漳州四地市分别占全省非遗名录总数的 17.93%、12.26%、12.26%、12.15%，其中“传统技艺”类占比最大，为 34.73%；有非物质文化遗产传承人 1060 人，其中国家级 143 人，位列全国第五，泉州市的非遗传承人占比最大，为 23.96%，其中“传统技艺”“传统戏剧”类传承人分别占福建省非遗传承人总数的 29.53%、22.26%（见表 1 和表 2）。

表 1　福建省各设区市非物质文化遗产名录及非物质文化遗产传承人分布情况

设区市	非物质文化遗产名录		非物质文化遗产传承人	
	数量(个)	占比(%)	数量(人)	占比(%)
省直	24	2.72	29	2.74
福州市	108	12.26	162	15.28
厦门市	78	8.85	92	8.68
宁德市	108	12.26	119	11.23
莆田市	70	7.95	105	9.91
泉州市	158	17.93	254	23.96
漳州市	107	12.15	109	10.28
龙岩市	68	7.72	63	5.94
三明市	79	8.97	39	3.68
南平市	77	8.74	85	8.02
平潭综合实验区	4	0.45	3	0.28
合计	881	100.00	1060	100.00

注：由于有的非遗名录项目为两地或多地共同申报，分地市项数合计存在重复计算情况。

资料来源：福建省艺术馆（福建省非物质文化遗产保护中心）网站，http://www.fjysg.net/。

表 2　福建省非物质文化遗产名录及非物质文化遗产传承人类型构成

类别	非物质文化遗产名录		非物质文化遗产传承人	
	数量(个)	占比(%)	数量(人)	占比(%)
民间文学	30	3.50	15	1.42
传统音乐	59	6.88	113	10.66
传统舞蹈	45	5.24	49	4.62
传统戏剧	78	9.09	236	22.26

续表

类别	非物质文化遗产名录		非物质文化遗产传承人	
	数量(个)	占比(%)	数量(人)	占比(%)
曲艺	24	2.80	58	5.47
传统体育、游艺与杂技	51	5.94	57	5.38
传统美术	62	7.23	141	13.30
传统技艺	298	34.73	313	29.53
传统医药	42	4.90	22	2.08
民俗	169	19.70	56	5.28
合计	858	100.00	1060	100.00

资料来源：福建省艺术馆（福建省非物质文化遗产保护中心）网站，http://www.fjysg.net/。

近年来，福建省各设区市积极推进“非遗进校园”工作。莆田市仙游县在鲤南中心小学、度尾中心小学、龙华中心小学、郊尾中心小学等20所学校开设“非遗传承班”，组建“非遗兴趣社团”，寓教于乐，使“仙韵仙趣仙味”浸润学生们的心田；城厢区凤凰山街道筱塘社区开展公益教学课堂，让书法文化润泽居民心；秀屿区平海西柯小学成立学生十音八乐兴趣小组，民间老艺人进校手把手教授传统曲牌演奏方法，让青少年乐享传统文化教育。[①] 漳州市实验小学举行漳州市非物质文化遗产传承特色校授牌和非物质文化遗产教育传习基地揭牌仪式，木偶头雕刻、剪纸、漳绣、棉花画等“非遗项目”传承人进校授课。[②] 2021年3月11日，“武术进校园”交流推进会在福州举行，与会者强调中小学是弘扬中华武术传统文化的最关键、最基础的启蒙地之一，传统武术走进校园大有可为。[③] 泉州市鲤城区实验小学从2006年起就正式将五祖拳引入体育课堂及教师活动中，全校师生共同学习“三战八法武术操”，还编写一套符合学生使用的校本教材《南拳》。福州十中

① 《传统文化丨莆田：学习传统文化　让非遗传承滋养青少年美好年华》，“佚名”搜狐号，2020年11月19日，https://www.sohu.com/a/433023797_100218209。

② 《福建漳州持续开展“非遗进校园”活动》，中国新闻网，2020年12月29日，https://www.chinanews.com.cn/sh/2020/12-29/9374002.shtml。

③ 《福建：“武”进校园，传统非遗活起来》，《精神文明报》2021年3月24日，第B1版。

开设“中国古籍书林漫步——线装书制作”课程。闽北职业技术学院成立社团，让“延平战胜鼓”非物质文化遗产的魅力在校园绽放，让优秀传统文化在青年大学生心里扎根，进一步弘扬民族精神，培育爱国情怀。①

4. 留住乡愁，保护传承历史文脉

加强乡村风貌和文物保护。福建省委、省政府大力推进“十街十镇百村千屋”项目，安排资金5.45亿元支持乡村风貌保护工作。大力推进乡村文物保护工作，出台《关于加强历史文化名城名镇名村传统和文物建筑历史建筑传统风貌建筑保护利用的九条措施》《关于进一步加强古宅古建筑保护的通知》，建立健全文化遗产普查认定公布责任等9项工作机制；出台《福建省鼓励社会力量参与文物保护利用实施意见》《福建省文物建筑认养管理规定》等，鼓励社会力量积极参与文物保护工作；推进乡村建设文化保护线划定，基本完成国家级文物保护单位和省级以上文物保护单位建设。

加强乡村历史文脉保护。推动“非遗+扶贫”，确定长汀县彭坊刻凿纸技艺工坊等5个非遗扶贫工坊示范点，帮助村民学习茶叶制作等传统技艺，促进茉莉花、白茶等茶区农民就业增收。积极推动各地开展乡村非遗传习所（点）建设，为乡村的非物质文化遗产展示、传承活动提供物质载体。推动“非遗+旅游”融合发展，征集非遗主题线路，鼓励旅行社开展非遗研学游、体验游等。2020年文化和自然遗产日期间，围绕“迎世遗 · 非遗传承　健康生活”主题，线上线下联动，举办了220场非遗宣传展示活动。泉州市安溪县建成全省首个“生态小院”，围绕“非遗茶文化”延伸茶叶生态链、产品链、价值链，逐渐形成生态保护、文化体验、技艺传习、研学教育、休闲观光等多功能综合体，带动和助推地方产业、生态、文化振兴。福州市嵩口镇月洲村打造优秀传统文化与现代化乡村文明相辉映的乡村振兴示范点，建成全省最美乡村图书馆“月溪花渡”、“孩子的院子”民宿综合体，修缮活化利用古寨宁远庄，将其打造为大中华古兵器博物馆，年吸引游客近2.5

---

① 《探寻八闽大地丨非遗进校园，让瑰宝薪火相承》，人民日报社网站，2021年12月15日，http：//gd. rmsznet. com/video/d297949. html。

万人次，既为庄寨保护性开发和弘扬中华传统古兵器文化做出了有益贡献，又拉动了乡村旅游的发展。

发掘乡村文化故事内涵。组织编辑福建乡村文化故事系列丛书，系列丛书围绕乡士乡贤、乡居乡聚、乡土乡味、乡作乡艺、乡风乡俗、乡音乡趣、乡训乡约等7个主题编印，宣传弘扬乡村历史文脉。目前，《乡士乡贤》《乡居乡聚》《乡土乡味》《乡风乡俗》已印刷出版。自2003年以来，福建省入选由住建部和国家文物局共同组织评选的中国历史文化名镇19个、历史文化名村57个，合计占全国总量的9.51%，位居全国第二；其中，宁德市入选国家级历史文化名镇名村合计占比最大，达25.00%（见表3和表4）。

表3　福建省入选各批次中国历史文化名镇名村情况

单位：个，%

批次	历史文化名镇	历史文化名村	名镇名村合计	全国名镇名村合计	占全国总量比重
第一批	1	1	2	22	9.09
第二批	1	2	3	58	5.17
第三批	0	3	3	77	3.90
第四批	1	3	4	94	4.26
第五批	4	7	11	99	11.11
第六批	6	13	19	178	10.67
第七批	6	28	34	271	12.55
合计	19	57	76	799	9.51

资料来源：中华人民共和国住房和城乡建设部网站，https：//www.mohurd.gov.cn/。

表4　福建省各设区市历史文化名镇名村分布情况

单位：个，%

设区市	历史文化名镇	历史文化名村	名镇名村合计	占全省总量比重
福州市	1	5	6	7.89
厦门市	0	0	0	0.00
宁德市	5	14	19	25.00
莆田市	0	1	1	1.32

续表

设区市	历史文化名镇	历史文化名村	名镇名村合计	占全省总量比重
泉州市	3	5	8	10.53
漳州市	2	6	8	10.53
龙岩市	3	14	17	22.37
三明市	2	8	10	13.16
南平市	3	4	7	9.21
平潭综合实验区	0	0	0	0.00
合计	19	57	76	100.00

资料来源：中华人民共和国住房和城乡建设部网站，https：//www.mohurd.gov.cn/；福建省文化局网站，http：//wwj.wlt.fujian.gov.cn/。

（三）健全乡村公共文化服务体系

近年来，福建省委、省政府以公共文化供需对接平台建设为抓手，大力推进城乡公共文化服务体系一体化建设，增加优秀乡村文化产品和服务供给，丰富乡村文化活动，为广大农民提供高质量的精神营养。

1. 强化供需对接，夯实乡村文化服务基础

加强乡村公共文化服务设施建设。福建省实现乡镇（街道）综合文化站全覆盖，村综合文化服务中心覆盖率99.6%，基本完成功能整合。推选培育33个基层综合性文化服务中心优秀示范点，支持80个村提升服务效能，支持向460个乡村安排资金补助，向402个乡村配送文化一点通等数字文化设备，持续推进基层综合性文化服务中心建设。建立5个福建首批科技小院，安排专家指导开展业务培训、技术服务、科普宣传等。推进200个行政村完成“智慧广电乡村工程”试点建设工作，带动全省农村广播数字化、IP化、智能化升级。全省超过80%的县级以上图书馆、文化馆达到国家三级馆以上标准。一个布局合理、覆盖城乡、惠及全民的省、市、县（市、区）、乡镇（街道）、村（社区）五级公共文化设施网络基本形成。[①]

① 《文化“菜单”品种多　艺术“大餐”成色足》，《福建日报》2021年12月14日，第1版。

健全乡村公共文化服务工作机制。“福建省公共文化供需对接平台”建设稳步推进，已完成平台软件优化、性能测试、安全测评、资源加载等相关工作。全省所有县（市、区）基本建成文化馆图书馆总分馆制，并将基层综合文化服务中心纳入县级文化馆图书馆体系，实现统一管理、资源共享。泉州市将图书馆总分馆制延伸至乡村图书室，统一借还方式、统一条码标准，实现“通借通还”；建立“百姓书房”30多家，提升行政村农家书屋管理水平。

加强乡村文化公共服务人才培育。将20位乡村文旅骨干列入文旅部“乡村文化和旅游能人”资助扶持名单，将30位列入省级“乡村文化和旅游能人”资助扶持名单。举办全省乡村旅游扶贫重点村村干部培训班、全省村级文化协管员暨综合文化站站长及文化骨干培训班，助力提升业务水平。

2. 创新文化惠民，丰富乡村精神文化生活

不断优化乡村文化产品和服务供给，更好地满足广大农民日益增长的精神文化需求。闽宁对口帮扶协作题材电视剧《山海情》和精准扶贫题材电视剧《我的金山银山》一经播出就受到社会各界赞誉，《山海情》在第27届上海电视节上荣获“最佳中国电视剧”等四大奖项；反映闽西红色革命的电视剧《绝命后卫师》《绝境铸剑》《绝密使命》被业界誉为“红色三绝”系列电视剧；电视剧《彭德怀元帅》《绝命后卫师》《可爱的中国》，广播剧《闽宁镇》等荣获全国精神文明建设“五个一工程”奖；电影《古田军号》获中宣部第十五届“五个一工程”奖特别奖；电影《樵夫·廖俊波》《海门深处》，电视剧《谷文昌》《一诺无悔》，以及纪录片《大儒朱熹》《海上福建》《闽宁纪事》等广受好评。扎实开展农村公益电影放映工作，以服务好农民、服务好基层为标准，“一村一月一场电影”，年总场次保持18万场左右，放映队保持790多支。2018年起，已连续3年以“文艺轻骑兵”“脱贫攻坚优秀影片展映”“奋斗百年路、启航新征程”为主题，在南平、宁德、三明三地开展电影进乡村活动，推动公益电影更加深入人心。①

① 《文化大餐　精神盛宴》，《福建日报》2021年11月19日，第3版。

广泛组织开展乡村群众性文化活动。2020 年首创福建农民文化周活动，在莆田市后黄村的启动仪式上通过“海博 TV”“直播福建”同步直播，近 150 万观众线上共同参与。“东西南北中”全省联动庆祝中国农民丰收节，各设区市集中展演或结合旅游宣传推介、特色民俗节庆等共开展近 300 场群众性文化活动。以农民为主体的鼓吹乐套曲《凯歌高奏“得胜令”》《畲乡福雨》《安贞旌鼓魂》等在第十四届福建音乐舞蹈节上获奖，参与颁奖晚会演出，观看人数超 350 万人次。持续开展“乡村春晚”“八闽书香过大年”等迎春系列文化活动，2021 年全省共举办各类群众文化活动 7552 场，参与群众超过 5900 万人次。持续在乡村和旅游景区开展“春燕行动——福建乡村音乐会”，采取向社会购买公共文化服务的形式，组织艺术家赴武夷山市西郊村、泰宁县际溪村、建瓯市龙村和寿宁县下党乡等开展文化惠民演出，不断丰富乡村文化生活，推动文旅融合发展。

3. 促进融合发展，增强乡村文化振兴活力

大力推进乡村文旅融合发展。福建省现有全国休闲农业与乡村旅游示范县 13 个、中国美丽休闲乡村 44 个。目前确定了 25 个乡村文化和旅游公共服务机构，探索开展文旅功能融合，建设主客共享的乡村文旅服务中心。宁德市屏南县“古村落+文创”、霞浦县“摄影+民宿”、福鼎市“白茶+文化”、福安市“数字+文创”等模式受到关注。莆田市打造书峰乡兰石村等 10 个文化旅游特色村。三明市围绕“三明第一抹红”发展红色培训产业，围绕沙县小吃源乡文化打造小吃文化体验旅游，2020 年旅游观光人数达 10 万人次。南平市建成延平巨口、王台，武夷山五夫，建瓯迪口，松溪郑墩、旧县等 6 条农文融合示范带，挖掘古厝、古埠、古桥、古村落、朱子遗址等历史文化遗迹 32 处；开发建阳溪源至考亭、建阳水南至桂林、邵武和平至肖家坊、顺昌来布至下沙、浦城山桥至东门等 5 条农旅融合示范带，建成武夷花花世界、十里莲塘、台禾果园、楠木林等农业观光园 12 个。厦门市翔安区挖掘“三闲资源”①，创新实施《乡村振兴农创文旅村居小额工程项目

① “三闲资源”即闲宅资源、闲人资源、闲地资源。

实施暂行办法》，推动内厝镇黄厝村乡村旅游发展。福州市组织开展“‘乡’约福州，一起‘村’游”美丽乡村旅游季活动，推出30条乡村线路。

创新乡村文化振兴宣传交流推广形式。在今日头条、抖音新媒体平台上开辟专栏，宣传福建省乡村文化振兴工作成效。福建电视台乡村振兴·公共频道开办10档具有乡土气息和田园温度的节目。在学习强国福建平台展示“畅游福建”“首届水仙花微电影短视频展”等典型视频，相关视频被推送至国家总平台“实播中国”栏目展示，单个视频最高点击量超10万次。通过微信、微博和福建电视台旅游频道开展“金牌旅游村”宣传片展播等乡村旅游宣传营销活动。成功举办2021全国“乡村网红”培育计划启动仪式，[①] 全省共有13名“乡村网红”入围培育计划最后投票活动，该启动仪式由央视频和国家公共文化云等平台全程直播。龙岩市开展“百村支书话振兴”网上宣传活动，在该市全媒体中心平台以村支书第一视角，宣传展示乡村（社区）在脱贫攻坚、乡村振兴等工作中的典型事迹，激励并引导广大农民谱写新时代乡村振兴新篇章。

二 福建省乡村文化振兴存在的问题及对策建议

（一）福建省乡村文化振兴存在的问题

1. 乡村文化振兴工作思想认识不到位

思想是行动的先导，思想认识不到位，工作责任就落实不到位，进而影响文明乡风建设的自觉性与实效性。目前一些地方和部门不愿管、不敢管、不会管的问题并存，有的往往习惯于通过行政手段发挥作用，管理方式简单粗暴、矫枉过正，或只宣传不落实、不注重工作实效，缺乏科学的管理和引导手段，对存在问题束手无策、听之任之；有些基层干部对文明乡风建设重视不够，认为文明乡风建设是“软指标”，移风易俗是“麻烦事”，管不管

① 《2021全国“乡村网红”培育计划启动》，《农民日报》2021年5月19日，第5版。

无所谓，抓不抓差不多，工作流于形式，效果不明显；有些村民认为，现在搞市场经济就是要想方设法多挣钱，文明乡风建设不重要，对于乡村文化失调与治理建设漠不关心，更谈不上主动参与或积极行动了。

2. 乡村文化振兴工作力量有待加强

当前农村地区“老龄化”“空心化”“低学历”现象突出，就乡村文化振兴工作来看，“人”的问题是其面临的主要挑战之一。乡镇和村级组织普遍存在人员流动性强、人才队伍不稳定的情况，专兼职人员年纪偏大、能力有限，工作方式难以与时俱进，村组人口少且缺乏有生工作力量。机构改革以后，部分县级文明办并入宣传部，在一定程度上削弱了基层专职工作力量。加之农村地区阵地资源分散，“各自为战”成为习惯，以及不少地方镇村财力弱、投入不足，严重制约文明乡风建设工作的开展。

3. 乡村文化振兴政策执行效果仍需强化

政策执行是政策目标得以实现的关键所在。在推进文明乡风建设过程中，省、市两级虽然出台了不少政策文件，但是基层贯彻落实力度不够大，责任和压力传导“打折扣”“中梗阻”，存在“上头热、下面冷”的现象。有些地方的村规民约，原则要求多，具体措施少，可操作性不强，监督和奖惩机制不够完善，“一约四会”的作用发挥得很有限。乡村文化振兴政策执行效果不够理想。譬如，个别地方还存在天价彩礼、奢侈办婚礼、讲排场比阔气等问题；部分村民不良陋习尚未彻底破除；因与一些民俗活动交织，封建迷信在部分地区还不同程度存在，移风易俗工作仍需持续发力。

4. 乡村文化和旅游业融合发展仍需加强

文旅融合，对促进乡村旅游（产业）高质量发展，实现乡村文化传承创新，具有重要意义。目前乡村文旅融合实践中存在如下突出问题。一是乡村文化设施网络重建轻管，效能不高。乡村综合性文化服务中心基本上实现了功能整合，但还存在作用发挥不理想、文化产品和服务供给数量不足和质量不高并存等问题。二是文化资源方面挖掘不深，业态不新。各地乡村有多姿多彩的地域特色文化资源，但重视不够、研究阐释不深入、讲故事能力不强，造成当地文化资源开发利用程度不高、成效不明显。三是文旅融合不够紧密，机制不活。文旅融合发展机制创新不够，共享机制、社会力量参与机制、供需对接机制等尚未健全。

（二）加快推进福建省乡村文化振兴的对策建议

1. 建立健全文明乡风建设长效机制

建立健全文明乡风建设长效机制，对推动乡村文化振兴工作至关重要。一要加强文明乡风建设的顶层设计，贯彻落实《福建省农村精神文明建设工作联席会议制度》，形成“党委统一领导、党政群齐抓共管、文明委组织协调、有关部门各负其责、全社会积极参与”的领导体制和工作机制。二要健全完善考核奖惩机制，把推进文明乡风建设的成效作为衡量各级领导班子特别是党政“一把手”工作能力和政绩的重要依据。依据《福建省精神文明创建活动管理办法（修订版）》制定相应的奖励措施，鼓励基层党组织积极参与文明村镇创建活动。三要健全完善投入机制，各级财政要切实增加农村精神文明建设投入，将其纳入财政预算，并不断拓宽筹资渠道，逐步建立以财政投入为主、群众捐助和社会资本参与相结合的多层次、多渠道资金投入机制，切实巩固好文明乡风建设成果。

2. 整合壮大文明乡风建设集体力量

乡风文明建设，不可能一蹴而就，乡村文化兴盛需要整合各方力量，尤其是要真正激发农民的积极性和内生动力，让农民成为乡村文化振兴的真正主体。[①] 一要提升建设能力。对于乡镇，要明确其文明乡风建设的职责在于引导，而不是过分行政干预，甚至“一手包办”；对于村两委，要建立互相制约、良性互动、合力推进的工作关系，大力推行“一肩挑”工程，凝聚村两委合力，有效调动两委工作人员的积极性与主动性；对于村民，要通过培训、教育、搭建平台等多样化的方式，积极培育和增强其文化主体意识，全方位鼓励其大胆进行实践创造，在文明乡风建设中唱主角。二要凝聚建设

① 陈文胜：《农民在乡村振兴中的主体地位何以实现》，《中国乡村发现》2018年第5期，第48~51页；陈文胜、李珺：《论新时代乡村文化兴盛之路》，《江淮论坛》2021年第4期，第143~148页。

合力。贯彻新发展理念中的共享发展原则，理顺农村宗族房头、文化市场、餐饮市场、丧葬市场之间盘根错节的利益关系，既要做到充分保障各方既得合法利益的最大化，也要坚决遏制其利用封建迷信、“黄赌毒”等败坏农村社会风气；探索将文明乡风建设参与及遵守情况作为企业家、华侨等群体推选人大代表、政协委员和评先评优、获得政策扶持的重要依据，提升和增强他们对乡村文化振兴工作的重视程度和自觉性。三要增强建设积极性。进一步总结和推广“乡村道德银行”“文明积分”等奖励模式，强化正面激励，让有德者有得；依托新时代文明实践中心（所、站），抓好学习实践科学理论、宣传宣讲党的政策、培育践行主流价值、丰富活跃文化生活、持续推动移风易俗等工作，引导广大农民在参与中改变观念，在实践中提高认识，自觉建设文明乡村。

3. 进一步优化乡村公共文化服务供给

福建省城乡基础设施和公共服务差距仍然较大，必须深入研究、全力解决。要进一步健全城乡一体公共文化服务网络，增强服务效能，优化乡村公共文化服务供给，满足广大农民对美好文化生活的新期待。一要大力推进乡村公共文化设施建设。积极推动将公共文化设施建设纳入县城城镇化补短板、强弱项项目，新建和改扩建一批县（市、区）级公共图书馆和文化馆；推动着眼于地域特色文化遗产的活化利用和创新发展，着力构筑百姓书房等公共文化新型空间，因地制宜建设乡村文化广场、非遗传习场所、农民文化公园等主题功能空间，满足广大农民对高品质生活的期待；推动基层综合文化服务中心拓展旅游咨询、景点宣传等功能，旅游服务中心增加展览展示、图书阅读等服务内容，打造文旅融合型的文化旅游服务中心。二要大力发展乡村数字文化服务。加强数字化建设，在不断提升图书馆、文化馆数字资源总量的同时，大力发展适应移动互联网环境的数字文化资源，让品质优良的数字文化产品更好地惠及广大农民；加强网络化建设，完善提升福建公共文化服务供需对接平台，并与国家公共文化云进行对接，让广大农民利用手机就可以便捷地获取服务；加强智能化建设，充分运用大数据优化信息反馈模式，及时掌握广大农民文化需求变化，实现公共文化服务的智能匹配和精准推送；加强线下线上相结合的互动体验空间建设，推广“云展览”“云阅读”“云视听”等典型经验，运用人机交互、虚拟现实、全息影像等信息技术，拓展智慧应用场景，为广大农民提供沉浸式文化体验，提升公共文化服务质量。三要大力提升乡村公共文化服务效能。鼓励向需求导向的公共文化供给模式转换，完善“订单式”“预约式”服务，实现“自下而上”“依需定供”，形成“需求采集、服务供给、效果评价、改进创新”的良性循环；鼓励公共图书馆、文化馆拓展阵地服务功能，创新契合广大农民需求的体验式、互动式公共阅读和艺术普及活动；鼓励挖掘、盘活地方特色文化资源，繁荣民间优秀文化，促进文旅、文创、文艺深度融合，创新发展。四要大力促进文化志愿服务特色化发展。推动成立文化志愿服务联盟，常态化、社会化、规范化地招募、管理文化志愿服务者和志愿服务活动；以市、县为单位培育一批有特色、有影响、惠民生的文化志愿服务项目，发挥品牌示范引领作用；完善文化志愿服务记录和激励制度，表彰奖励优秀文化志愿服务团队和个人，鼓励引导和培育培训更多基层文化志愿服务者，激活基层文化阵地。

4. 进一步探寻打造乡村文化振兴特色品牌

特色品牌，既是乡村文化振兴成果的生动体现，又是乡村文化振兴的方向指引。要积极探寻福建特色乡村文化振兴之路，以“福”文化统领全省乡村文化振兴特色品牌建设。一要在因地制宜推进乡村建设中打造特色品牌。从福建山海地理格局和区域发展实际出发，推动各地挖掘历史文脉，打造“一县一乡一村一文化名片”，开展适应新时代农民需要的群众性文化活动，助力乡村全面振兴。二要在乡村文化遗产保护传承中打造特色品牌。加强乡村文物保护工作，推进对历史文化名镇名村和传统村落的保护利用，实施历史文化名镇名村和传统村落重点改善提升行动；加强乡村非遗技艺资源挖掘工作，创设具有地方特色的非遗工坊和非遗传习所（点），促进传统技艺传承提升，形成品牌，带动就业，实现乡村地区传统工艺振兴与促进农民就业增收“双赢”；加强艺术家、策展人等专业人士与民间文化艺术之乡的对接工作，挖掘乡土底蕴，传承乡村文脉；加强乡村戏曲振兴工作，加大对乡村非物质文化遗产地方剧种剧团的扶持力度，引导县乡级剧团进村庄、进校园开展戏曲演出活动，同时，继续组织指导基层文艺院团创排一批反映乡村振兴、乡村新风貌新变化的舞台艺术作品。三要在文旅深度融合、创新发展中打造特色品牌。推动各地挖掘生态环境、民俗风情、特色产业、乡土文化等特色资源禀赋，将文物古迹、传统村落、传统建筑、农业文化遗产、非物质文化遗产等融入乡村旅游产品开发；对文旅产品进行深度开发，大力发展滨海休闲、温泉度假、康体养生、乡村民宿等新业态，培育打造一批“网红”打卡地；实施全域生态旅游小镇、金牌旅游村重点培育工程，再造一批重量级乡村旅游品牌；支持文化创意产业延伸至乡村，持续开展“福建文创市集”活动，征集、开发乡村文化旅游系列文创产品。四要在丰富群众性文化活动中打造特色品牌。推动各地建好、管好、用好“百姓大舞台”，探索省、市、县三级联动机制，常态化组织开展文化惠民演出；政府“搭台”，发动社会力量参与乡村音乐会、乡村“村”晚、广场舞、激情广场大家唱、“全民阅读”等更多接地气、有温度的群众性文化活动。

参考文献

陈文辞、张杨、郑玮锋：《基于乡村地域文化的村口景观设计——以福建三明市际硋村为例》，《湖北林业科技》2021年第4期。

陈翎：《从高额婚姻支付现象看乡村社会转型——以乡土文化下的福建晋江为例》，《泉州师范学院学报》2021年第1期。

蒋海岭：《在地文化视角下公共雕塑介入乡村振兴的构建机制——以福建南平延平艺术季为例》，《武夷学院学报》2020年第8期。

陈小韦：《乡村文化振兴的三个维度和思维——以福建宁德为例》，《福建省社会主义学院学报》2020年第3期。

万书荣：《福建地方戏曲的传承保护与乡村文化振兴》，《艺苑》2019年第6期。

李彬：《福建乡村非物质文化遗产品牌价值识别研究》，《海峡科学》2019年第11期。

B.5

福建省乡村生态振兴情况分析（2020~2021年）*

林丽梅　郑逸芳**

摘　要： 乡村生态振兴是乡村振兴的重要内容，也是促进乡村经济转型升级的关键。2020~2021年，福建省乡村生态振兴在农村人居环境整治、重点生态系统保护和修复、生态旅游产业链发展、城乡防灾减灾体系建设等方面有序开展，并取得显著成效。但与此同时，福建省乡村生态振兴仍存在乡村生态治理机制不够完善、生产方式绿色化转型较为滞后、整体性生态保护意识不强以及乡村生态治理主体和形式单一等待完善之处。对此，需要强化制度建设，健全生态振兴机制；加强科技支撑，促进生产方式绿色转型；弘扬生态文化，提高生态文明意识和优化治理结构，构建多元共治模式以助力福建省乡村生态振兴。

关键词： 乡村生态振兴　生态治理　福建乡村

2020~2021年，福建省积极践行“绿水青山就是金山银山”理念，持续实施生态省战略，统筹推进乡村生态振兴。农村人居环境整治长效管

---

* 除特别标注外，本篇报告的数据均来自中共福建省委实施乡村振兴战略领导小组办公室提供的汇总资料（省委省政府相关部厅局委《关于报送乡村振兴工作进展情况的函》）。

** 林丽梅，福建江夏学院公共事务学院副教授，博士，研究方向为乡村生态治理、农村环境治理；郑逸芳，福建农林大学公共管理学院教授，博士研究生导师，研究方向为公共管理、基层社会治理。

护机制初步建立，乡村环境基本干净整洁有序；生态系统保护和修复工作稳步推进，生态系统质量和稳定性有所提升，生态安全屏障体系建设有序开展；依托生态文化资源的乡村旅游产业发展迅速，乡村生态旅游品牌建设初见成效，与乡村产业振兴协同推进。城乡自然灾害综合风险普查工作顺利开展，为综合防灾减灾救灾提供坚实基础，城乡防灾减灾体系进一步完善。

一 2020~2021年福建省农村人居环境整治状况分析

（一）农村生活垃圾和生活污水治理状况

1. 生活垃圾治理常态化机制建设情况

2020~2021年，福建省在各县（市、区）持续推行“户分类、村收集、镇转运、县处理”的城乡一体化生活垃圾处理模式，按照“五个有”标准（有完备的设施设备、有成熟的治理技术、有稳定的保洁队伍、有完善的监管制度、有长效的资金保障）建成了行政村生活垃圾常态化治理机制。2020~2021年，福建省持续加大对乡镇生活垃圾转运站建设和乡镇生活垃圾转运车辆购置的财政支持，同时，提升改造转运能力不足和渗滤液处理不达标的老旧垃圾转运站，完善垃圾处理设施设备供给，实现全省乡镇生活垃圾转运系统全覆盖。此外，在完善县、乡、村三级设施建设和服务基础上，因地制宜采取小型化、分散化的无害化处理方式，降低收运处置设施建设和运行成本。为支持治理常态化建设，福建省还通过“以奖代补”的方式补助设施建设，同时补助建立垃圾治理常态机制的行政村，要求实行政府主导、村民参与、社会支持的投入机制，提供长效化的资金保障。虽然福建省实现了行政村农村生活垃圾治理常态化机制全覆盖，但农村生活垃圾点多面广，需要引入智能化监管手段，提高监管和处置效率。

2. 生活垃圾源头分类减量情况

2021 年福建省各县（市、区）推动 1 个乡镇全域落实“干湿”分类机制，实现“六个有”：有县乡工作机制、有宣传发动、有有机垃圾处理设备或设施、有资金保障、有减量化成效、有县级现场会总结推广。根据福建省住房和城乡建设厅报告，2021 年福建省 43 个乡镇全面建立全镇域垃圾分类“六个有”机制（即 6 项任务），剩余 40 个乡镇除“召开现场会”1 项任务未完成外，其他 5 项任务均已完成，整体完成率达 91.97%。在此基础上，2022 年计划每县新增一个乡镇全域落实农村生活垃圾分类机制，加强村庄有机废弃物综合处置利用设施建设，推进就近就地利用处理，促进农村生活垃圾的源头减量和资源化利用。整体而言，当前福建省农村生活垃圾源头分类减量工作取得了一定成效，但还需加快探索符合农村特点和农民习惯的就地就近就农处理和资源化利用的分类机制，加快建设农村废弃物综合处置中心与农业生产废弃物回收和资源化利用体系，推动形成有机垃圾生态处理机制。

（二）乡镇生活污水处理市场化运营推进情况

2020~2021 年，福建省通过设置和下达考核任务、整合财政资金、设立补助项目等措施大力推动以县域为单位实施乡镇生活污水“三合一”（含设施改造提升、管网铺设、运营维护）捆绑打包的市场化建设运营。2021 年全省共有 18 个县（市、区）完成乡镇生活污水建设运营市场化签约。截至 2021 年底，全省已有 35 个县（市、区）完成市场化任务，全省农村污水处理设施全面建成，农村生活污水治理率达 87.3%。2021 年 12 月福建省住房和城乡建设厅组织编制并发布了《福建省乡镇生活污水处理设施管护指南（试行）》，就设施管护、安全生产、应急保障和监督考核等内容进行规范化设计。通过引入社会资本和专业化队伍，乡镇生活污水治理的专业化、规范化水平显著提升，依靠第三方企业的智能化监管手段，生活污水处理的监管效率和水平也有所提高。

（三）农村户厕改造和无害化公共厕所建管状况

截至2021年底，福建省已实现农村公厕建制村全覆盖，户用卫生厕所普及率达99.2%，通过推动以县域为单位，将公共厕所管护与村庄保洁、垃圾转运进行捆绑打包的“三位一体”市场化机制，公共厕所管护效率和水平得到有效提高。此外，2021年12月福建省住房和城乡建设厅组织编制并发布《福建省农村公共厕所管护指南（试行）》，详细规定了公共厕所保洁、服务、管理和监督考核等具体内容，为规范农村地区公共厕所管护行为提供了重要依据，推动农村公共厕所长效建管机制建立。继续加快农村厕所改造升级，完善建管长效机制，打造一批农村厕所革命样板县是下阶段福建省农村厕所改造的重要任务。

（四）农房建设品质提升与裸房整治状况

2021年福建省出台《关于印发农房建筑风貌和质量安全管控任务清单的通知》，推动县编制发布有地域特色的建筑立面图集，建立农村建筑风貌管控机制，依托城乡品质提升项目平台，实施农房建设品质提升“4个10”任务（包括10个“崇尚集约建房”县创建、10个新时代农村社区建设样板、10个集镇环境整治样板、10万栋裸房整治）。目前，福建省“崇尚集约建房”建设共完成投资99018万元；集镇环境整治共完成投资10265万元；新时代农村社区建设样板工程共完成投资11563万元；完成13万栋裸房整治，完成投资41.3亿元。在落实农民建房用地保障方面，规范并简化宅基地审批和乡村建设规划许可，将村民住宅建设规划许可审批权限下放至乡镇，宅基地农用地转用审批权限下放至县级政府，并实行宅基地审批、农房建设等联审联办制度。

（五）乡村绿化行动推进状况

2020~2021年，福建省持续以“绿盈乡村”建设为抓手开展乡村绿化行动，截至2021年底，福建省“绿盈乡村”累计占比达70%以上。2021年12月福建省乡村生态振兴专项小组公布第二批高级版“绿盈乡村”名单，该名单包括282个村庄和18个乡镇。福建省实施百城千村绿化美化宜居工程，2020年完成各类生态造林与绿化建设，总绿化面积为98.1万亩，累计完成800个省级森林村庄建设，全省森林覆盖率66.8%，保持全国首位。

二　2020~2021年福建省重点生态系统保护和修复状况分析

（一）生态空间优化状况

2021年，福建省发改委、省自然资源厅研究制定并印发实施《福建省重要生态系统保护和修复重大工程实施方案（2021—2035年）》，对福建省重点生态系统保护和修复工作做出重要部署。生态空间用途管制方面，2020~2021年，福建省在总结武夷山市、永泰县两个生态空间用途管制全国试点经验的基础上，建成覆盖全部自然生态空间的用途管制制度体系。2021年12月福建省范围内基本完成县级国土空间规划编制和村庄分类，并侧重督促各地加快编制“多规合一”实用性村庄规划，强化用途管制，加强规划实施管理。福建省各县（市、区）均印发了村庄规划编制三年工作计划，2021年累计完成村庄规划编制3957个，预计2023年可实现应编尽编和规划管控全覆盖。生态保护红线划定方面，2021年，福建省生态保护红线被全面划定并严格监管，陆域生态保护红线面积占陆域国土空间面积26.08%，海洋生态保护红线面积占海域总选划面积38%，居全国中等偏上水平。自然保护区建设方面，2020年，福建省共建立自然保护区111处，其中国家级17处、省级23处，自然保护区总面积达41.79万公顷。

（二）水域综合治理状况

1. 饮用水水源保护状况

2021 年，福建省全面推进城乡供水一体化建设，建设规模化水厂 90 个、管网 8189 公里，惠及 317 万人，农村自来水普及率增至 88.73%，较 2020 年提高 1.73 个百分点。持续推进农村饮用水水源地专项整治，巩固提升全省 144 个“千吨万人”饮用水水源地环境问题整治成效，加快推进 1514 个千人以上农村水源地环境问题排查整治，实现县级以上集中式生活饮用水源地水质达标率 100%。

2. 小流域水环境综合治理和水土流失治理状况

2020~2021 年，福建省持续推进河湖长制，组织专项攻坚行动，强化河湖保护管理，河湖长制工作连续 4 年得到国家正向激励。2021 年，全省组织实施 30 个小流域综合治理项目，推进闽江山水林田湖草生态保护修复试点和 43 条小流域综合治理；同时，实施安全生态水系建设，累计建设安全生态水系 4300 公里。据 2021 年全省经济社会统计公报，福建省主要流域整体水质为优，Ⅰ~Ⅲ类水质占比为 97.3%，全面消除劣Ⅴ类水体；列入国家考核的 142 个近岸海域国控点位中，一类、二类海水水质面积占比 85.2%。农村黑臭水体治理方面，通过结合卫星遥感图片和群众投诉举报进行再排查核实，建立福建省 312 条黑臭水体治理清单，其中 150 条纳入国家优先治理清单，推进福清、南安、诏安等 3 个县治理试点，已完成 15 条治理任务。2021 年，累计治理水土流失面积 5013 平方公里，福建省水土流失率由 2020 年的 7.75%降至 7.52%。

（三）土壤污染防治状况

1. 受污染耕地安全利用状况

2020 年 4 月，福建省各县（市、区）全面完成耕地土壤环境质量类别划分工作，明确各地优先保护、安全利用、严格管控三大类环境质量耕地土壤的面积、分布及污染物类型。福建省据此研究制定 2021 年全省受污染耕地安全利用具体任务并推进落实，细化分解全省 2021 年安全利用类任务 68.59 万亩、严格管控类任务 2.9 万亩。与此同时，根据质量类别划分成果，谋划耕地安全利用项目，加大资金支持力度，以项目实施推动耕地安全利用，有效保障食用农产品安全。2021 年，福建省申报耕地安全利用项目 7 个，浦城县受污染耕地安全利用项目获得 1280 万元中央专项资金支持。此外，福建省各地通过政府采购方式利用第三方专业技术服务解决受污染耕地安全利用问题。综合采用集成推广农艺调控、土壤改良、生物技术等耕地土壤污染防治模式，如期完成国家下达的受污染耕地安全利用及严格管控任务。2020 年，福建省受污染耕地安全利用率为 91%。

2. 农业资源循环有效利用状况

2021 年，福建省大力推进农业资源循环有效利用，支持利用畜禽粪便生产有机肥，推广沼液、肥水还田利用，在漳州、泉州、三明等 7 市 12 县开展农药包装废弃物回收试点，在上杭、仙游、浦城等 3 个试点县开展肥料包装废弃物回收试点工作。截至 2021 年底，畜禽粪污综合利用率达 90%，整县推进秸秆、农膜综合利用，秸秆综合利用率达 93%，农膜回收利用率达 83%。持续加大田园环境整治力度，健全废旧农膜回收激励机制，深化肥料农药包装物回收处理试点，整县推进农作物秸秆综合利用，构建覆盖县乡村的秸秆收储运服务网络等是福建省下阶段推进农业资源循环有效利用的重点任务。

（四）海洋环境保护状况

1. 近岸海域污染防治和海漂垃圾综合治理状况

2020~2021 年，福建省持续加强近岸海域污染防治，通过强化属地责任落实和完善监管制度保障，促进沿海市县加强海洋生态环境保护等工作。2021 年，福建省在全省范围内大力开展防治陆源污染物入海工作。强化入海排放口排查整治，完成 53 个重点直排海污染源监管现场核查和季度性监督性监测，2021 年全年排放达标率 98.1%。福建省近岸海域水质继续保持优良，一类、二类海水优良面积占比 92.4%，近海水域水质优良占比达

85.2%。海漂垃圾治理方面，福建省出台《2021 年“海漂垃圾综合治理”为民办实事项目实施方案》，配套设立了 2021~2023 年度共计 1.3 亿元的省级海漂垃圾综合治理奖补资金，用于引导地方常态化治理海漂垃圾，2021 年下达省级专项奖补资金 4375 万元，推动地方配套资金共计约 1.3 亿元。同时，强化垃圾源头管控。推动各行业主管部门齐抓共管，持续加强行业垃圾管控治理和源头减量。配合推进海上养殖加快转型升级，新增改造塑胶渔排 2.75 万口、贝藻类筏式养殖浮球 4.77 万亩。此外，沿海各地结合地方实际，以市场化形式组建“海上环卫”队伍。厦门、宁德、漳州、泉州均成立专业化的“海上环卫”队伍，其他沿海地市均已制定“海上环卫”队伍组建方案。全年组织开展无人机巡航岸线共计 570 公里，指导全省沿海地区清理约 10.64 万吨海漂垃圾，重点岸段海漂垃圾分布密度同比下降 50% 以上。

2. 海洋生态修复状况

2021 年，福建省大力开展海洋生态修复，促进保护和修复海岛、岸线和海湾。海岛修复方面，通过加强对海岛的开发利用、动态监管，针对莆田湄洲和东山岛八尺门等海岛的实际情况，开展生态修复和退堤还海工作。岸线修复方面，主要排查治理海岸带“四乱”问题，采取逐项立账、滚动销号等措施，2021 年修复岸线 135 公里，大陆自然岸线保有率为 46.2%。海湾修复工作重点围绕闽江、九龙江流域河口一体化生态修复开展，利用生态修复技术促进红树林、珊瑚礁等生态系统功能恢复，新建海洋类保护区 28 个，全省滨海湿地越冬候鸟超 12 万只。

三　2020~2021年福建省乡村生态旅游产业链发展状况分析

（一）生态旅游品牌建设

2020~2021 年，福建省以强化乡村生态、文化与旅游融合提升为工作重点，积极推进乡村生态旅游品牌建设。一是积极争创全国乡村旅游重点村镇。泉州市晋江市新塘街道梧林社区、宁德市福鼎市磻溪镇赤溪村等6个村入选第三批全国乡村旅游重点村，平潭综合实验区君山镇等3个镇入选第一批全国乡村旅游重点镇（乡）。二是培育了41个2021年福建省金牌旅游村和17个2021年福建省全域生态旅游小镇，打造具有福建特色的乡村旅游品牌。三是乡村旅游基础设施持续完善。2021年，福建省文化和旅游厅安排1900万元文旅融合专项资金，用于补助旅游村镇完善游客服务中心、旅游厕所、旅游标识标牌、旅游步道等设施。四是通过全媒体融合方式，举办各类旅游宣传和推介活动，如“清新福建　金秋有约”全媒体旅游推介会，“山海乡村寻福季”系列活动等，重点推介全域生态旅游小镇、金牌旅游村，推出乡村旅游主题线路，扩大福建乡村旅游的知名度和影响力。

（二）生态旅游产业链建设

2020~2021年，福建省生态旅游产业链发展以推进文旅产业融合、发展旅游新业态和实施生态旅游产业示范工程为主要措施。一方面，福建省通过重点项目方式支撑和带动文旅产业融合高质量发展，并鼓励将重大工程项目与生态旅游、生态农业、特色小镇、林下经济等相关产业深度融合。福建省文化和旅游厅制定下发《2021年全省文化旅游重点推进项目实施方案》，确定215个重点推进在建项目，其中包含罗源县松山镇畲族文化民俗小镇等27个乡村旅游休闲项目。另一方面，福建省围绕滨海旅游、温泉度假、森林康养、研学旅游、旅游演艺、非遗文化体验等积极发展新兴业态，并出台加强项目创意策划指南，推动乡村文旅产业发展。此外，围绕乡村旅游产业示范工程建设，2021年福建省遴选闽清县作为省级乡村文旅产业振兴示范工程试点县，并通过专家论证修订和完善示范工程实施方案。

（三）乡村旅游提质升级状况

2020~2021年，福建省主要从整合乡村旅游资源和引导乡村生态旅游规范发展等方面推进乡村旅游提质升级。2020 年福建省整合乡村旅游资源，大力推行“全福游、有全福”主打品牌；多渠道推广福建乡村特色旅游，发行《福建乡村旅游地图》；针对清新福建品牌，推出《清新福建乐游乡村》图书；上线推出“美丽乡村”专题，组织“清新福建 · 倾心 600”主题评选与营销。与此同时，2020~2021 年，福建省多措并举引导乡村生态旅游规范发展，推进生态旅游沿线及周边环境基础设施建设与环境整治，加强生态环境监管与环境质量监测，促进乡村旅游业向资源节约型和环境友好型生态旅游转变。鼓励发掘生态涵养、休闲观光、文化体验、健康养老等生态功能，利用“生态+”等模式，推进生态资源与旅游、文化、康养等产业融合。推进“绿水青山就是金山银山”实践创新基地建设，依托乡村独特生态资源、农业、人文优势，探索乡村“两山”转化路径模式，建设一批乡村生态经济发展的示范样板。

四　2020~2021年福建省城乡防灾减灾体系建设状况

（一）水系统防灾减灾体系建设

1. 水库除险加固常态化建设

2020~2021 年，福建省加大力度强化水库除险加固常态化建设，2021 年实施 44 座病险水库加固，其中中央提升工程 15 座，省级常态化除险加固 29 座。与此同时，2021 年常态化实施病险库（闸）除险加固，完成莆田东圳、寿宁麻竹坪等 28 座大中型水库（闸）除险加固，346 座小型水库常态化除险加固。在中小型水库建设方面，2021 年建成德化彭村、尤溪兴头等中型水库 13 座以及马尾天台、武平陈田等小型水库 38 座，开工建设连城福地、永春马跳等一批中小型水库。

2. 生态安全水专项项目推进状况

2020~2021 年，福建省生态安全水专项项目的推进工作包括以下几方面：一是推进安全生态水系建设，总结并推广木兰溪治理经验，2021 年，累计建设安全生态水系 5416 公里，初步形成遍布全省城乡的“河畅、水清、岸绿、景美、安全、生态”的河流生态走廊。二是强化水土保持生态建设，探索打造长汀水土保持生态示范区，2021 年，累计治理水土流失面积 5013 平方公里，福建省水土流失率降至 7.52%。三是持续加强民生水利建设，2021 年，建成麻阳溪引水等一批重点引调水工程，初步形成较为完善的区域水资源调配网络；在莆田市及闽清、福鼎等 27 个市县全面推进城乡供水一体化，受益农村人口 500 多万人；完成 29 个大中型灌区续建配套与现代化改造，福建省农业灌溉用水有效利用系数达 0.557。四是深化河湖长制，加强流域综合治理，积极推进“五江一溪”、中小河流以及其他重要独流入海河流防洪治理，累计建成江（海）堤防 1500 公里。

（二）海洋系统防灾减灾状况分析

2020～2021 年，福建省海洋系统防灾减灾工作主要围绕海洋减灾“十百千万”工程，提升现代化渔港、渔船通导装备能力。此外，2021 年，福建省持续开展海堤除险加固，优化提升海岸带防潮御浪、固堤护岸等减灾功能。实施海堤生态化建设，通过在海堤护岸外侧采用修建斜坡式人工块体的方式，结合堤前潮间带重构、堤身生态化改造和堤后生态缓冲带建设等措施，优化提升海岸带生态系统的减灾功能和海岸防护工程的生态功能。2021 年，福建省海洋与渔业局印发《福建省第一次全省海洋灾害风险普查实施方案》，编制完成《福建省第一次全省海洋灾害风险普查质量控制工作方案》，并通过实地调研了解各地普查工作开展情况，推进普查工作顺利开展。

（三）防灾减灾应急联动机制构建状况

2020 年福建省出台《福建省人民政府办公厅关于开展第一次全省自然灾害综合风险普查的通知》，2021 年出台《福建省自然灾害综合风险普查实施方案》，在此指导下，福建省各地全面开展第一次自然灾害综合风险普查工作，为防御自然灾害风险提供重要基础数据和资料。在防灾减灾多部门应急联动机制建设方面，2021 年，由福建省气象局牵头建成了多部门共享共用的一体化突发事件预警信息发布系统，实现预警信息发布统一平台、统一出口，实现与国家通信网应急指挥调度系统省级平台、工信部门的联通对接，福建省部署接入使用部门 35 个、单位 1000 家以上，汇聚多部门 40 余类防灾减灾基础数据。此外，通过加强防灾减灾演练，落实应急救灾物资储备，完善信息共享和服务联动机制。防灾减灾基础设施建设方面，2021 年，福建省构建了多手段、广覆盖、全媒体的预警信息快速传播网络，拓展预警信息传播渠道达 22 类 690 个，联合腾讯打造“福建预警发布企鹅号”传播矩阵，拓宽基层预警信息发布渠道。福建省通信管理局和福建省气象局联合开展预警短信精准靶向发布试点。与此同时，推进农村电网升级改造，推动光纤和 4G 向自然村延伸覆盖，开展“智慧广电乡村工程”试点，加快基层气象防灾减灾标准化。建立覆盖全省的无人机应用管理体系，强化资源管护，特别是对森林火灾、林业有害生物等的监测、预防和管理。

五　福建省乡村生态振兴存在的问题及对策建议

（一）福建省乡村生态振兴存在的问题

1. 乡村生态治理机制不够完善

生态治理机制是践行乡村生态振兴理念的工具，更是乡村生态振兴活动有序化、可持续化的载体。福建省在乡村生态振兴实施过程中，正逐步形成系统性的乡村生态治理体系，但结合乡村生态振兴实践情况，这一治理体系还存在明显待完善之处。首先，福建省出台的《福建省乡村生态振兴专项规划（2018—2022 年）》《福建省重要生态系统保护和修复重大工程实施方案（2021—2035 年）》《福建省乡村振兴促进条例》等政策文件为乡村生态振兴提供了指导性、框架性的制度依据，但针对亟待解决的农村生态治理困境仍未给出具体的、可操作性强的制度安排和法律细则。其次，乡村生态治理尚未形成高效的要素联动机制。福建省乡村生态振兴治理在财政、科技、企业和村民等要素配置方面尚未形成配套服务支持系统，出现财政投入依赖性大、科技支撑尚不到位、企业资本参与水平低、乡贤等村民资源未充分挖掘等突出问题。最后，福建省乡村生态振兴实践过程中，各类、各级政府部门间的责任划分与协同治理水平还需进一步提升，尚未形成上下联动、左右协同的责任划分机制，工作落实效能有待提高。

2. 生产方式绿色化转型较为滞后

农业生产方式绿色化转型是福建省实现全方位高质量发展的着力点。目前福建省农业生产方式已有很大改进，绿色农业品牌建设取得较大成效，通过农业一二三产业纵深融合发展推动生产方式向绿色化转变。但在国家生态文明先行示范区和生态省战略定位之下，当前福建省生产方式绿色化转型还较为滞后。近几年，福建省农业面源污染虽得到明显改善，但仍不可避免地面临污染源分散、隐蔽等特点导致的监管困难、成本高昂等现实问题，如何破除单纯依靠行政性监管约束的障碍，利用市场机制促使农业生产经营主体自觉进行绿色化转型，是污染防治政策努力的方向和目标。此外，种植业绿色发展中的农药化肥过量施用问题面临技术适用性不强、推广范围较小和使用者采纳较少等多方面问题，亟须开展绿色防控技术与统防统治融合示范推广，实施绿色防控、统防统治。福建省在渔业绿色发展过程中还亟须解决环保型养殖设施提升改造、生态健康养殖模式推广和养殖污染物治理模式优化等问题。

3. 整体性生态保护意识不强

生态意识是实现乡村生态振兴系统性、常态化的关键，也是一切乡村生态治理政策措施持续行之有效的基础。当前，福建省在乡村振兴战略推进过程中，缺乏整体性的生态保护意识。首先，基层乡村振兴工作的相关干部是政策的执行主体，在乡村振兴战略中发挥重要作用，但部分干部可持续发展理念淡薄，没有形成系统性和完整性的生态意识，以短期利益为重，忽略长远利益。不少生态振兴工作仍停留在政策执行层面，结合地方实际进行生态与经济有机融合发展的政策创新不足。其次，村民缺乏必要的生态认知，包括对环境保护价值的认知和乡村生态治理主体责任的认知。部分村民仍存在农村环境完全能够“自净”的错误认识，且不少村民认为生态保护和环境治理完全是政府的职责，缺乏对“谁污染，谁治理”理念的认知，在生态治理工作中参与意识淡薄，甚至存在不配合的情况。最后，乡村生产经营主体作为乡村环境问题的主要制造者，由于环境保护责任意识淡薄，极其容易受利益驱使，在政策高压下仍实施污染环境的不合规行为，影响乡村生态振兴的有效推进。

4. 乡村生态治理主体和形式单一

乡村生态振兴涉及多方利益主体，而不同主体的利益函数各异，只有协调好利益关系，充分调动多元主体参与积极性，实现多元共治，才能推动乡村生态振兴战略的实施。但福建省现有的生态治理主要还是依靠政府下达行政命令，即上级负责制定环境治理政策，而后通过任务分解的方式指导督促下级执行。这种单轨的环境治理模式治理主体和形式单一化，单纯依靠政府行政力量，往往容易导致治理成效难以长期持续。当前，福建省正在通过捆绑打包方式（公共厕所管护与村庄保洁、垃圾转运“三位一体”，污水设施改造提升、管网铺设、运营维护“三合一”）大力推进市场化运营，以期提高环保企业在生态治理中的参与水平。但这种方式归根结底仍然是一种行政命令式的市场化推进，而不是各地根据实际情况进行的适宜性治理模式。农村居民作为乡村生态治理的主体和内生力量，在治理过程中往往处于“角色缺位”的状态。一方面是由于对“谁污染，谁治理”理念的认识不到位，缺乏主动投身环境治理和生态保护的积极性。另一方面是由于政府主导被动式、包揽式的治理模式，忽略了农村居民的治理主体性，村民缺乏参与治理的渠道和机会，更进一步强化其思想缺位。

（二）进一步推进福建省乡村生态振兴的对策建议

1. 强化制度建设，健全生态振兴机制

强化乡村生态治理的制度建设是推进乡村生态振兴可持续系统治理的必然选择，生态治理制度体系的完善将有助于提升治理的规范化、制度化、法

治化水平。一是需健全乡村生态振兴的法规制度体系，在规划编制、项目安排、资金使用、监督管理等方面根据地域差别、经济差异、文化差异等制定针对性强、可操作性强的制度和法规细则。二是需进一步强化福建省乡村振兴局的统筹协调功能，充分调动各类社会资源，建立高效的要素联动机制，特别要注重发挥自治力量，实现自治法治德治的有机结合；与此同时，还需探索构建各层级、各部门的系统性责任划分机制，完善部门协调创新监管机制，落实各部门的生态治理领导责任制、执法监管部门目标责任制等，健全上下联动、左右协同的联合乡村生态治理制度。三是需借助多样化手段健全生态意识培育机制，开展生态价值认知和责任意识的宣传教育，倡导社会团体、企业和村民主体参与乡村生态治理，编织多元主体共治共建共享的乡村生态振兴治理网络。

2. 加强科技支撑，促进生产方式绿色转型

科技赋能生产方式绿色转型是推进乡村生态振兴的有效手段。福建省要以环境友好和资源永续利用为导向，强化科学技术在农业生产中的应用，降低农业生产的环境污染，并促进农业废弃物资源化利用，推动生产方式绿色转型。一是发挥财政投入的引领作用，以市场化方式吸引社会资本投入，撬动金融资本、社会力量参与，多渠道满足绿色科技研发与应用资金需求。二是加大对农业科技的推广力度。科学技术助力农业绿色化发展的“最后一公里”，提高农民对科技的采纳度和应用意愿。因此，需加强农业生产过程中的农业技术利用和示范，发挥大规模绿色农业企业的示范带动作用。同时，深化新时代科技特派员制度，发挥其对技术应用的指导，有针对性地解决应用过程中出现的问题。三是利用信息技术和“互联网+”科技手段加强对农业污染的监管与治理，通过建设投入品追溯和监督系统，落实化肥农药减量使用；在有条件的区域可构建农业面源污染监测网络，基于对基础数据的精准采集和分析，实现对农业面源污染的全过程监管防控。

3. 弘扬生态文化，提高生态文明意识

建立健全以生态价值观念为准则的生态文化体系、弘扬人与自然共

生的生态文化、提高多元主体的生态文明意识是实施乡村生态振兴的重要任务，更是一项长期任务。一是需要因地制宜创新生态文明教育方式，运用各主体喜闻乐见的版画、宣传栏、戏曲、方言、村规民约等方式，实现“以文化人”，潜移默化地引导塑造生态价值观念和责任意识。二是鼓励和支持乡村特色文化产业发展，充分利用福建的优势生态资源，尝试将生态要素融入特色文化产业，开发具有生态特色的文化产品和文化产业，通过实实在在的生态要素价值实现来切实提高村民对生态保护价值的感知度和接受度。三是充分利用农村“熟人社会”中的非正式社会规范，发挥其对不合规行为的无形监督约束作用，同时，注重发挥重要特殊人群的示范带头作用，强化参照效应的正向影响，打造环境友好、节约资源的文化氛围。

4. 优化治理结构，构建多元共治模式

乡村生态振兴是一项涉及多领域、多主体、多形式的系统性工程。当前，福建省乡村生态治理亟须从整体性、系统性视角出发，基于福建乡村主体要素特点优化乡村生态治理结构，以充分发挥多元主体协同性、关联性作用。一是要明确多元主体的职责边界，明确各级、各职能部门职责分工和协作要求；对乡村企业主体进行类别划分，明确不同类别企业在生态治理中的职责及其利益函数；同时，需清晰认识农村居民在生态治理中的多重身份，并辩证地分析不同身份之下其行为决策逻辑，明确其参与治理的行为动机及激励机制。二是搭建多主体交流对话机制，畅通参与渠道。保证不同主体对各项环保信息的畅通传达和有效理解，做到农村环境立法、执法各个环节的信息公开，提高治理过程的透明度。同时，需打破以政府为主要力量的传统治理模式，有针对性地引导不同主体参与治理过程，同时注重提高治理模式与不同区域、文化、资源禀赋等的适宜性。三是构建多元共治的监督激励机制。不同主体间的利益函数迥异，甚至可能相互冲突。理论上，多元主体间具有相互监督的内在动力。可通过构建监督平台、拓宽监督渠道、丰富监督方式等措施强化多元主体间的相互约束和激励，提高治理资源利用效率，增强目标协同性。

参考文献

张智杰、陈布泽：《让绿水青山永远成为福建的骄傲》，《中国水利报》2021 年 5 月 18 日。

《福建：开展农村人居环境整治提升行动》，《中国食品》2022 年第 9 期。

谢志强等：《青山绿水是无价之宝——“两山”理论孕育地福建将乐生态文明建设创新实践》，《国家治理》2022 年第 7 期。

吴菲琼：《习近平生态文明思想在福建城乡环境治理的实践探索》，《佳木斯大学社会科学学报》2022 年第 1 期。

陈华阳等：《生态承载力与生态系统生产总值耦合的生态系统服务评估——以福建省长汀县为例》，《水土保持学报》2021 年第 5 期。

孙杨杰：《生态扶贫与乡村振兴有效衔接的福建探索》，《发展研究》2021 年第 9 期。

吴松青等：《福建生态文明发展战略研究报告》，《学会》2021 年第 8 期。

魏秀林等：《乡村振兴战略下 5G 赋能生态旅游研究——以福建永泰月洲村为例》，《武夷学院学报》2021 年第 7 期。

江文甲等：《福建安溪县乡镇土地生态系统服务价值的演变机制》，《应用生态学报》2021 年第 12 期。

赖瑞联等：《基于福建生态文明试验区建设的乡村产业振兴与农业绿色发展对策》，《亚热带资源与环境学报》2021 年第 2 期。

陈菁等：《生态振兴视域下福建乡村生态产业开发路径研究——基于台湾地区桃米社区生态产业的开发经验》，《安徽农学通报》2021 年第 10 期。

王彬彬：《推进“生态文明+标准化”　实现“清新福建”既富又美》，《福建质量技术监督》2021 年第 1 期。

徐桂兰：《以人民为中心　搞好福建生态文明建设》，《海峡通讯》2020 年第 12 期。

梁环忠：《福建生态宜居乡村建设的金融营销资源探析》，《时代金融》2020 年第 21 期。

全幸雅、熊明欢：《福建泰宁：特色生态农业助力乡村振兴》，《农村青年》2019 年第 7 期。

蔡元榕等：《社会监督、群体认同和村民参与人居环境治理行为研究——基于福建晋江市问卷调查的分析》，https：//kns－cnki－net－s. ra. cass. cn：8118/kcms/detail/detail. aspx?dbcode = CAPJ&dbname = CAPJLAST&filename = YNNS20220602003&uniplatform = NZKPT&v = NyGbF_ JvJejkXmhw-klc7VKTmCD1mSdtMuqXbHcFkSVXgxNVaFHOdcuvIXJ5_ ogR。

B.6

福建省乡村组织振兴情况分析（2020~2021年）*

林晨蕾**

摘　要： 组织振兴是乡村振兴的组织保证，为乡村振兴提供有力的政治和组织保障。2020~2021 年福建省乡村组织振兴在提升农村基层党组织的组织建设、村民自治、社会组织参与、集体经济发展方面都取得了一定成绩，同时也存在一些问题。具体的问题有组织发展能力不足，组织队伍素质参差不齐；村民参与自治的积极性不高，渠道不够畅通；社会组织参与治理范围有限，动员能力不足；村集体经济活力不足，产业结构单一。针对这些问题，本报告提出了一些优化对策：加强基层党组织建设，强化党建引领；加强村民自治，积极引导合理激励；拓宽社会组织参与领域，增强其组织动员能力；党建引领促产业兴旺，创新集体经济增收路径。

关键词： 基层党组织　党建引领　村民自治　社会组织

---

* 除特别标注外，本篇报告的数据均来自中共福建省委实施乡村振兴战略领导小组办公室提供的汇总资料（省委省政府相关部厅局委《关于报送乡村振兴工作进展情况的函》）。

** 林晨蕾，福建农林大学公共管理学院副教授，硕士研究生导师，研究方向为农村社会管理、社会保险、健康经济学。

一　2020~2021年福建省乡村基层政权组织建设情况分析

（一）提升农村基层党组织的组织力

党的基层组织是政治组织，是党在社会基层组织中的战斗堡垒，是党的领导延伸到基层的重要载体。提升农村基层党组织的组织力，就是要发挥党的政治优势。2020~2021年，福建省突出重点，统筹兼顾，全面增强党组织政治功能和组织力。聚力攻坚，通过压责任、聚合力、改作风，确保各项任务落细落实。坚持推进“三治融合”，不断夯实农村基层基础。2021年福建省圆满完成村委会换届选举投票，高质量实现了“双好双强”选人目标和年龄学历“一降一升”要求。2021年，福建省选派第六批308名省派驻村第一书记，接续推进乡村振兴。①

此外，福建省持续推动整顿转化软弱涣散农村基层党组织，采取领导干部挂点联系、派驻党建指导员、与机关单位结对子等措施，确保应整尽整，推动农村党支部建设质量整体提升。2020年，福州市推动党组织落实“红色领航工程”10项标准，常态化推进党支部达标创星，并落实乡村振兴实绩考核制度，形成齐抓共管、通力配合的工作格局。泉州市推进试点示范带动，加快4个重点县、13个特色乡镇、145个试点村项目建设；持续打造14条乡村振兴示范线路，形成连片示范效应。② 三明市摸排软弱涣散村党组织，“一村一策”形成整顿方案，全面落实“四个一”挂钩帮扶要求，安排县、乡级领导班子和县直机关单位结对帮扶。泉州市实施农村基层党建“整乡推进、整县提升”示范县乡创建、“海丝先锋”达标创星等专项行动，

① 《职责明确　管理量化，福建省派出第六批驻村第一书记》，中国福建三农网，2021年7月26日，http：//fujiansannong. cn/info/62651。

② 中共福建省委实施乡村振兴战略领导小组办公室：《福建省乡村振兴简报》第2期，2020年1月19日。

规范乡村党群服务中心建设，建强农村基层党组织。南平市市直机关创建五星级党支部 43 个，打造“金星村”党组织 55 个、“红星村”党组织 211 个、“规范化村”党组织 1258 个。①

（二）实施党建引领

农村基层党组织要适应农村经济社会机构、生产生活方式等的深刻变化，探索创新党建工作模式。2020~2021 年，福建省围绕推进乡村治理体系和治理能力现代化，建立“1+3+N”组织架构体系，即一心（村党组织核心）、三会（村民议事会、村民委员会、村务监督委员会）、N 个配套（群众性团体组织等），实现村级各类组织联动、互补、共促。截至 2020 年 10 月，福清市先后培育 80 个农村党建示范点，形成“一圈、三带、两镇”党建示范格局，为乡村振兴提供坚强的组织保障。厦门市同安区汀溪镇顶村积极发挥支部党建引领作用，逐步形成村党支部、合作社、村民三方参与的管理模式。长汀县新桥镇江坊村党支部联合乡村振兴理事会创新推出“3+”乡村振兴工作模式，构建起乡村振兴理事会加三个党小组共同推进乡村振兴的“3+”工作模式，推动党建由“组织覆盖”转向“功能提升”，为发挥党员先进性提供更加广阔的舞台。武夷山市 64 个直属单位的党组织与 115 个村党支部组织联建联学，在提升村党组织规范化水平的同时，促进机关党员在乡村一线锤炼党性、提升本领。南平市对全市村党组织开展“党建体检”，摸清村情村况，按照“精准”方略，从市县乡机关单位筛选出有较强战斗力、执行力、创造力的党总支、党支部，因村施策，“一对一”结对共建，实现行政村全覆盖。三明永安创新实施“跨村联建”发展路径，成立八一片区党委，开展片区联席会议。②

① 中共福建省委实施乡村振兴战略领导小组办公室：《福建省乡村振兴简报》第 10 期，2020 年 5 月 21 日。

② 中共福建省委实施乡村振兴战略领导小组办公室：《福建省乡村振兴简报》第 20 期，2020 年 10 月 30 日。

（三）加强基层党组织带头人队伍建设

俗话说，“雁飞千里靠头雁，船载万斤靠舵人”。党的十九大报告明确提出要“加强基层党组织带头人队伍建设”。近年来福建省持续加强村党组织书记队伍建设，做到届期内对书记考核一遍、对“两委”班子体检一遍、对村情摸排一遍；规范村（社区）党组织书记县级备案管理制度，清理受过刑事处罚、存在“村霸”行为和涉黑涉恶等问题的村干部。

近年来，福建省选派优秀的第一书记和工作队，将乡村振兴重点帮扶县的脱贫村作为重点，加大选派力度。这不仅是巩固脱贫攻坚成果的又一实事工程，而且为乡村振兴增加“头雁”，助力乡村振兴振翅翱翔。根据《福建省乡村振兴简报》（第 14、15 期），截至 2020 年，莆田市实施“头雁”培育行动，下派 59 名干部到弱村、乱村任职，招聘 130 多名大学生村务管家，将村主干基本报酬从年人均 21816 元提高到 33164 元，多措并举增强村级队伍活力。平潭综合实验区开展“千名党员干部下基层”活动，组织 1071 名党员到村服务，覆盖全区 216 个村居，选派 46 名优秀党员驻村，选聘 34 名乡村振兴指导员。推进重点信访问题化解，村信访评审室、“一村一法律顾问”覆盖率 100%，完成 213 个村居“老人会”规范整顿。① 永安市把村干部优先列为新型职业农民培育工程的服务对象，完善“乡村振兴大讲坛”等平台建设，促进村干部从“能干”到“会说”综合素质全面提高。注重储备并严格把关村后备干部，建立一定的容错机制和激励机制，使培养的后备干部既能进得来，又能留得住。

二　2020～2021年福建省乡村村民自治实践情况分析

村民自治是我国民主政治制度的重要组成部分，是村民实现自我管理、

① 中共福建省委实施乡村振兴战略领导小组办公室：《福建省乡村振兴简报》第 14、15 期，2020 年 7 月 29 日。

自我教育、自我服务和自我监督的制度。近年来，福建省不断推进政府治理、社会参与、村民自治良性互动，提高乡镇公共服务、公共管理、公共安全水平，完善农村公共事务监督体系，构建共建共治共享的乡村治理格局。2020 年，福清市高山镇、宁德市蕉城区赤溪镇、安溪县虎邱镇、上杭县古田镇等 4 镇入选全国乡村治理示范乡镇，福州市长乐区营前街道长安村等 40 个村被评为全国乡村治理示范村。①

各设区市以“三治融合”为基本方向，以基层议事协商为基本载体，全面开展乡村善治试验，全力解决乡村发展的“人、钱、事”难题，打造和谐有序的善治乡村。2020 年，福州市持续提升 6 个国家级、83 个省级、330 个市级民主法治村建设水平，新培育 10 个法治乡村示范点；建立乡村治理工作推进机制，探索开展试点示范建设；三明市把“积分制”管理纳入村民自治管理范畴，发挥村民自我教育、自我管理、自我监督、自我服务的作用，推动基层自治扩面提质。② 将乐县以“创十星评十户”为抓手，全面开展“遵纪守法星”“勤劳致富星”“诚实守信星”“团结和睦星”等评选活动，有力推进“六无”村（社区）建设，进而带动“一约四会”（村规民约、村民议事会、道德评议会、禁毒禁赌会、红白理事会）建设。永安县打造八一党群服务平台、大陶口党群服务平台等，辐射带动全镇形成自我管理、自我教育、自我服务的良好治理格局。南平市机关支部党员帮助共建村完善村规民约，并指导共建村探索建立“街长制”“积分制”“红黑榜”等 10 余项激励约束机制。

此外，各设区市通过法治来保障村民自治。截至 2020 年 7 月，福建省纵深推进扫黑除恶专项斗争，深入开展农村治安重点地区和突出治安问题排查整治，对 10 个重点涉疫情矛盾纠纷进行排查化解，持续推进农村“雪亮工程”建设，全省已建成和联网农村地区公共安全视频 11.4 万路，覆盖

① 《福建省 4 镇、40 村获评全国乡村治理示范村镇》，腾讯大闽网，2020 年 1 月 2 日，https：//fj. qq. com/a/20200102/017875. htm。

② 中共福建省委实施乡村振兴战略领导小组办公室：《福建省乡村振兴简报》第 10 期，2020 年 5 月 21 日。

13674个建制村。全面推行“一村一警务助理”，配备警务助理9000多人，覆盖全省80%建制村。建立健全省市县乡村五级信访评理室，乡村两级已全部建立，开展信访评理14287件次，化解信访事项12467件次，化解率87.3%。[①] 2020年永安市开设公共法律顾问服务工作室。成立“小陶镇人民调解委员会驻小陶法庭调解室”和永安市首个以个人名义命名的调解室“小陶镇人民调解委员会老刘调解室”。2021年，建宁县客坊乡党委、政府为满足村民多元化需求，创新推行“五民工作法”（民事民议、民事民评、民事民筹、民事民办、民事民管），将其纳入平安建设重要内容，作为加强乡村治理工作的“自选动作”，充分发挥“宗族力量”的引领示范作用，提升乡村治理效能，打通服务群众的“最后一米”。

三　2020~2021年福建省乡村社会组织协同情况分析

2020~2021年，福建省打造社会组织助力乡村振兴公益品牌，以“福建慈善奖”评选、举办社会组织参与乡村振兴公益创投大赛等为抓手，引导2020年以来成立的社会组织向38个乡村振兴重点县及欠发达老区苏区县集聚，支持脱贫地区改善生产条件，发展特色现代农业，打造特色产品品牌。例如，漳州市妇联积极开展“好厝边”基层妇女组织助力乡村振兴行动，首创“试点化推进新机制、专业化指导开处方、个性化支持创品牌、项目化实施亮成效”的“四化”工作法，发挥“半边天”作用，助力漳州乡村振兴走前头、树标杆。通过考察、调研、分析、评估示范村的资源优势和各村发展状况，为示范村制定“一村一策”，成功打造芗城“法润芳华”、漳浦“亲风进厝”、角美“幸福吾宅”、华安“大地好导游”等特色品牌。[②]

① 中共福建省委实施乡村振兴战略领导小组办公室：《福建省乡村振兴简报》第14、15期，2020年7月29日。

② 中共福建省委实施乡村振兴战略领导小组办公室：《福建省乡村振兴简报》第4期，2020年2月25日。

1. 社会组织帮助精准脱贫

脱贫攻坚时期，福建省积极指导社会组织坚持“输血+造血”“扶贫+扶志扶智”相结合，因村施策、把脉开方，确保帮扶帮到点子上。截至目前福建省共有 126 个涉农社会组织与 129 个老区苏区村开展结对帮扶。比如，福建省农业农村厅主管的原省扶贫基金会、扶贫开发协会深入宁化县淮土镇团结村实地考察、走访慰问、听取意见，形成“送政策、送资金、送信息、送技术”等“四送”模式，有效解决了该村政策对接不顺畅、信息掌握不及时、发展产业缺资金技术等问题，促进农民增收脱贫，全村贫困户人均收入从 2014 年的不足 3000 元增加到 2020 年的 14690 元，极大地提升了农民群众的获得感、幸福感。①

2. 社会组织推进产业振兴

福建省涉农行业协会商会充分发挥自身优势，与农民专业合作社、家庭农场等新型经营主体开展对口帮扶服务，着力打造特色现代农业，建立产业发展基地，推动培育新产业、新业态、新模式，助力农民共享全产业链带来的增值收益。武平县百香果协会充分发挥桥梁纽带作用，通过“技术引路带动农户共建”“销售引流促进产销共引”“品牌引领致力百姓共富”“信息引导推进资源共享”的“四引四共”模式，带动当地农民脱贫致富。2020 年全县种植百香果 2 万多亩，产值达 2. 2 亿元。②

3. 社会组织参与乡村建设

福建省发动各级社会组织积极参与老区苏区农村人居环境整治项目，支持设施建设和运行管护，推进基础设施与特色产业、休闲农业、乡村旅游等有机结合，共同打造宜居宜业的美丽乡村。福清市在全市各村成立乡贤促进会 494 个，2018 年以来共筹集资金 8. 9 亿元，投入农村基础设施、公共服

① 《福建：探索社会组织参与乡村振兴的新领域新方法新途径》，“北青网”快传号，2021 年 10 月 12 日，https：//www. 360kuai. com/pc/901285fe4a1597941? cota = 3&kuai_ so = 1&sign = 360_ 57c3bbd1&refer_ scene = so_ 1。

② 《福建：探索社会组织参与乡村振兴的新领域新方法新途径》，“北青网”快传号，2021 年 10 月 12 日，https：//www. 360kuai. com/pc/901285fe4a1597941? cota = 3&kuai_ so = 1&sign = 360_ 57c3bbd1&refer_ scene = so_ 1。

务和“一革命四行动”建设，推动当地村容村貌焕然一新，农民生活品质不断提升。漳州市通过购买社会服务嫁接外力，发挥闽南师范大学乡村振兴战略研究院、致尚社工组织等专业优势，深入 26 个试点村调研妇女组织和乡村发展等存在的问题，并因地制宜制定方案；成立乡村振兴导师团队、巾帼宣讲团、家教讲师团、春蕾安全员队伍、各级巾帼志愿者队伍等，开展“宪法进万家”、家庭教育、志愿服务等活动 1500 多场，覆盖人群超 24 万人。①

此外，福建省民政厅、福建省乡村振兴局联合启动“阳光 1+1 牵手计划”行动，动员千家社会组织与老区村开展结对帮扶和深度合作。积极引导社会组织参与福建省“百镇千村”乡村振兴试点示范建设。同时，截至 2021 年福建省已有 1600 多家社会组织参与其中，社会组织已累计投入 11.53 亿元资金助力乡村振兴，其中 69.7%的资金用于产业发展项目和基础设施建设。②

四　2020~2021年福建省乡村集体经济发展情况分析

乡村振兴是一个系统工程，只有集体经济发展起来了，才能增强乡村吸引力，带动资本、人才等生产要素向乡村汇聚，才有资金把村上各项事业发展好，才能增强群众对党的认同感，才能让农民看到“农业强”“农村美”“农民富”的希望，进而为农村经济社会发展奠定坚实基础。近年来，福建省财政加大力度扶持村级集体经济发展，促进村级集体经济收入不断提高，为脱贫攻坚、乡村治理和基层党建工作提供重要保障。一是全面扶持贫困村。下达资金 3.23 亿元，继续在福建省 695 个建档立卡贫困村开展扶持村级集体经济发展试点。经过 3 年扶持，实现了福建省 2201 个建档立卡贫困

① 中共福建省委实施乡村振兴战略领导小组办公室：《福建省乡村振兴简报》第 4 期，2020 年 2 月 25 日。

② 《福建着力打造社会组织助力老区发展新品牌》，中华人民共和国民政部网站，2022 年 5 月 31 日，http://www.mca.gov.cn/article/xw/mtbd/202205/20220500042072.shtml。

村全覆盖，有效助推贫困村脱贫致富。二是分批扶持示范村。根据《2019—2022年扶持壮大村级集体经济的实施方案》，福建省下达资金1.4亿元，选择280个有工作基础、发展条件较好的村，对其集体经济发展予以扶持，充分发挥示范村的带动作用。三是巩固提升扶持成果。为实现建档立卡贫困村摘帽，下达资金1.38亿元，对23个省级扶贫开发工作重点县中经营性收入低于10万元的建档立卡贫困村集体在经济上给予扶持。①

此外，三明市坚持把发展壮大村级集体经济作为推动乡村振兴的重要抓手，通过“四步走”推动村级集体经济发展，努力实现“村村高收入、集体有活钱”。例如在不断夯实“福林贷”“福田贷”“福兴贷”等普惠金融产品的基础上，福建省首推“振兴贷”，着力破解“农民贷款难、贷款贵”的问题。出台《关于林业支持村级集体经济增收的六条措施》，通过支持村集体加强林地使用费收取等措施提高村集体收入。

尤溪县积极探索农村股份合作制改革，深化农村“产改”、“林改”和“金改”。总结推广梅仙镇半山村“四化”促“三变”集体产权制度改革经验，在基本完成集体资产清产核资、赋码登记等工作的基础上，进一步全面深化农村集体产权股份制改革；全面推广上源村“均权不分山、均利不分林”模式，实施村集体以林地所有权入股、村民以资金入股的股份合作造林模式和村企股份合作经营模式，推行“林票制”，确保村集体能够获得长期稳定的收入；创新政策性农业保险模式，推动普惠制农业金融产品拓面扩量，累计发放“福林贷”“福茶贷”“福菌贷”1695户21462万元。探索乡村集体合作融资新模式，用好县农业担保基金，推出更多适合农民需求的金融创新产品。农信农业担保公司累计担保4041万元。与县农业银行密切配合，农信农业担保公司推广以油茶农、竹农为贷款对象的“快农贷”新产品，累计发放贷款1943万元。②

① 《福建为村级集体经济发展“撑腰”》，中国财经网，2020年1月7日，http://finance.china.com.cn/roll/20200107/5167532.shtml。

② 中共福建省委实施乡村振兴战略领导小组办公室：《福建省乡村振兴简报》第7期，2020年4月20日。

五　福建省乡村组织振兴存在的问题及对策建议

（一）福建省乡村组织振兴存在的问题

1. 农村基层党组织发展能力不足，组织队伍素质水平参差不齐

部分地区基层党组织涣散，缺乏执行力、凝聚力。基层党组织经济引领能力不足，在促进乡村产业兴旺上缺乏积极主动精神。党员带头致富能力不足，责任意识不强。农村基层党组织老龄化严重，年轻劳动力外出，流动党员较多，基层党组织难以开展组织活动。组织生活执行不严、走过场，组织生活形式落后单一，缺乏凝聚力。存在部分基层组织带头人自身素质跟不上，观念意识跟不上的情况。一些基层党员干部，忙于自己的副业，村庄事务治理不规范，对村庄事务无法全心投入。部分基层党组织纪律性不强，一些干部的日常习惯难改，与组织生活不符。基层党组织队伍缺乏学习性，党员干部学习热情不高。一些基层党员干部在村民中缺乏威望，未能充分发挥群众组织能力，因此在一些村庄事务组织中缺乏号召力，得不到村民的完全信任。一些党员干部政治信念不够坚定，追求“名声”，忽视了为村民办实事。农村基层党建工作形式化，没有把党的领导落到实处，党建工作流于表面。最后，部分基层党组织在人事选用上，违背任人唯贤的用人原则。

2. 村民自治积极性不高，渠道不畅通

首先，村民参与村庄事务的积极性不高，只有在事关切身利益时才会有参与积极性。其次，参与渠道不畅通。一些地区在组织村民参与村庄治理形式上缺乏创新和激励，村民参与治理的前提信息不够公开透明，村民获取和了解相关信息的渠道不够畅通。村民的诉求表达、民主监督及协商平台不健全，村民集体协商会议不经常召开。村两委缺乏对村民参与的引导，村民与村两委之间缺少充分沟通。此外，村民参与能力不足，尤其在一些留守人员多的村庄，村民自治缺少活力，老人对信息公开等公告获取困难且缺乏主动性，民主意识与参与自治能力欠缺。部分城中村地区村居管理创建存在力不

从心等问题，尤其是在城中村村居环境治理中，因为流动人口多，组织村民参与自治等志愿活动存在难度。在一些地区宗族参与村庄治理的过程中，一些宗族习惯影响乡村移风易俗及乡村精神文明建设，干预村两委选举。同时一些村庄也出现缺乏凝聚力的问题，由于劳动力外流，村民之间缺乏交流，没有形成建设家乡的共识。

3. 社会组织参与范围有限，社会动员能力不足

社会组织参与农村基层治理的范围多局限于乡村志愿活动，如村居环境治理、村规民约宣传等，涉及乡村产业发展、民主协商等领域的较少。同时社会组织自身也存在一些局限性，如缺乏独立性、资源整合能力有限、与村民融合不深等问题。乡村社会组织参与治理多依赖政府部门开展工作，自身缺乏独立性。对于一些外部的社会组织，村民的信任度不高，配合社会组织参与治理的积极性不高，社会组织的威望不高。社会组织对自身的定位认识不足，从而导致村民对社会组织的角色认识也是模糊的，认为社会组织是不正规、不权威的。村民更多关心的是农忙生产，集体意识淡薄，缺乏对同体文化的认同感与归属感，社会组织动员村民参与治理的效果不理想。乡村社会组织规模小、资源匮乏、参与能力有限、缺少专业人才，这些因素导致社会组织的工作难以开展，组织动员能力不足。同时社会组织在地域上也有局限性，适用范围较小，有些组织受当地宗族观念带来的排外性影响，社会动员能力有限。

4. 村集体经济不活跃、产业单一

农村集体经济面临一些缺陷，如基础设施薄弱，资金、人才匮乏。在长期包干到户的影响下，村民发展集体经济意识不强，观念落后，这导致村集体经济不活跃。发展集体经济的土地、资金、人才等要素有限，村集体经济发展规划不足。一些村集体为打造村庄资源特色，盲目跟风发展集体产业，导致集体经济发展后劲不足。集体经济发展局限于传统的“老路子”，单纯依赖村集体自然资源发展，未充分探索集体经济增收与可持续发展的新路径。村民缺乏专业的投资经营知识，创新不足。收支单一，“引进来”渠道不畅通，产业支撑薄弱。

（二）进一步推进福建省乡村组织振兴的对策建议

1. 加强基层党组织建设，强化党建引领

继续加强农村基层党组织建设，坚决贯彻全面从严治党。加大选派优秀青年干部下沉到农村基层的力度，完善人才服务保障机制，全面提升农村基层党组织队伍素质。加强基层党组织纪律建设，严明党组织纪律，杜绝歪风邪气。加大对农村基层党组织队伍的教育培训，加快建设学习型组织，创新培训机制，强化基层干部政治理想信念。[①] 提升农村基层党组织经济引领能力，强化对农村经济的引导。强化党员干部的责任意识，落实乡村振兴的主体责任。严格执行组织生活制度，解决不规范等问题。制定科学合理的考核评价机制，不走过场，创新组织生活形式，以数字赋能组织生活，提高基层党组织能力。发展农村经济，为基层党组织干部提供福利保障，使其能更好地服务基层。继续加强跨区域间的党建交流协作，发挥党建引领作用，总结优秀经验，继续探索实行“党组织+村级集体+农户”的发展模式。

2. 基层组织动员村民自治，积极引导合理激励

发挥基层组织的宣传功能，加强对村民参与自治的宣传教育，提升村民自治意识、自治能力，以及对主体地位的认同。进一步做好村务信息公开，同时应创新信息公开形式，依托数字赋能。依托村民大会加强村两委与村民的沟通，创建互联网村民论坛，以协商化解冲突，同时确保参与渠道畅通，创新参与方式。基层党组织要发挥组织动员功能，积极引导村民参与乡村自治。发展农村经济，留住乡村人才。继续推广村民参与自治的合理激励机制，丰富村民的精神文化生活。加强对村规民约的制定与宣传，依托志愿活动及宗族等社会组织宣传村民自治，打造多元协调的自治模式。依托基层组织开展村民精神文化活动，加强村民间的交流，提升村民的凝聚力、向心力。

---

① 钟涨宝：《在“四个全面”布局中推进农村社会建设》，《华中农业大学学报》（社会科学版）2017 年第 4 期，第 1~8 页。

3. 拓宽社会组织参与领域，增强社会组织动员能力

拓宽社会组织参与农村基层自治的空间，适当放宽对社会组织参与自治的进入许可限制，简化参与自治的程序。加大对社会组织的扶持力度，鼓励社会组织参与乡村自治。由政府牵头搭建加强社会组织、基层组织与村民沟通及加深认识的平台，培育其组织动员能力，同时帮助其提高独立性。社会组织要凝聚各方力量，整合各方资源参与乡村自治，提升活动组织能力。依托乡风民俗建立社会组织，如老人会、宗族等。加强自身能力建设，注重农村社会工作人才队伍培养。社会组织要明确自身定位，帮助村民规范地参与自治。社会组织应加强与村民的沟通，从而获得村民的了解与认同。同时加强与其他社会组织的交流，分享自身经验并推广。继续推广乡贤治理经验，加强政策保障，发挥乡贤参与乡村自治的优势。

4. 党建引领促产业兴旺，创新集体经济增收路径

突出党建引领，促进产业兴旺。在村集体经济发展中要加强组织领导，强化组织队伍的责任意识，明确任务目标。实行“党组织+村级集体+农户”的发展模式，选用专业知识过硬的人才带头，提升党员干部的带富能力。立足村庄特色资源，“一村一品”，因地制宜，厘清“家底”，整合资源，坚持“一村一策”，做好集体经济发展规划。同时活用农村“三变”改革经验，实现资源变资产、资金变股金、村民变股民，不断促进村集体经济壮大，将劣势资源转化为山地特色和优势资源，解决村集体经济发展的资金问题。加强对基层党员干部的知识培训，提升其经营能力，推动村民观念转变。积极探索集体经济增收的新路径，依托社会资源提升村集体经济创新能力，做实村产业链。继续完善集体经济发展的政策保障机制，深化农村集体产权制度的改革。最后，总结高校助力乡村振兴的经验，继续推广，助力产业兴旺。

参考文献

胡宝珍、欧渊华、刘静：《新时代“五治融合”乡村治理体系之建构——基于福建

乡村治理实践的考察》，《东南学术》2022 年第 2 期。

肖传龙、张郑武文：《空间与效能：乡村治理中的农民政治参与影响因素探析——基于福建 D 村与四川 X 村的对比研究》，《湖北理工学院学报》（人文社会科学版）2022 年第 1 期。

丁晓军：《乡规民约在现代乡村治理中的价值与进路》，《原道》2021 年第 1 期。

刘守英：《中国乡村到底该怎么治理》，《中国乡村发现》2021 年第 4 期。

程蕊：《社会资本视角下乡村自然灾害协同治理——以福建闽清县 7·9 洪灾为例》，《农村经济与科技》2021 年第 24 期。

杜慧：《乡村振兴视阈下乡村治理的逻辑、特点、困境与路径探析》，《农村经济与科技》2021 年第 24 期。

李娜、刘建平：《乡村空间治理的现实逻辑、困境及路径探索》，《规划师》2021 年第 24 期。

赵守飞、武廷会、赵思伟：《党建引领参与式乡村治理研究》，《池州学院学报》2021 年第 6 期。

张琼：《福建南平芹口村　“五实时”助力乡村高效治理》，《农村工作通讯》2021 年第 19 期。

吴火招：《福建清流　乡贤助力乡村治理》，《致富天地》2021 年第 9 期。

蔡椰萍、林以恒、曾芳芳：《新时代乡村振兴战略背景下福建乡村“治理有效”路径分析研究——以南安市省新镇为例》，《山西农经》2021 年第 9 期。

赵振文、曾芳芳：《乡村振兴视野下福建乡村治理途径研究》，《农村经济与科技》2021 年第 5 期。

陈福英、吴贵明：《乡村振兴语境下的女性参与社会治理实践——以福建为例》，《福建广播电视大学学报》2020 年第 6 期。

周素英：《略论乡村法治化治理视域下的村规民约——以福建的村规民约为例》，《北京印刷学院学报》2020 年第 9 期。

专题篇

Special Topics

B.7

福建省农村集体产权制度改革调查分析

黄静晗　王潘松　张佳琳　李静静　朱　颖*

摘　要： 农村集体产权制度改革是当前及未来较长时间内我国全面深化农村改革的热点与重点议题，对于探索农村集体经济的实现形式和运行机制、增加村民收入、提升村庄治理水平、推动城乡融合发展具有重要意义。本报告基于当前福建省农村集体产权制度改革的现状，重点分析了清产核资、成员身份界定、集体经济组织重建、集体经济发展等改革实践，讨论改革的成效和存在的问题。最后，对深化福建省农村集体产权制度改革提出建议：加大改革的制度供给与政策扶持力度，发展壮大农村集体经济，规范扶持

* 黄静晗，管理学博士，福建农林大学公共管理学院副教授、硕士研究生导师，研究方向为农村发展与制度创新；王潘松，福建农林大学公共管理学院硕士研究生，研究方向为农村基层治理；张佳琳，福建农林大学公共管理学院硕士研究生，研究方向为农村基层治理；李静静，福建农林大学公共管理学院硕士研究生，研究方向为农村基层治理；朱颖，福建农林大学公共管理学院硕士研究生，研究方向为农村基层治理。

农村集体经济组织。

关键词： 农村集体　产权制度改革　清产核资　股权　乡村振兴

一　引言

习近平总书记指出，农村集体产权制度改革是中央推出的一项重要改革，对推动农村发展、完善农村治理、保障农民权益，对探索形成农村集体经济新的实现形式和运行机制，都具有十分重要的意义，一定要抓好。[①] 2016 年 12 月，中共中央、国务院印发《关于稳步推进农村集体产权制度改革的意见》，对改革做出了最系统全面的部署，明确了改革的原则、目标和任务。

2015 年开始，福建省闽侯县、晋江市、漳平市、沙县区、荔城区等陆续被列为全国农村集体产权制度改革试点地区，2019 年福建省被列为全国整省推进农村集体产权制度改革试点地区。当前，福建省已完成农村集体产权制度改革阶段性任务。一是清产核资，2020 年底福建省集体资产共 1794.91 亿元，其中经营性资产 494.01 亿元，集体土地 16091.02 万亩。二是集体经济组织成员身份确认，福建省全面完成 15362 个村（居）集体经济组织成员身份确认工作，共确认集体成员 3013.6 万人。三是开展股份合作改革，为成立的股份经济合作社登记赋码，指导新型集体经济组织规范组织结构和制度建设。到 2021 年底，福建省共成立新型集体经济组织 15052 个，其中乡镇级 4 个、村级 14977 个、组级 71 个。[②]

---

① 《国务院关于农村集体产权制度改革情况的报告》，全国人民代表大会网站，2020 年 5 月 12 日，http：//www.npc.gov.cn/npc/c30834/202005/434c7d313d4a47a1b3e9edfbacc8dc45.shtml。

② 《关于省政协十二届五次会议 20221305 号提案的答复》，福建省人民政府网站，2022 年 6 月 1 日，http：//www.fujian.gov.cn/zwgk/zdlyxxgk/jytabl/jytabl/202206/t20220601_5923700.htm。

二　福建省农村集体产权制度改革实践

（一）清产核资

清产核资是农村集体产权制度改革的前提条件和基础工作，可以全面摸清、核实农村集体资产的存量、价值和使用情况，明确产权归属，健全集体资产台账，完善集体资产监督和管理的各项制度。

农村集体资产清产核资工作受到福建省的高度重视，福建省农村集体资产清产核资工作由福建省委、省政府统一部署，设区市统筹协调，县级负责组织实施，乡镇（街道办事处）负责具体实施，村级负责集体资产清查核实。福建省农村集体资产清产核资工作指导小组由福建省农业农村厅主要领导担任组长，福建省财政厅、自然资源厅、水利厅、林业局、教育厅、文化和旅游厅、卫生健康委、体育局等相关部门分管领导为成员，指导各地开展具体工作。[①] 各地在实施过程中，除自行清产核资外，还通过政府购买服务等方式，委托会计师事务所开展工作。

目前，福建省已全面完成清产核资，完成率 100%。[②] 经核查，福建省农村集体资产共 1794.91 亿元，其中经营性资产 494.01 亿元，集体土地 16091.02 万亩，[③] 基本实现了集体资产的“底清账明”。

（二）成员身份界定

确定集体经济组织的成员资格，也就是决定符合哪些条件的村民具有股东资格，是集体产权制度改革的关键和重点，也是改革过程中引发矛盾最集中的一个环节。

---

① 《福建省关于全面开展农村集体资产清产核资工作的通知》，农交网，2018 年 5 月 31 日，https：//www.nongjiao.com/news/read-1086.html。

② 《关于福建省农村集体产权制度改革情况的督查报告》，《农村经营管理》2020 年第 5 期。

③ 《关于省政协十二届五次会议 20221305 号提案的答复》，福建省人民政府网站，2022 年 6 月 1 日，http：//www.fujian.gov.cn/zwgk/zdlyxxgk/jytabl/jytabl/202206/t20220601_5923700.htm。

福建省主要以户籍为标准确认集体经济组织成员身份，统筹考虑户籍、土地、贡献、社区治理等因素，以此作为成员身份认定的依据。在改革过程中，各个地区确定适宜当地的差别化的成员认定标准，福建省各县市均制定了指导村社集体经济组织确认成员身份的文件，村社在此基础上进行协商讨论，根据本村具体情况确定集体经济组织成员身份的具体标准和条件。[①] 福建省全面完成15362个村（居）集体经济组织成员身份确认工作，共确认集体成员3013.6万人。[②] 在确认集体经济组织成员身份的过程中坚持实施村社民主，充分尊重村社自决，但也防止多数人经由民主议定程序侵害少数人的合法权益。

各地在制定认定标准时，总体上遵循从宽界定的导向，尽量减少群体争议和社会矛盾。闽侯县坚持“合法性、唯一性、包容性”原则，一共罗列出50种有关成员身份界定的标准。福清市在制定成员身份界定的指导意见时，充分考虑了外嫁女、上门女婿、离婚丧偶、服兵役、服刑等各类不同群体的状况，罗列出四大类47种不同类型。

在成员认定过程中注重保护少数群体权益尤其是妇女权益，福建省切实维护农村妇女合法权益，将“外嫁女、离婚女、丧偶女、入赘婿及其子女”等四类群体作为重点关注对象，切实保护妇女权益。福建省农村集体产权制度改革联席会议制度吸收省妇联作为成员单位。福清市石竹街道洋梓村集体产权制度改革领导小组共有15人，其中妇女代表占1/3，专门负责收集妇女意见，推动妇女在改革协商议事决策方面发声。福建省各县市均制定出台了成员身份确认指导意见，从政策层面构筑起预防妇女权益受侵害的“第一道防线”。福清市的指导意见共有47条，其中涉及保护妇女权益的有21条。[③] 沙县针对外嫁女问题，提出允许外嫁女采用“捐资”的办法参加嫁出

---

① 《关于福建省农村集体产权制度改革情况的督查报告》，《农村经营管理》2020年第5期。

② 《关于省政协十二届五次会议20221305号提案的答复》，福建省人民政府网站，2022年6月1日，http：//www.fujian.gov.cn/zwgk/zdlyxxgk/jytabl/jytabl/202206/t20220601_5923700.htm。

③ 《福建省在推进农村集体产权制度改革中注重依法维护妇女权益》，中华全国妇女联合会网站，2020年4月28日，https：//www.women.org.cn/art/2020/4/28/art_27_164292.html。

地的产权制度改革，获得群众认可。目前，多数地区基本能够保障外嫁女权益，外嫁女及其子女户口没有迁出的，一般可以被认定为集体经济组织成员，全部或部分享受股民权益。

（三）股权设置和管理

完成清产核资与集体经济组织成员身份确认后，股权设置程序按照一定标准将农村集体的经营性资产（一些地区是全部资产）按股量化给本集体经济组织成员，通过股权的具体量化形成多元产权主体。目前福建省各地主要是量化经营性资产，一般是设置个人股和集体股。集体股一般控制在30%以下，也有一些地区不设置集体股，如沙县把集体资产全部量化到个人，不设集体股。个人股的设置也有所差别，多数地区按成员资格等额分配股份，也有地区设置贡献股、福利股、奖励股等多样化的个人股份。如沙县将成员股分为基础股、奖励股和劳龄股三类，以改革基准日在册的人口为依据，1 个人口给予 1 只或若干只基础股；对独生子女和二女户可奖励 1 只基础股；成员户籍在册 1 年确认 1 只劳龄股，每个成员所持劳龄股最高不超过19 只。① 晋江市作为全国著名的侨乡，为激励华侨恋祖爱乡、汇聚侨力，设置华侨股。龙岩市永定区部分移民乡镇则设置了移民股。

股权管理主要有动态管理和静态管理两种形式，动态管理是根据出生、死亡、迁入、迁出等人员变动情况，定期调整集体经济组织变动成员的股权；静态管理则是确权后不再对股权进行调整，股权不因人口增减变动，“生不增，死不减”。② 福建省提倡实行不随人口增减变动而调整的方式，多数地方在实践中实行“量化到人、确权到户、户内共享”。③

当前股权管理的重点在于拓展股份权能。为激活农村资源要素活力，

---

① 陈晓玲：《产权改革促发展资产量化聚民心——沙县农村集体产权制度改革试点经验做法》，《农家致富顾问》2018 年第 22 期。

② 黄静晗：《城中村集体产权制度改革的村民行为研究》，博士学位论文，福建农林大学，2015。

③《关于福建省农村集体产权制度改革情况的督查报告》，《农村经营管理》2020 年第 5 期。

推动城乡之间要素的双向流动，各地区创新政策机制，拓展集体资产股份权能，规范与探索集体资产的继承、有偿退出及抵押、担保等权能。晋江市与农商银行等金融机构合作，开展农村集体资产股权质押融资的实践探索，开发农股贷等产品。晋江市农商银行按照“集体授信、内部分配、甄别放贷、集体处置、出险补偿”的原则开展股权质押业务，向村集体和村民股东授信，发放股权质押贷款。[①] 永安市积极推动金融机构开发农民集体资产股权抵押担保业务，永安市农商银行在“福田贷”的带动下，陆续推出“福林贷”“福竹贷”“福益贷”等福系列涉农信贷产品，激活农村普惠金融市场。[②]

（四）股份经济合作社与集体经济发展

到2021年底，福建省共成立新型集体经济组织股份经济合作社（联合社）15050个，其中乡镇级4个、村级14977个、组级71个。[③] 一些地方开始试点探索政经分离，在明晰村民自治组织与村集体经济组织职能关系的基础上，探索剥离村两委的集体资产管理职能，逐步推行政经分离、村民委员会事务和集体经济事务分开。[④]

各地纷纷出台扶持壮大集体经济的政策措施，积极探索发展村社集体经济的路径，实施集体经济薄弱村发展提升计划，通过盘活乡村山水林田湖等生态资源、发展农业特色产业，寻找发展村社集体经济的有效方式。[⑤] 目前福建省已全面消除集体经营性收入在5万元以下的薄弱村。

---

① 《关于福建省农村集体产权制度改革情况的督查报告》，《农村经营管理》2020年第5期。

② 《“改”出农村新气象》，福建省人民政府网站，2022年5月24日，http://www.fujian.gov.cn/zwgk/ztzl/tgxltsxntzxy/jsyq/202205/t20220524_5916496.htm。

③ 《关于省政协十二届五次会议20221305号提案的答复》，福建省人民政府网站，2022年6月1日，http://www.fujian.gov.cn/zwgk/zdlyxxgk/jytabl/jytabl/202206/t20220601_5923700.htm。

④ 《国务院关于农村集体产权制度改革情况的报告》，“中国城市中心”澎湃号，2020年8月30日，https://m.thepaper.cn/newsDetail_forward_8954912。

⑤ 《国务院关于农村集体产权制度改革情况的报告》，“中国城市中心”澎湃号，2020年8月30日，https://m.thepaper.cn/newsDetail_forward_8954912。

永春县桂洋镇有优越的自然生态资源，集合 8 个村社集体经济组织共同组建乡村旅游开发公司，将优质的资源统一运营，生成项目，探索以市场化形式实现生态产品价值的路径。永安市曹远镇水尾村探索资产经营型、物业租赁型等集体经济发展路径，将 1900 万元征地补偿款投入曹远镇的大兴工业园区，每年可增加村集体收入 130 多万元。村集体还购买一排沿街楼用来出租，年租金 40 万元，壮大充实了集体经济。①

三　福建省农村集体产权制度改革成效与问题

（一）成效

福建省已完成农村集体产权制度改革阶段性任务，明晰了集体资产总量和产权权属，健全了集体经济运营机制，增加了村民收入，改善了村社基层治理，村民对改革的满意度也比较高，改革取得积极成效。

1. 明晰集体资产总量和产权权属

清产核资完成率达到 100%，福建省 91 个县、乡、镇、村、组的集体经济组织共清查核实集体资产 1408. 56 亿元，其中经营性资产 371 亿元，集体土地面积 16032. 72 万亩，摸清家底，建立台账，为改革奠定了坚实基础。

同时，改革将集体资产具体量化到村社每一位成员身上，改变所有者缺位的产权虚置状态，形成一种清晰的产权制度安排，保护了集体经济组织权益和集体经济组织成员权益，并且推动了对集体经济组织成员的还权赋能。

2. 健全集体经济运营机制

改革在产权明晰的基础上重建了新型集体经济组织，建立了集体经济组

---

① 《“改”出农村新气象》，福建省人民政府网站，2022 年 5 月 24 日，http：//www. fujian. gov. cn/zwgk/ztzl/tgxltsxntzxy/jsyq/202205/t20220524_ 5916496. htm。

织的管理决策机制、资产营运机制和收益分配机制，创新了集体经济运营机制，提高了集体资产管理效率和管理水平。[①] 集体产权制度改革后，村民变成股东，提高了对集体经济运行的关切程度，有助于提升集体经济的管理和运行质量。改革奠定了产权清晰的制度基础，为集体资产进入市场交易、实现城乡要素平等交换创造了条件。

3. 增加村民收入

农业农村部原部长韩长赋指出，实践已经证明，凡是产权制度改革的地方，村民的收入都会有所提高。[②] 厦门集美 42 个村级股份经济合作组织共设置股份 129.06 万股。完成经营性资产量化总计 80.37 万股，股本总计 37881.29 万元，有 7 个社区已派发改革红利累计 7059.91 万元。[③] 龙岩永定区西陂村以红色资源、土地等资本入股公司，2019 年村民人均收入超 1.9 万元，村民享受到集体经济发展的红利。[④] 三明永安青水畲族乡丰田村的村民依托优越的资源优势，成立生态观鸟产业农民专业合作社，结合国家非遗大腔戏、红色文化等，打造集食、宿、行、游、购于一体的观鸟特色服务产业，吸引众多游客慕名前来。目前丰田村年累计接待游客 5000 余人次，带动周边村民增收 600 余万元，村民日子越过越红火。[⑤]

4. 改善村社基层治理

改革改变了产权虚置导致的村民集体资产权利无法得到保障的状况，形成村民个人利益和村社集体发展的联结关系。这一联结激励村民关心集体经

① 贺军伟：《推进农村集体经济组织产权制度改革》，《中国发展观察》2006 年第 12 期。

② 《韩长赋在全国农村集体产权制度改革试点工作部署推进会上强调精心组织　先行先试　敢于担当积极稳妥推进农村集体产权制度改革》，中国农业信息网，2017 年 6 月 12 日，http：//www.agri.cn/V20/SC/jjps/201706/t20170612_ 5670817.htm。

③ 《人人成股东，家家有分红！厦门集美 5 个镇街 42 个村居将迎来新变！（3）》，台海网，2019 年 11 月 22 日，http：//www.taihainet.com/news/xmnews/gqbd/2019-11-22/2329937_3.html。

④ 《龙岩永定区农村集体产权制度改革成效初显》，“福州新闻网”百家号，2020 年 6 月 7 日，https：//baijiahao.baidu.com/s？id=1668811262302387215&wfr=spider&for=pc。

⑤ 《“改”出农村新气象》，福建省人民政府网站，2022 年 5 月 24 日，http：//www.fujian.gov.cn/zwgk/ztzl/tgxltsxntzxy/jsyq/202205/t20220524_ 5916496.htm。

济发展，使村民关注并参与集体公共事务，改变了村民对社区公共事务的漠视状况。① 同时，村民对集体资产的数量和经营状况了解清楚了，与村社干部的关系明显改善，干群关系更和谐，基层治理和民主化水平提高。

5. 村民对改革的满意度较高

为调查村民对改革的满意度，本次调研在福建省福州市发放问卷 320 份，回收有效问卷 304 份。被调查村民基本情况见表 1。

表 1　福建省农村集体产权制度改革问卷调查样本特征

指标	选项	频数
性别	男	140
	女	164
受教育程度	小学及以下	79
	初中	89
	高中（中专）	67
	大专及以上	69
职业	务农	32
	个体经商	70
	企业打工	94
	村（合作社）干部	15
	国家公职人员	7
	学生	3
	无业	69
	其他	14
月收入	1000 元以下	57
	1000（含）~2000 元	57
	2000（含）~3000 元	73
	3000（含）~5000 元	86
	5000（含）~10000 元	24
	10000 元及以上	7

① 黄静晗：《城中村集体产权制度改革的村民行为研究》，博士学位论文，福建农林大学，2015。

由表 2 数据可知，受访的村民对集体产权制度改革的满意度较高，35.86%的村民表示对改革满意，15.79%的村民表示很满意，不到 10%的村民表示对改革不满意，仅有 1.32%的村民表示非常不满意。

表 2　村民对改革的整体满意度

单位：%

选项	占比					均值	标准差
	很满意	满意	一般	不满意	非常不满意		
改革满意度	15.79	35.86	38.16	8.88	1.32	2.441	0.906

表 3 是村民对改革各个具体环节的评价，村民对集体成员身份界定的满意度较高，仅有不到 5%的村民认为界定标准不符合或者非常不符合他们的期待；对于股权设置形式，有 16.45%的村民表示不符合，0.66%的村民表示非常不符合，访谈中发现村民不满的主要原因是他们认为不应该设置集体股，应当把股份全部量化给他们；超过 85%的村民赞同村社采取的股权管理模式，但也有接近 15%的村民不赞同固化的股权管理方式，希望股权能够动态调整；超过 94%的村民基本认同目前的股份经济合作社管理。

表 3　村民对改革具体环节的评价

单位：%

选项	占比					均值	标准差
	非常符合	符合	一般	不符合	非常不符合		
身份界定	14.47	38.49	42.11	4.28	0.66	2.382	0.808
股权设置	15.13	30.59	37.17	16.45	0.66	2.569	0.959
股权管理	13.82	37.17	34.87	13.16	0.99	2.503	0.923
合作社管理	16.78	45.72	32.24	4.61	0.65	2.266	0.815

（二）问题

一是各地改革的进展不平衡，既有主动谋划、积极探索改革的地区和村社，也有被动改革、缺乏改革动力、不积极作为的地区和村社，后者在改革过程中推进缓慢、工作不规范。

二是改革的制度供给和政策扶持不够有力，在国家层面至今未出台关于农村集体经济组织的专门立法，农村集体经济组织法人资格和市场主体地位尚未明确，缺乏税费减免等发展集体经济的激励政策。地方支持改革的政策措施力度有限，配套不足。

三是集体经济发展的动力不足，村社运营集体经济的人才不足，现有管理人员的经营管理水平有限，缺乏发展集体经济的思路，集体经济发展所需的土地、资金、金融、人才等方面政策力度不足，发展成效不明显。

四　深化福建省农村集体产权制度改革的建议

（一）加大改革的制度供给与政策扶持

尽快出台直接规范集体产权制度改革的政策法规，明确规范农村集体经济组织的法律地位、组织功能、运行管理机制等关键问题，[①] 特别是要争取尽早出台农村集体经济组织法，使农村集体经济组织具备成为市场竞争主体的资格条件。

政府同时应加大对改革的政策扶持力度，出台支持鼓励集体经济发展的土地、金融、财政、人才等具体政策，特别是在过渡时期扶持集体经济组织发展的税收政策，为集体经济发展营造良好的制度环境。

（二）发展壮大农村集体经济

根据村社资源禀赋和发展条件，因地制宜寻找多元化的集体经济发展路径，发掘集体经济发展的新业态、新方式和新路径，完善、创新集体经济管

① 赵阳：《深入推进农村集体产权制度改革的若干问题》，《农村大众报》2020 年 3 月 27 日，第 6 版。

理与运行机制。以增强集体经济内生发展能力为方向，利用农村生态空间资源禀赋，通过土地租赁或流转、创办集体企业、异地购置资产等方式，因地制宜谋划建设集体经济项目，积极发展资源型、物业型、服务型和创新型经济，带动集体收入提升。鼓励集体经济组织通过自行开发运营、联营、入股等方式建设运营集体资产，整合人才、资金、土地等内外部资源要素，探索多形式的集体经济发展路径。

（三）规范扶持农村集体经济组织

加强农村集体经济组织制度建设，对其组织结构和运行机制进行系统规范，为农村集体经济组织引入职业经理人，帮助集体经济组织成为独立运作的经济组织，使其真正成为市场主体。鼓励具备条件的地方探索开展村民委员会事务与集体经济组织事务分离试点，允许集体经济组织独立进行财务核算，为集体经济组织健康发展准备条件。同时要提高村民作为村社成员的主体性以及参与集体经营管理的积极性，为集体经济发展注入动力，并提供必要监督。

参考文献

黄亦斌：《深化农村集体产权制度改革，引领农民逐步实现共同富裕——基于福建三明产改的实证》，《农村经济与科技》2021 年第 18 期。

田鹏：《嵌入视角下农村集体产权治理的实践逻辑及反思》，《农业经济问题》2021 年第 9 期。

王瑜、林晓莉：《城乡要素关系与农村集体产权制度改革》，《中国延安干部学院学报》2021 年第 5 期。

鲍克祥：《农村集体产权制度改革清产核资中的问题及对策》，《中国市场》2021 年第 27 期。

罗东：《农村集体产权改革与铸牢中华民族共同体意识》，《湖北民族大学学报》（哲学社会科学版）2021 年第 5 期。

董帅兵、邱星：《改革主体、改革逻辑与农村集体资产股权配置模式——以 T 市农村集体产权制度改革为例》,《农村经济》2021 年第 8 期。

赵士鹏:《农村集体产权制度改革中实现农民“抵押担保权”的困境及对策》,《中国集体经济》2021 年第 24 期。

陈涛:《复合产权的“裂变”:农村集体产权改革的权力配置效应——以 T 省三种集体产权改革路径为例》,《农村经济》2021 年第 3 期。

吴雄英:《福建古田县农村集体产权制度改革路径分析》,《农业工程技术》2019 年第 8 期。

B.8
福建省农民合作社运行调查分析

余丽燕　周悠然　徐家敏　梁辉堡　鲁益雨*

摘　要： 农民合作社已成为福建省重要的新型农业经营主体和现代农业建设的中坚力量，它们能否实现从数量增长向质量提升的转变，从而实现高质量发展成为当前的热点问题。为此，本报告首先以福建省近年来的发展状况为依据，并结合2020～2021年的数据，分析了当前农民合作社从数量到质量的总体发展情况、农民合作社类型、农民合作社经济服务情况以及政府支持情况；其次基于111家样本农民合作社的调查数据，主要分析了农民合作社在经济、社会以及环境层面的服务带动能力和在乡村振兴战略推进中发挥的作用；最后对福建省农民合作社的高质量发展提出展望。

关键词： 农民合作社　高质量发展　乡村振兴　农业发展　农村经济

一　引言

农民合作社已成为中国重要的新型农业经营主体和现代农业建设的中坚力量，它们能否实现从数量增长到质量提升的转变，从而实现高质量发展成为当前的热点问题。自《中华人民共和国农民专业合作社法》实施以来，

* 余丽燕，管理学博士，福建农林大学经济与管理学院副教授、硕士研究生导师，研究方向为农民专业合作社、农村金融、集体产权、农村公共产品、企业财务管理等；周悠然，福建农林大学经济与管理学院金融硕士，研究方向为农村金融；徐家敏，福建农林大学经济与管理学院金融硕士，研究方向为农村金融；梁辉堡，福建农林大学经济与管理学院金融硕士，研究方向为农村金融；鲁益雨，福建农林大学经济与管理学院会计硕士，研究方向为财务管理。

农民合作社在数量上呈现几何式增长。截至 2021 年 11 月底，全国依法登记的农民合作社达 221.9 万家，其中县级及以上示范社达 16.8 万家。[①] 但是，在合作社数量快速增长的同时，其质量也引发了人们的担忧，如大量“假合作社”“空牌合作社”的出现。它们的存在影响了农民合作社作用和功能的发挥，导致公众对农民合作社产生信任危机，从而引发人们对农民合作社在中国是否具有可持续性的思考。在中国现实土壤下，农民合作社能否从数量增长向质量提升转变、实现高质量发展面临严峻考验，这一考验将影响乡村振兴战略的实现。

当前，福建省作为中国最重要的东部沿海省份之一，其农民合作社正处于从数量增长转向质量提升的关键期。农民合作社整合小农户，使其符合现代农业的发展方向，使其在推动建设新型农业经营主体、带领散户农民进入大市场的竞争中同样大有作为；但也存在质量低、“大农吃小农”、农民合作社组织法治意识淡薄和服务带动能力差的难点。基于此，本报告首先总结了近年来特别是 2020 年福建省农民合作社的发展情况；其次对福建省 111 家农民合作社的 178 位农户进行问卷调查，深入分析福建省农民合作社从数量增长到质量提升的表现；最后对农民合作社发展前景提出了展望。

二 福建省农民合作社总体情况

（一）农民合作社的发展概况

自 2007 年《中华人民共和国农民专业合作社法》颁布以来，福建省农民合作社得到快速发展，其规范化建设不断推进，实现数量、质量与效益同步提升。

从数量上看，截至 2020 年底，福建省农民合作社的数量多达 4.2 万家，

① 王柯：《国家农民专业合作社示范社发展指数（2020）研究报告发布》，《潇湘晨报》2022 年 1 月 29 日。

比 2016 年增长 22.81%，比 2019 年增长 1.76%。农民合作社联合社的数量于 2020 年达到 453 家，增速为 26.18%；农民合作社联合社成员数也实现了 83.6%的增长，现有成员 6505 个。①

从质量上看，福建省积极开展分级示范社创建与评定工作，培育发展一批规章制度健全、运行机制完善、经营管理民主、带动能力强的合作社示范社。2020 年示范社总数较 2019 年增加 328 家，其中县级示范社增长幅度达 31.64%，省级和市级示范社增长幅度也都在 20%以上。总的来说，县级示范社数量占比一直较大，占总数的一半以上。市级示范社数量略高于省级示范社，但两者在示范社总数中所占比例相差不大。合作社示范社带领周边农户增收致富，为产业精准扶贫树立了良好典型。同时通过建立规范社名录制度，对纳入规范社名录管理的合作社实行动态监管。2020 年，拥有注册商标的合作社有了较快发展，从上一年的 4132 家扩展到 5289 家。此外，通过农产品质量认证的合作社数量在 2020 年有了明显增加，比上年增加了 265 家，达 1413 家。

从成员类型上看，合作社成员以普通农户为主体，2020 年，普通成员在总成员人数中占比 92%左右。近年来，普通农户和其他成员数量持续增长，2020 年普通农户增长 23575 人，比上年增长 2.99%，其他成员数量从 2019 年的 21043 人增长到 22561 人，增幅为 7.21%。与此同时家庭农场成员数和企业成员数都在减少，与上年相比，家庭农场成员减少 537 人，企业成员减少 810 人，两者降幅分别为 1.51%和 8.20%。按照要素出资形式可以把合作社成员分成两类：一类是直接以货币作为出资的成员，这一类成员数量减少了 4.72%；另一类是以土地经营权作价出资的成员，这类成员数量则增加了 10.55%。但总体上看，仍以货币出资成员为主体，以土地作价出资的成员人数仅占货币出资成员的 1/9。特别要注意的是，普通农户中建档立卡贫困农户数增幅较大，2020 年达到 6093 人，比上年增加 294.88%，这也说明合作社的社会效益凸显。

① 根据福建省农业厅的调查整理。

（二）农民合作社的类型

第一，从福建省农民合作社类型来看，按从事行业可以分为种植业（包括粮食产业和蔬菜产业）、林业、畜牧业（包括生猪产业、奶业、肉牛羊产业、肉鸡产业、蛋鸡产业）、渔业、服务业（包括农机服务和植保服务）共五类。2020年省内以从事种植业（其中粮食产业2402家、蔬菜产业6405家）为主的农民合作社占了合作社总数的65%以上，相关合作社数量保持4%以上的增速。

从新增农民合作社数量来看，畜牧业最多，随后是种植业、林业和服务业，渔业总数增加的最少。种植业方面，相关合作社同比增长4.15%，具体来看，粮食产业和蔬菜产业的增长幅度相差不大，均在2%左右。2020年林业合作社比上年增加163家，增幅为3.49%。畜牧业及相关合作社中，按照合作社数量增速降序排列分别为奶业、蛋鸡产业、肉鸡产业、生猪产业、肉牛羊产业。增速最高的奶业合作社数量尽管只比2019年增加了6家，但同比增长了42.86%。增长幅度最低的肉牛羊产业只有1.01%。按照合作社数量由多到少排列：生猪产业、肉鸡产业、肉牛羊产业、蛋鸡产业、奶业。渔业及相关的合作社在2020年一共只增加了3家，目前共有2781家合作社。服务业合作社数量增加较少，只增加了42家，增幅为1.85%。但其中植保服务合作社有了迅猛攀升，在2020年增加了105家，增幅为66.04%，相较之下农机服务稍显逊色，只有5.19%的增长率。

此外，2020年，土地承包经营权作价出资的合作社数量增长较快，增长近八成，现有366家。对应地，作价出资的土地面积增加了七成，共有19236亩。开展内部信用的合作社数量略有攀升，故参与信用合作的成员数量也有所增加。但两者的增幅都不大，同比分别增长3.44%和1.11%。虽然开展内部信用合作社数量及参与信用合作的成员数量都在增加，但入股互助资金总额和成员使用互助资金总额下滑明显。入股资金总额下跌7721万元，降幅达88.21%，使用互助资金总额也相应下跌3645万元，减少了70.9%。开展互助保险的合作社数量同样锐减70%以上。其中参与互助保险的成员数量减少 197 个，成员支付保费总额下跌至 191 万元，成员获得保险赔偿总额甚至从原来的 9.2 万元直接清零。创办实体的合作社数量增加 102 家，现有 1377 家。开展农村电子商务的合作社数量增长了三成，现有 1043 家。开展休闲农业和乡村旅游的合作社数量增长 28.47%。从事民间工艺及制品开发经营的合作社数量增长到 13 家。

第二，按牵头人身份划分，农民牵头的合作社数量是企业牵头的合作社数量的 60 多倍。由于基数较大，即使农民牵头的合作社于 2020 年减少了 186 家，但仍有 37032 家。在此分类下还包括 4362 家村组干部牵头的合作社。企业牵头的合作社数量减少 13.82%，现仅有 530 家。

第三，按经营服务内容划分，除了产加销一体化外，其他两类（以运销服务为主和以加工服务为主）的合作社都呈现负增长的态势。2020 年基数最大的产加销一体化合作社增长 843 家，增速为 3.19%。

（三）农民合作社的经营服务情况

2020 年农民合作社统一为成员销售农产品总金额、统一为成员购买农业生产资料投入品总金额都较 2019 年有较大幅度的下降。2020 年统一购买的生产投入品较上年减少 1.97 亿元，相应的销售总值也呈下降态势，比 2019 年减少了 4.47 亿元。2020 年统购统销占比 80%以上的农民合作社其统购统销均为正增长，统购增长 1504 元，统销增长 1353 元。2020 年，农民合作社经营收入比上年减少 68146 万元，共 160.97 亿元。2020 年，拥有注册商标的农民合作社数量和通过农产品质量认证的合作社数量均增长 20%以上，这说明农民合作社确实在向高质量发展转变。

农民合作社盈余略有增长，仅比上年的 257876.2 万元增加 0.92%。可分配盈余中按股分红总额同比增加 2.62%，本年按股分红总额 54079 万元；按交易量返还成员总额降低 1.54%，为 122893 万元。总的来看，可分配余额减少，但因其基数很大所以即使本年减少了 2919 万元，总体波动不大，仅下降了 1.36%。可分配盈余按交易量返还成员合作社数量减少 615 家，降幅为 6.89%。在本年经营收入和盈余都在下降的基本面下，仍有 5228 家农民合作社提留了公积金或风险金，同比增加了 9. 12%。关于农民合作社上缴的税金总额，因为经营收入降低所以上缴税款也会减少，本年缴纳税金 4163. 13 万元，同比降低 0. 36%。

此外，2020 年合作社联合社经营收入为 32450 万元，较上年减少了 5764 万元。因此合作社联合社盈余也有所减少，本年仅结余 4911 万元，同比减少 35. 76%。同时可分配盈余降低 38. 85%，减少 2356 万元，其中按股分红总额下降 80. 75%。

（四）政府支持农民合作社发展情况

政府对农民合作社的支持力度不断加大，有力推动农民合作社的稳步健康发展，有助于福建省农民合作社实现从数量增长到质量提升的转变。近年来国家的相关政策对农民合作社的发展给予高度重视，表 1 列出了近两年的代表性支持文件。

表 1　2020~2021 年国家部委支持农民合作社高质量发展的代表性文件

时间	文件	来源	意义
2020 年 3 月	《新型农业经营主体和服务主体高质量发展规划(2020—2022 年)》	农业农村部	为合作社的培育和发展指明了道路
2021 年 5 月	《关于开展新型农业经营主体信贷直通车活动的通知》	农业农村部	为合作社的发展提供金融支持,结合合作社基本经营情况和融资需求,设计有针对性的金融产品
2021 年 12 月	《关于建立“空壳社”治理长效机制促进农民合作社规范发展的通知》	农业农村部	支持合作社的高质量发展:从前期辅导、内部管理、信息公开三个方面治理和规范合作社的运行,建立更加便捷的合作社退出机制、更加全面的合作社指导服务机制,从而巩固 2019 年整顿和清理“空壳化”阶段性成果,提升合作社规范化水平,让合作社的助农功效落到实处

2020~2021 年，福建省政府积极出台一些针对农民合作社的农业补贴政策，以支持新型农业经营主体的发展。2020 年 3 月，福建省农业农村厅、福建省财政厅、中国人民财产保险股份有限公司福建省分公司联合开展水稻种植保险工作，种植水稻超过 50 亩的农民合作社的投保费用大幅降低，保费由原来的每亩 15 元降至每亩 3 元，其余保费由中央和省级财政、市和县级财政分别以 70%、10% 的比例进行补贴，即投保人只需承担 20%。在农业生产过程中，机械设备的使用是必不可少的，而设备的更新换代也是很快的。在目前供给侧改革的大背景下，农机设备的更新不仅有利于农民合作社开展农业机械化生产，而且利于农民合作社更加绿色地生产。2020 年 8 月，福建省农业农村厅、福建省财政厅、福建省商务厅印发《福建省农业机械报废更新补贴实施方案》，该文件规定了各种类型的农机补贴额度，补贴额度最高达 2 万元。这个政策的出台促进了农机的及时更新换代，从而对农民合作社高标准生产起到重要作用。生产或加工水果、蔬菜等农产品的合作社需要建设冷藏保鲜设施，而往往该设施的建设需耗费大量资金，这对于一般规模和资金流转较难的农民合作社而言，无疑是心有余而力不足。2021 年 7 月福建省农业农村厅、福建省财政厅印发《福建省 2021 年农产品产地冷藏保鲜设施建设方案》，该方案提出发挥农业担保体系作用，提倡金融机构开设冷藏保鲜设施建设专属信贷产品，让农民合作社的冷藏保鲜设施得以建成。不仅如此，对冷藏保鲜设施采取“先建后补、以奖代补”的方式，补贴比例不高于设施总价值的 30%，能够缓解部分农民合作社发展过程中的资金问题。

除了财政补贴在农民合作社的发展中起到关键作用外，政府的政策引导亦有助于农民合作社真正实现规范化和高质量发展。2021 年 10 月，福建省农业农村厅印发的《农业生产“三品一标”提升行动重点任务清单》将“三品一标”纳入乡村振兴战略考核范围，并且将其与产业优惠政策绑定。为此，政府积极引入金融机构等社会力量为农业生产“三品一标”提升行动提供资金、技术和人力保障，并积极引导农民合作社参与农业生产“三品一标”，这有利于提高农民合作社的产品质量、加强品牌建设和提供持续的市场竞争力，让农民合作社在激烈的市场竞争中占有一席之地，从而更好地服务社员。

2020 年，获得财政扶持资金的农民合作社有 735 家，比上年增加了 195 家。当年财政扶持资金总额对应增长了 1986 万元，财政扶持资金总额为 8180 万元。2020 年承担国家财政项目的农民合作社数量比上年增加 88.46%，截至 2020 年有 147 家农民合作社承担了国家财政项目。其中承担国家涉农项目的农民合作社有 138 家，相比 2019 年增加了 69 家。此外，2020 年农民合作社获得贷款余额共 5948 万元，同比增长 4.35%。

2019~2020 年，福建省新增 49 家成立基层党组织的农民合作社；农民合作社成员中新入党人员 7 人；农民合作社联合社增加 1 家。2020 年成立基层党组织的农民合作社有 155 家，农民合作社成员中党员 7301 人，农民合作社联合社 35 家。

（五）农民合作社发展存在的主要问题

福建省农民合作社发展态势总体良好，但也存在一些不容忽视的问题和不足。一是运行不够规范。部分合作社与成员合作仍停留在农资供应、技术指导、产品销售等较低层次上，与成员的利益纽带有待织紧。还有部分农民合作社存在内部财务管理制度不规范、程序不透明的问题。二是缺乏退出机制。有的农民合作社因管理不善，已名存实亡；有的农民合作社已连续多年未提交年度报告，被列入异常经营名录，处于“休眠”状态；有的农民合作社纯粹为获得补助而成立，成为“空壳社”。但缺乏撤销登记等退出机制，致使这些合作社长期存在。三是优惠政策落实不够到位。由于财力问题，不少县级财政无法安排农民合作社发展专项资金，农民合作社信贷、保险、用地等问题也依然突出。四是管理人才匮乏。部分农民合作社领办者或管理人员受教育水平较低，存在市场意识不强、管理观念落后、合作意识淡薄等问题，在一定程度上制约了农民合作社的发展与壮大。

三　福建省农民合作社运行情况的抽样调查

（一）数据来源

为探讨福建省农民专业合作社从数量增长向质量提升转变的现状，包括农民专业合作社发挥的主要功能，发展面临的主要困难以及对未来的展望，研究团队通过电话采访与实地探访相结合的方式向福建省的111家农民专业合作社进行问卷调查，总共178个农户参与相关问题的回答。分布在经济水平相对较高（泉州、福州以及厦门）地区的农民专业合作社有28家，占比为25.23%；分布在经济水平中等发达地区（漳州、龙岩以及三明）的农民专业合作社有36家，占比为32.43%；分布在经济水平欠发达地区（南平、宁德以及莆田）的农民专业合作社有47家，占比为42.34%。

（二）样本农民合作社与农户总体状况

1. 样本农民合作社的一般特征

从成立时间来看，大部分样本农民合作社成立于2017年之前，特别是在《农民专业合作社法》颁布实施的前5年（即2007~2011年），在工商部门登记的农民合作社最多。2011年及之前成立的样本农民合作社占39.63%，2012~2016年成立的样本农民合作社占32.43%，2016年后成立的样本农民合作社占27.93%。

从农民合作社成员人数来看，样本农民合作社平均成员数为77人。具体分布情况见图1，大部分合作社成员规模集中在51~200人。200人以上的农民合作社占比最少。

从农民合作社的注册资本金来看，大部分农民合作社的注册资本金集中在500万元以下。样本农民合作社中有97家对其注册资本金做出回答，结果显示不超过100万元的农民合作社占比为31.96%，100万（含）~500万元的占比为39.18%，500万（含）~1000万元的占比为20.62%，1000万

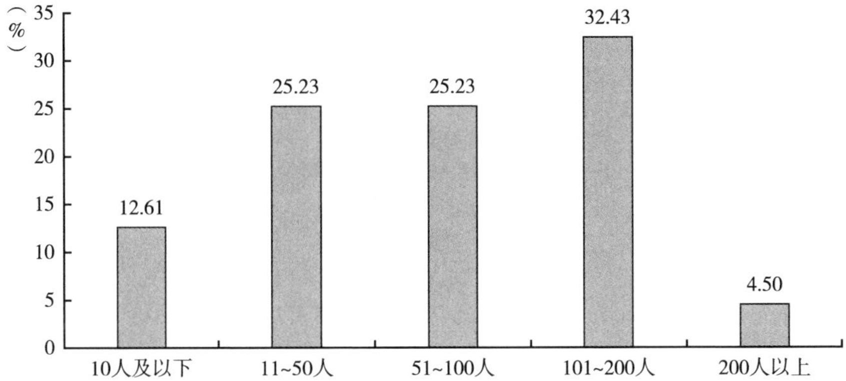

图 1　样本农民合作社成员分布情况

元及以上占比为 8. 24%。

从农民合作社的总资产来看，样本农民合作社的总资产集中在 100 万（含）~300 万元与 500 万元及以上（见图 2）。样本农民合作社中有 90 家合作社对其总资产做出回答，结果显示 100 万元以下的农民合作社占比为 13. 33%，100 万（含）~500 万元的占比为 40. 00%，500 万（含）~1000 万元的占比为 22. 22%，1000 万元及以上的占比为 24. 44%。由此可知，近年来农民合作社发展较为迅速，其总资产的规模明显提升。

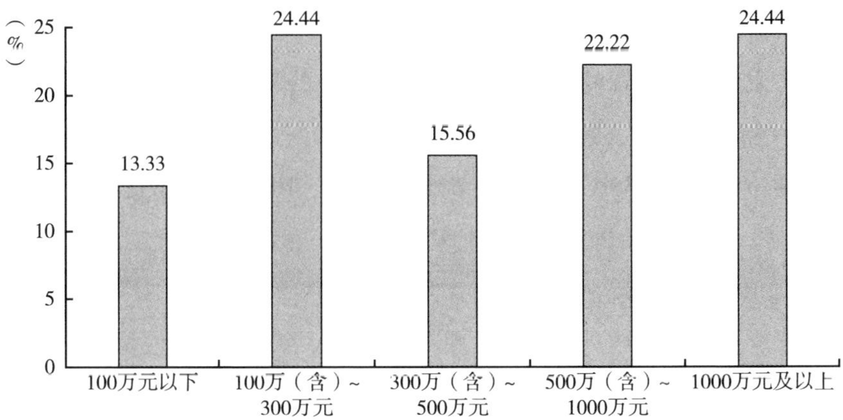

图 2　样本农民合作社总资产分布情况

2. 样本农户特征

受访农户既有农民合作社核心成员（理事长或者骨干成员），也有一般成员。农民合作社核心成员 115 位，占比为 64. 61%；一般农户成员占比为 35. 39%。受访农户以男性为主，占比为 88. 20%。

受访农户的教育水平集中在初中水平及以上，其中 35. 39%的农户接受过高中文化水平的教育；其次是初中文化水平，占比为 27. 53%；拥有大学及以上文化水平的农户占比为 26. 97%。初中文化水平的农户和拥有大学及以上水平的农户占比相差不大，占比最少的为小学及以下文化水平（见图 3）。

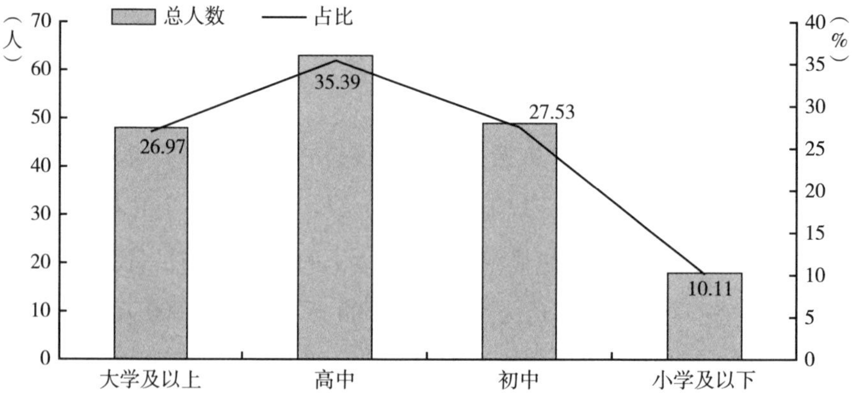

图 3　受访农户教育水平分布情况

关于农户收入来源的统计显示，有 81. 46%的受访农户表示其主要收入来源之一为种植业。家庭收入主要集中在 30 万元以下，具体分布为：5 万元以下的占比为 15. 38%，收入在 5 万（含）～10 万元的占比为 26. 28%，10 万（含）～30 万元的占比为 33. 97%，30 万（含）～100 万元的占比为 17. 31%，100 万元及以上的占比为 7. 05%。

农民合作社核心成员主要包括理事长、主要管理者及其他骨干成员。受访的农民合作社核心成员大多数为男性且趋向年轻化。受访的 115 个农民合作社核心成员中，男性占到 86. 08%。核心成员的平均年龄为 46. 5 岁，大多数集中在 50 岁以下，具体分布如下：35 岁以下的占比为 8. 70%，35

（含）~45岁的占比为36.52%，45（含）~50岁的占比为23.47%，50（含）~60岁的占比为22.61%，60岁及以上的占比8.70%。核心成员的教育水平集中在高中及以上，占比为78.26%，其中大学及以上的人数为40人，占比为34.78%（见图4）。

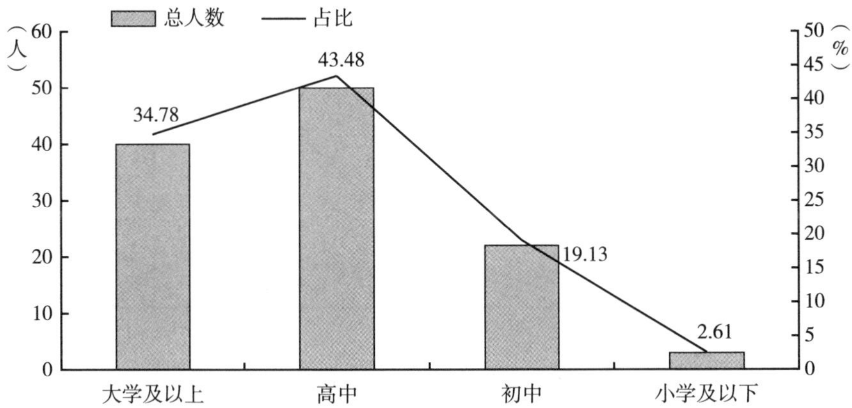

图4　核心成员的教育水平分布情况

（三）农民合作社服务能力

现阶段农民合作社已进入从注重数量增长向注重质量提升转变的阶段，农民合作社服务带动农户的能力成为首要评价标准。然而，现实中农民合作社的集体行动困境导致“搭便车”“公地悲剧”等问题普遍存在，并且农民合作社还面临异化、空壳化、资本控制等特殊困境，导致农民合作社功能薄弱和运行不规范等问题突出。这些困难和挑战使农民合作社带动农户的效能大打折扣。下面从经济、社会以及环境三个维度，展开说明当前福建省农民合作社在带动农户方面的表现。

1. 经济方面

在经济作用方面，问卷设计了问题“农民合作社有效促进当地农村经济发展”，有163位样本农户做出明确回答，15位农户表示很难判断不予评价。163 位的农户回答情况如图 5 所示，大部分农户非常认可农民合作社对当地经济发展做出的贡献，无受访农户表示没有贡献。由此可知，农民合作社对农村经济发展的贡献是有目共睹的。

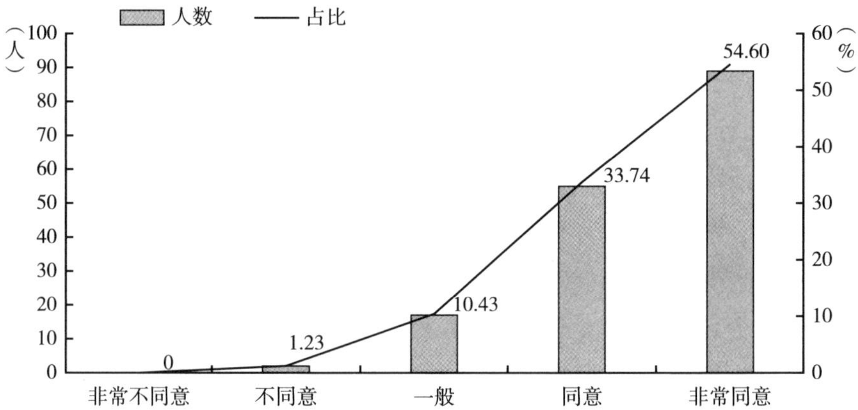

图 5　对“农民合作社有效促进当地农村经济发展”的回答情况

事实上，农户加入农民合作社可以获得比较明显的经济收益。在农业成本投入方面，农民合作社可以统一为农户提供生产资料，从而节约投入成本，样本合作社中有 60%的受访农户表示其曾获得农民合作社统一提供的生产资料。在农产品销售方面，农户可以通过农民合作社统一销售农产品，降低市场风险，87%的受访农户表示通过农民合作社统一销售农产品，这解决了过去农产品难卖的问题。

2. 社会方面

农民合作社不同于一般的经济组织，它们的社会功能尤其突出。不少农户表示加入农民合作社后，其社会交往增加、合作意识增强，并且农民合作社极大地提高了他们的幸福感。

以社会交往为例，大部分受访农户表示加入农民合作社，提高了个人交往水平，提高了他们的社会资本。对受访农户的统计显示（见图 6），有 55. 45%的受访农户表示非常赞同农民合作社可大大提高他们的社会交往水平，扩大他们的社交网络，从而提升其社会存在感。

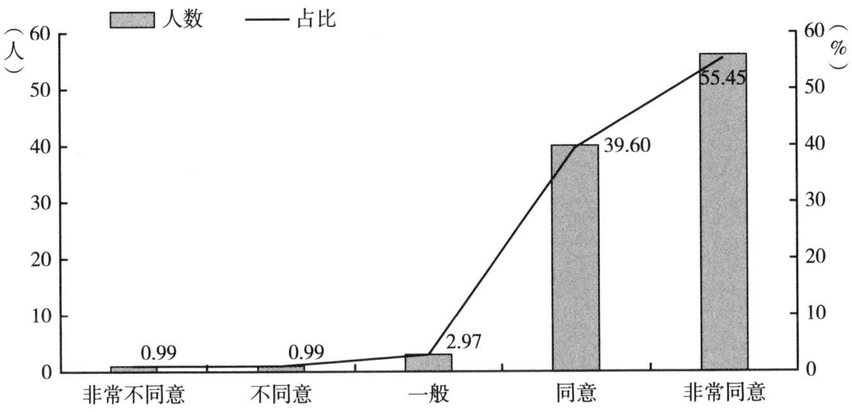

图 6　对“农民合作社促进社会交往”的回答情况

实际上，除了平常进行的生产技术交流外，不少农民合作社也会通过举办各种休闲娱乐活动来密切成员间的联系，增加彼此的信任，这些措施有利于培育社会资本。根据对样本农民合作社的统计，67.06%的农民合作社举办了不同形式的娱乐休闲活动。

总体上，农民合作社提升了农户的幸福指数，受访的 175 位农户明确回答了“合作社是否让他们变得更加幸福”这个问题，其他 3 位农户表示无法给出评价。统计显示：42.28%的农户表示非常赞同加入农民合作社之后变得更幸福，45.14%的农户表示比较赞同加入农民合作社之后变得更幸福，10.28%的农户表示一般赞同加入农民合作社之后变得更幸福，仅有 2.29%的农户不赞同加入农民合作社之后变得更幸福。对不同意的农户进一步调查发现主要原因是农民合作社的运行没有给他们带来满意的回报。

农民合作社对农户的贡献是不可忽视的。农户也对大部分农民合作社表现出较高的满意度。根据样本调研数据统计，有 95.65%的受访农户表示对农民合作社提供的服务很满意。

3. 环境方面

随着农民合作社高质量发展的推进，农民合作社在环境方面做出的贡献越来越不容忽视。其中的一个重要表现在于其带动农户做出亲环境的生产行为，比如减少化肥使用，增加有机肥使用。鉴于农民合作社与成员之间的关系，农民合作社可以通过多种渠道影响成员的生产行为，比如，农民合作社通过提供生产技术培训或指导、传递农业化学品质量信息、提供优质农产品溢价激励以及提升成员生产管理水平等影响农户的亲环境行为。有88%的受访农户表示获得过农民合作社的生产技术指导。

农民合作社提高了农户的绿色生产意识，并提升了其采纳亲环境生产行为的意愿。对样本农户的调查显示：86.05%的受访农户认为破坏生态环境的生产行为会影响自己在组织里的声誉或者受到其他成员的谴责，92.03%的受访农户表示加入农民合作社明显提高了其绿色生产意识。进一步地，有91.30%的受访农户表示加入农民合作社后更加愿意采纳亲环境的生产行为（见图7）。

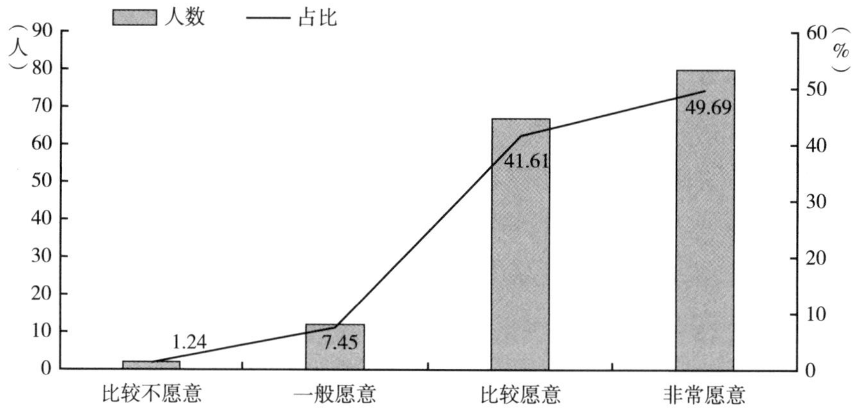

图7　对“是否愿意采纳亲环境生产行为”的回答

（四）农民合作社在乡村振兴中的作用表现

乡村振兴战略总要求是“产业兴旺、生态宜居、乡风文明、治理有效、生活富裕”，作为重要的新型经营组织，农民合作社是否在这五个方面产生积极作用了呢？为此调研组对样本农民合作社展开调查。

对问题“合作社是否有效促进产业兴旺”，有150位样本农户做出明确回答，28位农户表示很难判断不予评价。150位农户的回答情况统计如下：50.67%的农户表示非常赞同农民合作社促进了产业兴旺，36.67%的农户表示比较赞同农民合作社促进了产业兴旺，11.33%的农户表示一般赞同农民合作社促进了产业兴旺，仅有2位农户不认为农民合作社促进了产业兴旺。

对第二个要求即农民合作社是否有效促进生态宜居，研究团队向农户提出问题“农民合作社是否对当地的生态环境保护方面做出积极贡献”。结果有161位农户对该问题做出明确回答，17位农户表示不知道。161位农户的回答情况如下：49.68%的农户成员表示非常赞同农民合作社对当地生态环境保护方面做出积极贡献，40.99%的农户成员表示比较赞同农民合作社对当地生态环境保护方面做出积极贡献，8.70%的农户成员表示一般赞同农民合作社对当地生态环境保护方面做出积极贡献，仅有1位农户不认为农民合作社对当地生态环境保护方面做出积极贡献。

对问题“农民合作社是否有效促进乡风文明建设”，40.81%的农户成员表示非常赞同农民合作社促进了乡风文明建设，42.87%的农户成员表示比较赞同农民合作社促进了乡风文明建设，12.24%的农户成员表示一般赞同农民合作社促进了乡风文明建设，仅有4.08%的农户不认为农民合作社促进了乡风文明建设。

对农民合作社是否对治理有效做出贡献，考虑到农民合作社主要是经济组织，其在治理贡献方面较难衡量，本报告对农民合作社是否参与扶贫和参与新冠肺炎疫情救助这两个公共事务展开调查。对样本农民合作社的调查显示，有67.56%的农民合作社参与当地扶贫事务，61.81%的农民合作社参与新冠肺炎疫情的救助。由此可知农民合作社对当地的公共事务具有重要贡献。

对于农民合作社是否对农民生活富裕有贡献的问题，本报告通过向农户成员提问问题“加入农民合作社是否促进经济水平的提高”来衡量。有161位农户对该问题做出明确回答，17位农户表示不知道。36.02%的农户成员表示非常赞同农民合作社提高了他们的经济生活水平，54.03%的农户成员表示比较赞同农民合作社提高了他们的经济生活水平，8.08%的农户成员表示一般赞同农民合作社提高了他们的经济生活水平，大约 1.87%的农户不认为农民合作社提高了他们的经济生活水平。

对乡村振兴战略五个要求的统计显示，农民合作社积极推动了乡村振兴战略的实现，并在不同领域做出了突出贡献。

（五）农民合作社运行面临的困境

农民合作社在发展的同时，面临资金短缺、销售困难等问题。虽然政府也在积极帮助其解决困难，但这些问题仍然困扰着农民合作社的进一步发展。调查显示，68.71%的农民合作社认为资金短缺是它们发展壮大的主要困难，48.23%的农民合作社认为销售问题是它们面临的主要困难，此外还有不少农民合作社表示新冠肺炎疫情等不确定性风险阻碍了它们的发展。

根据调查，有 121 位农户回答了“自身所处的农民合作社是否受到新冠肺炎疫情影响”的问题，结果表明：59.50%的农户认为影响较大或影响很大（见图 8）。

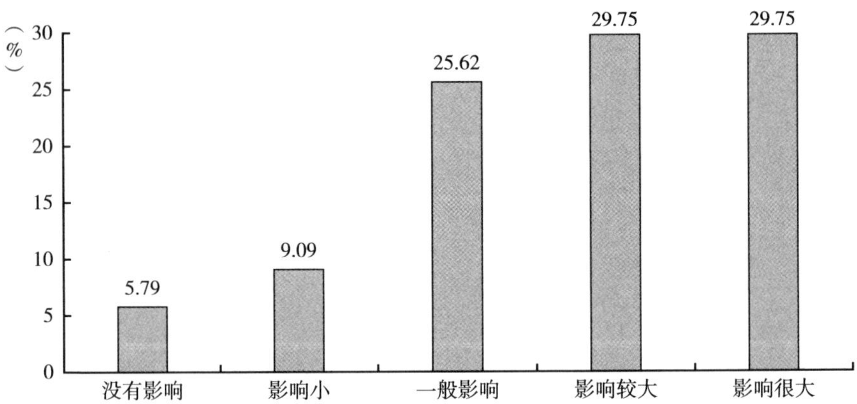

图 8　对“自身所处的农民合作社是否受到新冠肺炎疫情影响”的回答

由此可知，农民合作社除了面临一些传统的资金、土地以及销售等问题外，还面临黑天鹅事件的风险，而近两年新冠肺炎疫情也为农民合作社的发展增加了难题。

四　2022年福建省农民合作社发展展望

回首过往，审视当下，福建省农民合作社事业正步入成就与问题并存、挑战与机遇同在的高质量发展新阶段。2020~2021年，福建省的农民合作社无论是在数量还是在质量上都得到了不同程度的提升。大部分运行的农民合作社秉持服务成员的宗旨，保护参社农户的利益，依法强化农民合作社内部章程和制度建设，为联农带农促增收、增强农业农村发展新动能、助力乡村全面振兴贡献关键力量。根据对福建省样本农民合作社的调查，近年来农民合作社成员的带动能力明显提升，其服务也越来越多样化，它们不仅在经济方面给农户带来实际效益，还在社会方面，甚至在环境领域发挥重要作用。虽然福建省农民合作社在发展过程中遇到一些困难，比如资金、销售等问题，也面临新冠肺炎疫情等不确定风险，但它们仍然积极向高质量发展转型。根据样本数据统计，88.15%的农户表示对农民合作社发展充满信心。

当前，我国农业农村正迎来一场极其深刻且前所未有的大转型，在此背景下，农民合作社的高质量发展顺利展开，需要政府和农民合作社的共同努力。一方面，政府的支持必不可少。在步入全面推进乡村振兴、加快农业农村现代化的新发展阶段，农民合作社特别是那些入选的示范社和联合社得到政府的大力支持，这些合作社也将进一步做优做强，充分发挥示范引领作用。政府部门对不同类型级别的农民合作社示范社和联合社的宣传推介，有利于指导广大农民合作社学习借鉴规范办社、品牌强社的有益做法。这也将鼓励广大农民合作社在经济、社会以及环境等多方面发挥积极作用，助推乡村振兴战略的实现。另一方面，需要农民合作社自身规范化发展。面对社会对农民合作社“空壳”“真伪”的质疑，管理不规范等困境，农民合作社要深刻认识规范化建设的重要性和迫切性。农民合作社应针对自身的问题，加快规范化发展，持续发挥服务主体的作用。农民合作社在带动农户共同富裕、保障农产品质量安全和发展智慧农业等方面发挥关键作用。同时，农民合作社必将于扶贫开发、乡村治理、乡风文明等广阔视野中进一步延展其独特的制度魅力和组织功能。

参考文献

孟海鹰、祝大伟：《一个农民合作社的提质增效路》，《人民日报》2021 年 8 月 27 日。

潘晓：《农民专业合作社资本控制的现实图景及应对策略》，《农业经济》2021 年第 12 期。

孙天合、马彦丽、孙永珍：《农民专业合作社理事长提高社员有效参与的行为意向研究》，《农业技术经济》2021 年第 11 期。

郑双怡、冯琼：《农民专业合作社发展中的农户行为选择逻辑与组织化》，《改革》2021 年第 11 期。

高海：《农村集体经济组织与农民专业合作社融合发展——以党支部领办合作社为例》，《南京农业大学学报》（社会科学版）2021 年第 5 期。

苏志豪、何慧丽、徐卫周：《农村集体经济组织与农民专业合作社的逻辑边界、现实误区与关联路径》，《农村经济》2021 年第 8 期。

黄凌云、戴永务：《农民专业合作社正规信贷可得性及其影响因素——基于福建林业专业合作社的实证分析》，《福建论坛》（人文社会科学版）2019 年第 8 期。

华绪庚、邓楠、郑少红：《台湾农会对福建农民专业合作社发展的启示》，《现代农业》2018 年第 9 期。

B.9

福建省耕地"非粮化"及其治理调查分析

宋　羽*

摘　要： 在国家粮食安全战略背景下，福建省面临耕地总量减少与耕地"非粮化"的现实问题。2010~2019年，福建省耕地面积累计减少2331公顷，呈现东部沿海地区耕地减少、西部非沿海地区小幅增加的时空分异格局。截至2020年底，福建省耕地"非粮化"率为50.4%，利用类型以蔬菜、油料和烟叶为主，其主要原因在于粮食作物比较效益低、土地成本和劳动力成本攀升、耕地细碎化且人均耕地少，以及机械化水平较低等。福建省"非粮化"率在空间上呈现东高西低、东升西降的格局。治理耕地"非粮化"应尊重和保障农民增收的基本权益，通过规划引导、经济激励、技术改良、规范土地流转市场和加强监管等5方面举措，确保"良田粮用"，控制耕地"非粮化"的增量。

关键词： 耕地治理　"非粮化"　时空演变　"良田粮用"

一　引言

耕地"非粮化"是耕地利用方式由种植粮食作物调整为种植经济作物等其他非粮作物的过程，"非粮化"率多采用非粮作物播种面积与农作物

* 宋羽，福建农林大学公共管理学院讲师，研究方向为土地资源管理、农业经济管理。

播种总面积之比来表示。耕地种植的多样性在一定程度上促进了农村发展和农民增收，但是近年来，耕地过度“非粮化”导致粮食种植面积减少、粮食生产力下降和耕地的无序利用，威胁国家粮食安全。粮食安全关乎国计民生，为遏制耕地“非粮化”倾向，2020年国务院办公厅专门出台《关于防止耕地“非粮化”稳定粮食生产的意见》，2022年中央一号文件再次把粮食安全放在首位，把“长牙齿”的耕地保护措施作为强化农业基础支撑的首要任务。福建省丘陵山区多，耕地资源稀缺，“非粮化”现象较为严重，治理过度“非粮化”需把握福建省耕地利用的基本现状和“非粮化”特征、成因，因地制宜采取有效措施，构建高质量的国家粮食安全保障体系。

二　福建省耕地总量与利用结构现状

（一）福建省耕地总量呈现下降趋势

《福建省第三次国土调查主要数据公报》显示，福建省耕地总面积为931.99千公顷。南平市、三明市和龙岩市耕地面积较大，占福建省耕地总面积的51%。耕地利用结构以水田为主，面积为790.51千公顷，占比为84.8%；水浇地面积为31.85千公顷，占比为3.4%；旱地面积为109.64千公顷，占比为11.8%。①

2010~2019年，福建省耕地面积累计减少2331公顷，占比0.17%。分时段看，2014年和2015年耕地面积减少较明显，同比分别减少0.08%和0.11%；2012年、2013年和2017年耕地面积分别较上年增加0.04%、0.03%和0.04%（见图1）。

① 《福建省第三次国土调查主要数据公报》，福建省自然资源厅网站，2021年12月31日，http://zrzyt.fujian.gov.cn/zwgk/zfxxgkzl/zfxxgkml/tdgl_19753/202112/t20211231_5805488.htm；“三调”成果显示耕地面积大幅减少，主要受“三调”技术方案和统计口径调整的影响。

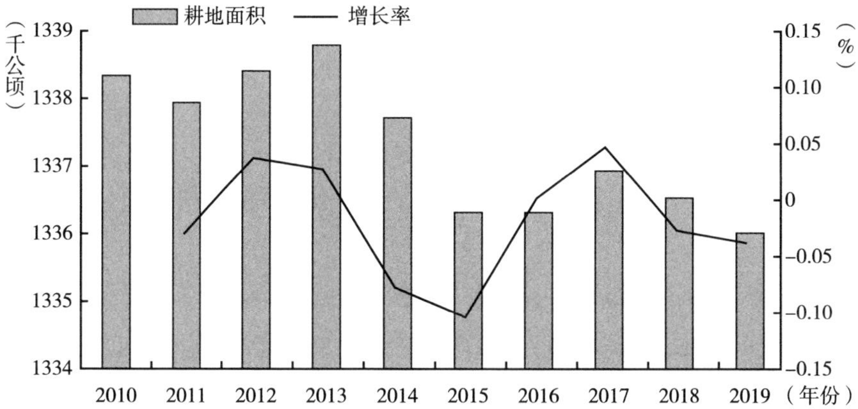

图 1　2010~2019 年福建省耕地面积变化情况

注：由于“三调”调查口径和技术方案调整，本报告分析历年变化趋势时仅考虑 2010~2019 年的耕地面积情况。

（二）东部沿海地区耕地面积减少，西部内陆地区小幅增加

2010~2020 年，福建省耕地总量变化在空间上具有较强的分异特征，呈现东部沿海地区耕地面积减少、西部非沿海地区耕地面积小幅增加的格局。东部沿海城市中，厦门市耕地面积累计减少幅度最大，达 15.93%，福州市累计减少 9.55%，莆田市累计减少 2.20%，泉州市累计减少 1.98%；其余设区市耕地面积有小幅增加，三明市累计增加 1.74%，宁德市累计增加 1.12%，漳州市累计增加 1.05%①，南平市累计增加 0.85%，龙岩市累计增加 0.63%。

从不同时期比较看，2010~2012 年，福州市和厦门市耕地面积减少显著，分别减少 6.65%和 4.66%；2012~2014 年，漳州市耕地面积增加较显著，增加 2.05%；2014~2016 年，福州市和厦门市耕地面积减少较显著，分别减少 1.01%和 2.03%；2016~2018 年，厦门市和漳州市耕地面积减少

① 《2017 年漳州市统计年鉴》显示，由于第三次全国农业普查调查口径的调整，2016 年耕地面积调整幅度较大，统计时不计入耕地累计变化率。

较显著，分别减少 3.52%和 3.81%；2018~2020 年，厦门市耕地面积减少 3.65%，漳州市耕地面积增加 3.53%。

三　福建省耕地“非粮化”时序演变特征

（一）福建省耕地“非粮化”率逐年上升

《福建统计年鉴 2021》显示，2020 年福建省农作物播种面积为 1682.00 千公顷。其中，粮食作物播种面积为 834.43 千公顷，同比增加 1.46%。非粮作物播种面积 847.57 千公顷，同比增加 2.66%。耕地“非粮化”率为 50.4%，同比增加 0.59 个百分点。

2010~2020 年，福建省农作物播种面积总体呈递减趋势，粮食作物播种面积减少显著，10 年间累计减少 238.74 千公顷，非粮作物播种面积呈现先减后增的趋势，累计减少 20.47 千公顷，而耕地“非粮化”率总体呈现上升趋势，由 2010 年的 44.7%增加至 2020 年的 50.4%（见图 2）。

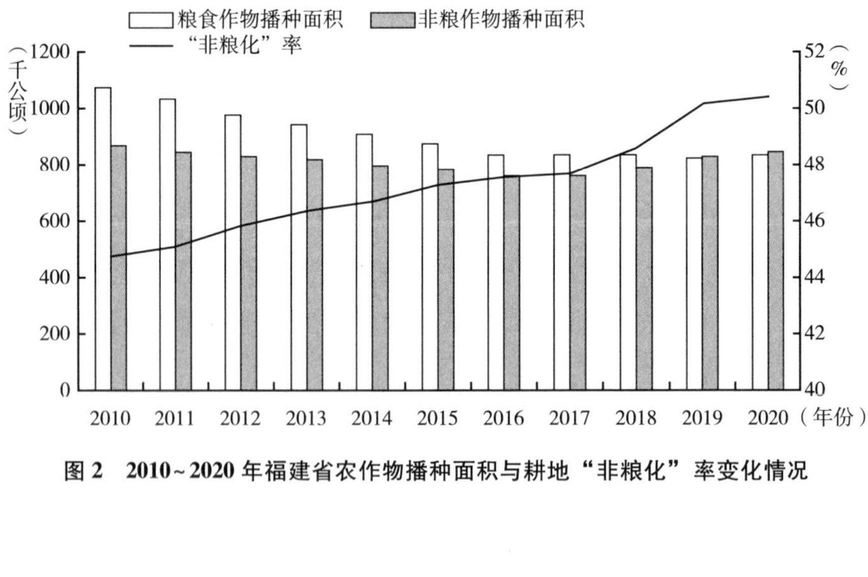

图 2　2010~2020 年福建省农作物播种面积与耕地“非粮化”率变化情况

（二）耕地“非粮化”利用类型以蔬菜、油料和烟叶为主

2020 年福建省耕地非粮作物播种面积为 847.57 千公顷，“非粮化”利用类型以蔬菜、油料和烟叶为主。蔬菜播种面积 596.98 千公顷，占比 70.43%；油料播种面积 79.31 千公顷，占比 9.36%；烟叶播种面积 47.53 千公顷，占比 5.61%。

由于第三次全国农业普查的调查口径调整，2016 年后各类非粮作物播种面积有较大幅度下调。分时段来看，2010~2015 年，蔬菜播种面积逐年增加，由 667.03 千公顷增加至 755.79 千公顷；油料播种面积逐年增加，由 111.66 千公顷增加至 119.00 千公顷；烟叶播种面积由 64.85 千公顷增加至 68.03 千公顷。2016~2020 年，蔬菜播种面积逐年增加，由 530.31 千公顷增加至 596.98 千公顷；油料播种面积逐年增加，由 73.46 千公顷增加至 79.31 千公顷；烟叶播种面积总体上减少，由 52.74 千公顷减少至 47.53 千公顷（见图 3）。

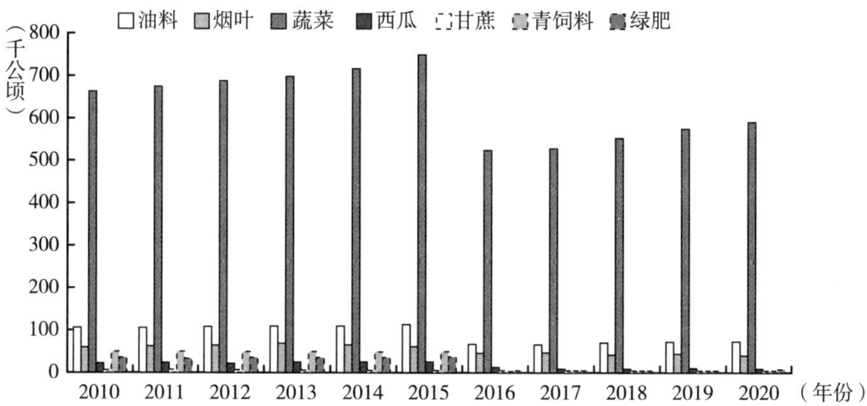

图 3　2010~2020 年福建省耕地“非粮化”利用类型

四　福建省耕地“非粮化”空间演变特征

（一）福建省耕地“非粮化”率呈现东高西低格局

2020年，福建省耕地“非粮化”率呈现东高西低的格局，东部沿海平原地区的非粮化率相对较高，厦门市耕地“非粮化”率达81.8%，福州市耕地“非粮化”率为67.2%，漳州市耕地“非粮化”率为64.9%，莆田市耕地“非粮化”率为55.0%，泉州市耕地“非粮化”率为46.8%。而北部的宁德市，西部内陆的南平市、三明市和龙岩市等4个包含典型丘陵山区的设区市耕地“非粮化”率均低于50.0%，分别为47.4%、37.6%、46.9%和41.3%（见图4）。

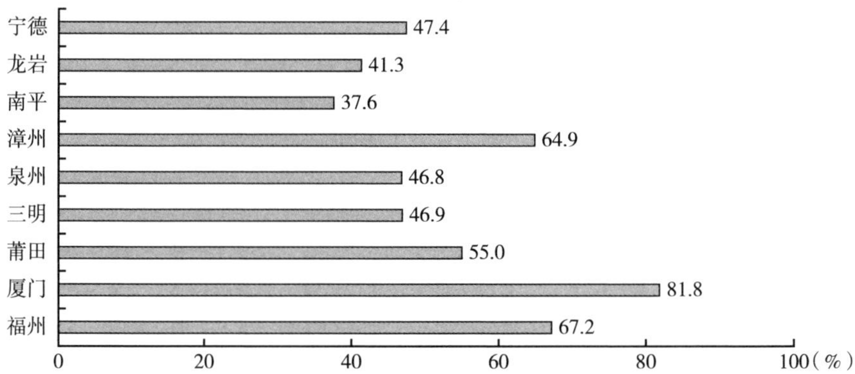

图4　2020年福建省9个设区市耕地“非粮化”率

（二）福建省耕地“非粮化”率呈现东升西降格局

2010~2020年，福建省耕地“非粮化”率变化在空间上具有较强的分异特征，沿海地区耕地“非粮化”率明显上升，福州市“非粮化”率累计提高11.50个百分点，漳州市累计提高11.00个百分点，厦门市累计提高9.80个百分点，泉州市累计提高9.40个百分点，莆田市累计提高5.30个百分点。西南部的龙岩市“非粮化”率小幅提升 0.63 个百分点，而西北部的三明市和南平市“非粮化”率小幅下降，分别减少了 0.90 个百分点和 3.00 个百分点。

不同时期来看，2010~2012 年，除龙岩市“非粮化”率下降 0.01 个百分点，其余各市“非粮化”率均有所提高，福州市和厦门市两地提升幅度较大，分别为 6.65 个百分点和 4.66 个百分点。2012~2014 年，福建省 9 个设区市“非粮化”率均有所提高，宁德市和福州市提升幅度相对较大，分别为 3.90 个百分点和 2.00 个百分点。2014~2016 年，三明市、南平市和龙岩市“非粮化”率均有所下降，分别下降 5.7 个百分点、6.5 个百分点和 4.7 个百分点，其余设区市“非粮化”率均有所提高，漳州市和泉州市提升幅度相对较大，分别为 4.6 个百分点和 4.5 个百分点。2016~2018 年，莆田市、泉州市和南平市“非粮化”率均有所下降，分别下降 3.40 个百分点、0.90 个百分点和 1.10 个百分点，其余地市“非粮化”率均有所提高，厦门市提升幅度较大，为 7.5 个百分点。2018~2020 年，福建省 9 个设区市“非粮化”率均有所提高，莆田市和龙岩市提升幅度相对较大，分别为 2.8 个百分点和 2.6 个百分点（见图 5）。

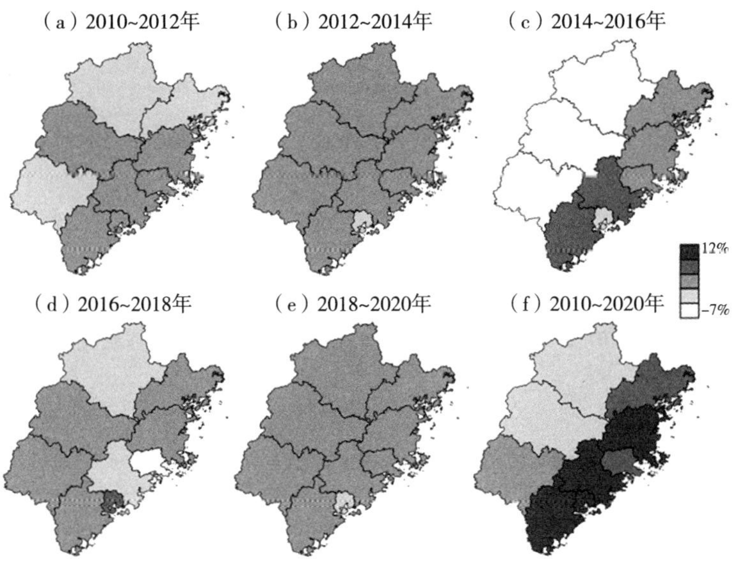

图 5　2010~2020 年福建省耕地“非粮化”率的时空演变

五　福建省耕地“非粮化”的诱因

（一）粮食作物比较效益低

《中国农村统计年鉴》（2011~2021 年）数据显示，2010~2020 年福建省粮食作物价格指数总体呈下降趋势。以净利润水平来看，2020 年粮食作物的亩均净利润仅为 47.1 元/亩，而油料、烟叶和甘蔗的亩均净利润分别为 78.5 元/亩、158.6 元/亩和 264.5 元/亩。在市场经济体系下，种植粮食作物是现有农业生产中效益最低的，随着农村转型不断发展起来的新型农业经营主体受经济利益驱使，是耕地“非粮化”率持续上升的最根本诱导机制。[①] 2010~2020 年福建省粮食作物价格指数与耕地“非粮化”率如图 6 所示。

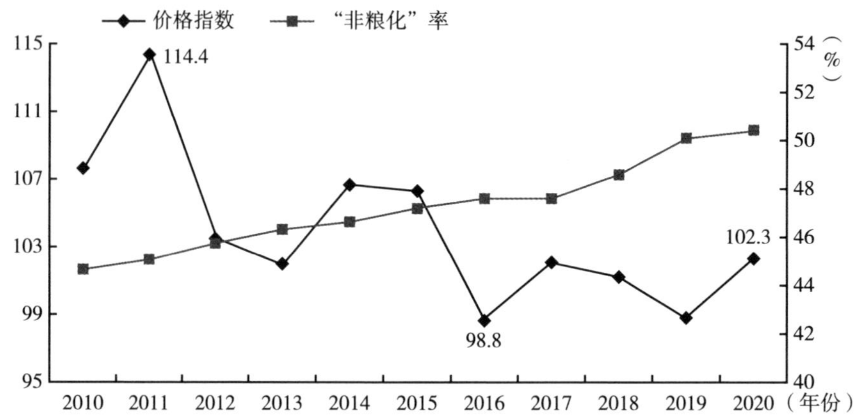

图 6　2010~2020 年福建省粮食作物价格指数与耕地“非粮化”率

（二）土地成本攀升

随着农村土地“三权分置”改革的推进，农村土地流转规模持续扩大，

① 朱道林：《耕地“非粮化”的经济机制与治理路径》，《中国土地》2021 年第 7 期，第 911 页。

土地成本已经成为现代农业生产的主要成本之一。《中国农村统计年鉴》（2011~2021年）数据显示，2010~2020年全国粮食生产的土地成本由2010年的133.28元/亩持续攀升至2020年的238.8元/亩，10年间累计上涨了79%，而福建省“非粮化”率也呈现相同的持续上升趋势（见图7）。在粮食生产比较效益低下的背景下，将流转获得的耕地种植非粮作物成为农户的普遍选择。[①] 而工商资本下乡逐利，引起土地流转租金上升，导致种粮收益降低，加剧了耕地“非粮化”。[②]

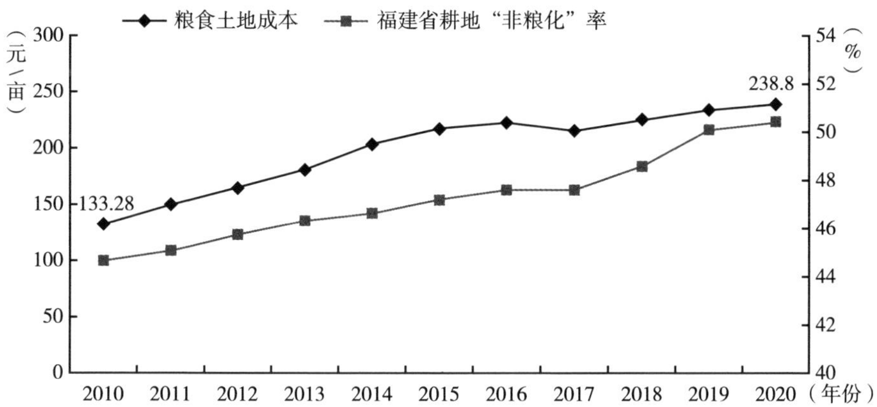

图7　2010~2020年全国粮食土地成本与福建省耕地“非粮化”率

（三）农业劳动力成本上涨与供求不匹配

农业劳动力外出务工以及农村家庭非农收入比重提高，导致农业劳动力成本持续上涨。《中国农村统计年鉴》（2011~2021年）数据显示，全国粮食生产的人工成本呈现先上升后回调、总体上涨的趋势。全国粮食生产的人工成本由2010年的226.9元/亩升至2015年447.2元/亩的最高点，后回落至2020年的412.8元/亩，10年间累计上涨81.9%，而福建省“非粮

① 蔡瑞林、陈万明、朱雪春：《成本收益：耕地流转非粮化的内因与破解关键》，《农村经济》2015年第7期，第44~49页。

② 孔祥斌：《耕地“非粮化”问题、成因及对策》，《中国土地》2020年第11期，第17~19页。

化”率也呈现上升趋势（见图 8）。另外，农村劳动力供求不匹配，农忙季节劳动力成本上升尤其显著，而且难以通过雇用季节性劳动力来扩大粮棉油等大宗作物的生产规模。相对而言，蔬菜等园艺产品的生产全年用工量相对均衡，利用雇佣劳动力相对容易。[①] 受农业劳动力成本不断攀升和劳动力供求季节性不匹配的双重影响，福建省的蔬菜、水果等非粮作物生产大幅增长。

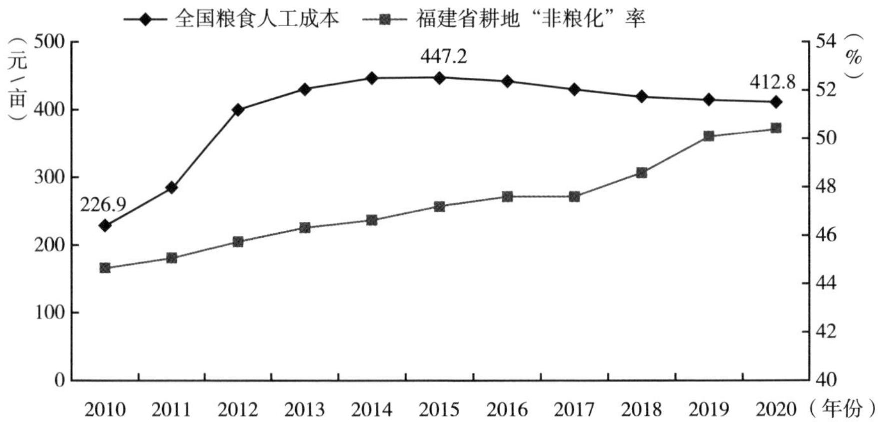

图 8　2010~2020 年全国粮食人工成本与福建省耕地“非粮化”率

（四）耕地细碎化且人均耕地面积小

福建省地势呈现西北高、东南低的特征，丘陵和山地占福建省土地面积的 80%以上。2010~2019 年，福建省耕地面积累计减少 2331 公顷，人均耕地面积（按农村实际劳动力计算）由 1.271 亩/人减少到 1.218 亩/人（见图 9）。耕地细碎化、人均耕地面积小是耕地资源禀赋的主要劣势，耕地细碎化会增加规模农户的农业生产成本，[②] 使粮食产量和粮食生产效率

① 钟甫宁：《正确认识粮食安全和农业劳动力成本问题》，《农业经济问题》2016 年第 1 期，第 4~9、110 页。

② 杨慧莲等：《土地细碎化增加“规模农户”农业生产成本了吗？——基于全国 776 个家庭农场和 1166 个专业大户的微观调查》，《中国土地科学》2019 年第 4 期，第 76~83 页。

降低。在土地细碎化约束下，种植经济作物是农户追求利润最大化的理性行为。

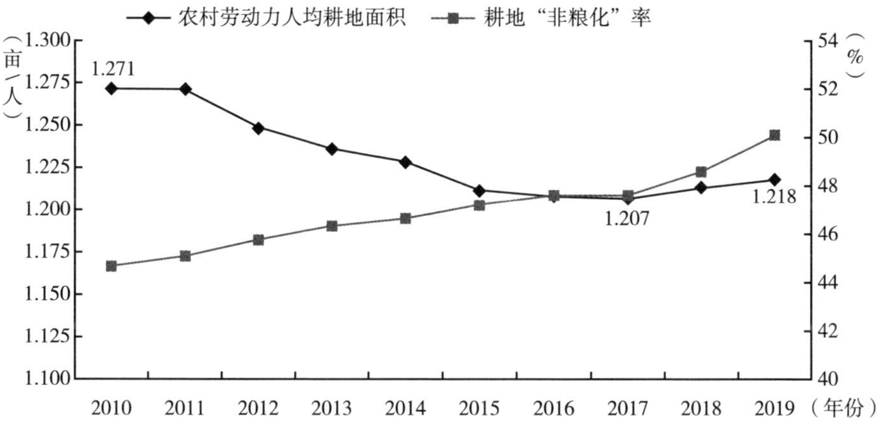

图 9　2010~2019 年福建省农村劳动力人均耕地面积与耕地“非粮化”率

（五）农业机械总动力增长乏力

受耕地资源禀赋条件约束，耕地细碎化造成的使用机械成本高、操作难度大、机械损耗大等问题，会阻碍农业机械社会化服务的采用与推广。[①] 2010~2020 年，福建省农业机械总动力呈现先增后降的变化趋势，尤其是 2015~2016 年，农业机械总动力出现较大幅减少，2017 年后福建省耕地“非粮化”率增速加快（见图 10）。农业机械投资增长乏力阻碍了粮食作物生产率的提高，农户为提高农业经济利润，不得不将劳动力投入非农劳动或者非粮种植上去，加速了耕地“非粮化”。在边远山区和经济落后地区，由于大量农村人口进城务工，当地农业劳动力流失，耕地撂荒现象也较为普遍。

此外，地方政府为促进地区的农业和经济发展，推动“一村一品”等

① 纪月清等：《农业劳动力特征、土地细碎化与农机社会化服务》，《农业现代化研究》2016 年第 5 期，第 910~916 页。

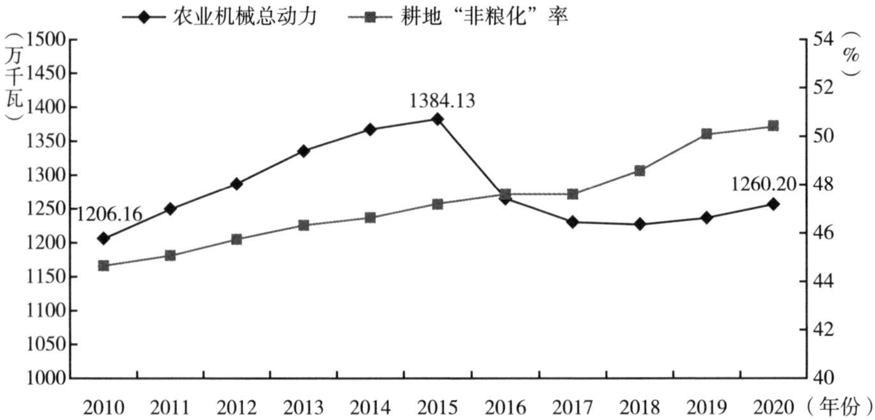

图 10　2010~2020 年福建省农业机械总动力与耕地“非粮化”率

非粮特色产业，加之农业扶持政策、财政支农项目对特色农产品产业的补贴高于种粮补贴，导致地方政策在推动农民稳定增收、助力乡村产业振兴的同时，也在一定程度上加剧了耕地“非粮化”。①

六　粮食安全背景下福建省耕地“非粮化”的治理对策

福建省治理耕地“非粮化”应尊重和保障农民增收的基本权益，兼顾农民利益、地方特色农产品保护和耕地保护的关系，通过规划引导、经济激励、技术提升、规范市场和加强监管五方面举措，提高种粮主体的合理收益，控制耕地“非粮化”利用的增量。

（一）加强规划管制

一是完善规划体系，优化粮食作物和经济作物的区域布局，依据规划进行土地用途管制，将高质量耕地划入永久基本农田，提高规划的法律地位，

① 孔祥斌：《耕地“非粮化”问题、成因及对策》，《中国土地》2020 年第 11 期，第 17~19 页。

切实保障基本永久农田用于粮食生产。二是加强自然资源部门、国家林业和草原局以及农业农村部等多部门间的协同配合，自然资源部门应结合全国第三次国土调查成果，优化永久基本农田保护区规划，合理下达保护任务，林业部门的造林不得侵占永久基本农田，农业农村部应加强对“非食物化”利用种植结构的监管和整改，确保“良田粮用”。

（二）完善耕地粮食生产的经济激励机制

一是将现有的粮食补贴政策、耕地保护补偿政策和农业综合开发政策等经济激励机制与永久基本农田挂钩，[①] 加大种粮补贴力度，实现精准补贴，建立“良田粮用”的经济激励机制。二是建立“非粮化”复垦专项基金，对耕地“非实物化”种植以及“非粮化”利用的土地进行复垦，完善耕地基础设施建设，落实耕地灌溉排水设施、沟渠生态建设和水土保持等建设要求，改善有利于粮食生产的基础设施条件。三是探索建立粮食主产区和主销区间利益补偿机制，通过区域的横向补偿解决耕地保护与经济发展不协调、保护主体和受益主体之间利益不匹配等问题。

（三）技术改良提高种粮效益

一是向农业经营主体特别是种粮大户推广粮食作物优良品种，鼓励成本低、效益高的再生稻栽培和种植，降低细碎化耕地二次种植的劳动力成本，提高种粮效益和粮食生产率。二是结合不断升级的消费需求，打造本地粮食产品品牌，扩大粮食类农产品的地理标志影响力，提升产品附加值，提高种粮农民的经济效益。三是推动丘陵山区坡度较小的梯田和细碎的土地平整化，促进耕地集中，加大对小微型农业机械和农业技术服务的创新与推广，解决大中型机械在丘陵山区细碎化耕地上无法使用的问题，[②] 提高粮食生产效率和种粮综合效益。

---

① 朱道林：《耕地“非粮化”的经济机制与治理路径》，《中国土地》2021 年第 7 期，第 911 页。

② 谢花林、欧阳振益、陈倩茹：《耕地细碎化促进了耕地“非粮化”吗——基于福建丘陵山区农户的微观调查》，《中国土地科学》2022 年第 1 期，第 47~56 页。

（四）规范和完善耕地流转市场

一是设立耕地流转费指导标准，积极引导永久基本农田等粮食生产主要用地的合理市场流转，既要保障转出耕地的承包户的基本财产收入，又要防止土地成本过高可能抑制新型农业经营主体的种粮积极性。二是规范耕地流转合同，明晰流转双方的权责，将“良田粮用”作为合同条款，发挥承包经营权合同对耕地“非粮化”的约束力，以预防为主，避免事后施加管制和处罚损害耕地经营权主体的利益。

（五）建立信息化耕地动态监管机制

一是依托卫星遥感、无人机航拍、地面物联网等信息化治理手段，提高耕地“非粮化”的监测精度和频度，实施永久基本农田和粮食生产功能区全域精准管理。二是构建多部门联动的耕地“非粮化”动态监管机制和联合执法机制，重点监测耕地撂荒、种树挖塘等违法行为，严格管控占用耕地建设的景观工程、绿化工程等生态环保项目，以及工商资本大规模流转耕地的“非粮化”利用，遏制耕地“非粮化”增量。

参考文献

陈思、王守智、林依标：《精准施策破解耕地“非粮化”问题的调查与思考》，《中国土地》2022 年第 3 期。

姚贤靖：《耕地“非农化”“非粮化”工作存在问题及对策》，《农业工程技术》2022 年第 6 期。

王丽惠、赵晓峰：《“非粮化”整治的负外部性及政策优化》，《学术论坛》2021 年第 6 期。

赵晓峰、刘子扬：《“非粮化”还是“趋粮化”：农地经营基本趋势辨析》，《华南农业大学学报》（社会科学版）2021 年第 6 期。

陈浮等：《中国耕地非粮化空间格局分异及驱动机制》，《中国土地科学》2021 年第 9 期。

B.10 福建省普惠金融发展调查分析

郑海荣　程　思　王美萍*

摘　要： 本报告首先基于福建省促进普惠金融发展的政策措施，总结福建省推进普惠金融充分发展取得的成效；其次以2020~2021年福建省全省以及各设区市普惠金融发展的具体数据为基础，并结合当前福建省普惠金融领域发展的总体趋势，从信贷定价、信贷供给规模、金融产品创新、金融素养提升等方面对福建省普惠金融发展现状进行分析，进而发现福建省普惠金融发展存在的主要问题；最后针对存在的主要问题以及长期目标，提出福建省未来在普惠金融领域的发展对策建议。具体建议包括继续重点加大闽西、闽北等福建省山区区域的普惠金融建设力度；重视金融服务的可得性，给予乡村全面振兴金融支持；持续探索金融创新的有效路径，助力福建省经济高质量发展；加大金融知识宣传力度，重点提高农村居民的金融意识；关注金融风险的防范与化解，保护金融活动市场主体的利益；注重培养金融人才，提高自身造血功能，提升普惠金融服务水平等。

关键词： 普惠金融　高质量发展　助农信贷　金融改革

* 郑海荣，福建农林大学经济与管理学院、福建普惠金融研究院副教授、硕士研究生导师，研究方向为农村金融、普惠金融、绿色金融、区域金融改革等；程思，福建农林大学经济与管理学院金融硕士，研究方向为金融市场与投资；王美萍，福建农林大学经济与管理学院农村发展硕士，研究方向为农村金融。

一 引言

普惠金融是指按照机会平等这一基本要求和以商业可持续性发展为原则，以可负担的成本满足人民群众追求美好生活的金融服务需求。一般来说，在我国，发展普惠金融的行动重点是要让农户、残疾人等低收入群体以及小微企业（包括涉农小微企业）能够及时获取价格合理、便捷安全的金融服务；也为“大众创业”和“万众创新”的市场主体提供金融支持。发展普惠金融是充分实现乡村振兴和共同富裕目标的重要基石，也是高质量发展对金融业提出的新要求，为金融业发展的不平衡、不充分问题提供有效解决途径。2016 年以来，福建省按照《关于福建省推进普惠金融发展的实施意见》要求，在党中央和福建省委、省政府的积极政策引导和强有力的推动下，深入推进农村金融改革创新，加快农村普惠金融建设，福建省普惠金融发展势头整体较为迅猛，取得了良好成效。本报告主要依据 2020~2021 年对福建省各设区市的调查以及收集的相关数据，总结梳理福建省普惠金融全面发展所取得的显著成效，以便更加有针对性地提出福建省未来普惠金融发展工作的重心。

二 福建省普惠金融发展历程

福建省委、省政府始终高度重视普惠金融工作。2016 年以来，福建省农业农村厅、福建省财政厅、福建省金融工作办公室、中国银保监会福建监管局、中国人民银行福州中心支行等政府部门和金融监管机构先后颁布了多项推进普惠金融工作开展的相关文件，从政策出发对福建省普惠金融发展进行支持。自 2016 年以来福建省普惠金融推进工作中的代表性政策文件见表 1。

表1　福建省普惠金融推进工作中的代表性政策文件

颁布时间	文件名称
2016 年 3 月	中国银保监会福建监管局印发《福建银行业推进普惠金融发展行动纲领》
2016 年 5 月	福建省政府印发《福建省"十三五"金融业发展专项规划》
2017 年 10 月	福建省政府制定《关于福建省推进普惠金融发展的实施意见》
2018 年 2 月	福建省农业农村厅发布《关于大力实施乡村振兴战略加快建设特色现代农业的意见》
2019 年 3 月	福建省政府印发《关于坚持农业农村优先发展做好"三农"工作的实施意见》
2020 年 2 月	福建省委、省政府印发《福建省应对新型冠状病毒感染的肺炎疫情扎实做好"六稳"工作的若干措施》
2020 年 2 月	福建省地方金融监督管理局、福建省财政厅、中国人民银行福州中心支行、福建银保监局、福建证监局联合出台《关于进一步做好金融服务　全力保障防控新型冠状病毒感染肺炎疫情工作的通知》
2020 年 5 月	福建省普惠金融改革试验区工作推进小组印发《宁德市普惠金融改革试验区实施方案》《龙岩市普惠金融改革试验区实施方案》
2020 年 5 月	福建银保监局印发《2020 年福建银行业保险业支持乡村产业振兴指导意见》
2020 年 6 月	福建银保监局出台《福建银保监局关于宁德龙岩普惠金融改革试验区建设的指导意见》
2020 年 6 月	福建银保监局发布《关于进一步降低小微企业融资成本的意见》
2020 年 8 月	中国人民银行福州中心支行、福建银保监局、福建证监局、福建省发改委、福建省工信厅、福建省财政厅、福建省地方金融监督管理局等 11 部门印发《关于深化中小微企业金融服务　提升福建企业持续发展能力的专项行动方案》
2020 年 9 月	福建省财政厅等 6 部门联合印发《关于加快福建省农业保险高质量发展的实施方案》
2020 年 10 月	福建省政府印发《三明市省级绿色金融改革试验区工作方案》《南平市省级绿色金融改革试验区工作方案》
2020 年 11 月	福建银保监局印发《2020 年银行业保险业普惠金融服务监测评估工作方案》
2021 年 2 月	福建省政府印发《福建省加快金融业发展更好服务全方位推动高质量发展超越的若干措施》
2021 年 9 月	福建省金融工作办公室、中国人民银行福州中心支行、中国银保监会福建监管局、福建省证监局联合发布《关于金融支持疫情防控和加快促进经济发展的通知》
2021 年 9 月	中国人民银行福州中心支行出台《关于进一步落实降低小微企业和个体工商户支付手续费有关事项的通知》
2021 年 9 月	福建省金融工作办公室、中国人民银行福州中心支行、中国银保监会福建监管局、福建省财政厅联合发布《关于支持省内受新冠疫情影响地区抗击疫情专项纾困金融政策的通知》

近年来，福建省每年都会有针对性地制定推进普惠金融发展进程的工作方案、实施意见等相关文件，对充分提升福建省普惠金融水平提供政策上的支持。2016 年 3 月，福建省银保监局印发的《福建银行业推进普惠金融发展行动纲领的通知》，重点围绕普惠金融的组织体系、产品体系、服务体系、扶贫体系、消保体系和支撑体系等六大主要任务发力，以能够负担的成本满足人民群众日益增长的金融服务需求，从而实现促进福建省经济金融协调持续发展的目的。同年 6 月，《福建省“十三五”扶贫开发专项规划的通知》再次强调了福建省大力发展普惠金融、完善中小微企业以及“三农”综合金融服务体系工作的重点目标。

为扎实推进福建省普惠金融事业的高质量发展，深入贯彻落实国务院印发的《推进普惠金融发展规划（2016—2020 年）》，并结合福建省实际情况，在福建省农信联社制定的《福建农信普惠金融发展行动计划（2017—2020 年）》基础上，福建省金融办会同中国银保监会福建监管局等部门，在多方征求意见、反复论证的基础上，形成了《福建省推进普惠金融发展的实施意见》，并于 2017 年 10 月正式印发实施。2018 年 2 月，福建省农业农村厅发布的《关于大力实施乡村振兴战略加快建设特色现代农业的意见》，通过健全支持小农户发展的新机制，加大对小农户的政策倾斜，改善生产设施条件，开展多样化的联合与合作，发展面向小农户的普惠金融，从而将小农户引入现代农业发展轨道。此外，2019 年 3 月，福建省政府印发《关于坚持农业农村优先发展做好“三农”工作的实施意见》，其中着重提出通过巩固完善农村基本经营制度、深化农村土地制度和农村集体产权制度改革、发展壮大新型农业经营主体等多方面措施，鼓励和支持创新发展“快农贷、福田贷、福林贷”等多样化涉农信贷产品，鼓励和支持重点领域特色农产品期货期权品种上市，从而激发乡村发展的活力。

2020 年以来，福建省以创建宁德、龙岩普惠金融改革试验区为契机，加快推进普惠金融改革发展进程，同时力争使先进典范起到带动作用，为福建省普惠金融发展探索财政支持的新模式，以及在全省范围内分享可复制可推广的成功经验与创新成果，以更好地发挥金融资源在支小助微方面的作用，从而有力地提升福建省的普惠金融发展水平。2020 年 10 月福建省设立三明市、南平市省级绿色金融改革试验区，探索拓宽在碳达峰、碳中和目标下的绿色融资服务渠道，围绕乡村振兴推出创新金融产品。此外，2020 年福建省财政厅联合福建省农业农村厅、福建省金融办、中国银保监会福建监管局等六部门共同印发《关于加快福建省农业保险高质量发展的实施方案》，重点提出扩大农业保险的覆盖面、发展地方优势特色农产品保险、完善农业保险信息共享机制等多项提高农业保险保障水平的举措，有效提高了农业保险的服务能力，更好地满足了“三农”领域日益增长的风险保障需求。

2020 年，受到突如其来的新冠肺炎疫情冲击，为维持福建省金融市场环境的稳定性，积极促进复工复产的顺利进行，福建省出台了《福建省应对新型冠状病毒感染的肺炎疫情扎实做好“六稳”工作的若干措施》《关于进一步做好金融服务　全力保障防控新型冠状病毒感染肺炎疫情工作的通知》等多项支持文件，加大对因疫情防控而受困的企业金融支持力度，为广大人民群众提供强有力的金融服务保障。2021 年福建省金融支持疫情防控、缓解疫情冲击行动进一步取得新成效。福建省金融工作办公室、中国人民银行福州中心支行、中国银保监会福建监管局、福建省财政厅等部门印发《关于支持省内受新冠疫情影响地区抗击疫情专项纾困金融政策的通知》《关于金融支持疫情防控和加快促进经济发展的通知》，又分别设立了第三期和第四期中小微企业纾困专项资金，共计 200 亿元。四期纾困专项资金精准惠及 9900 余家企业，企业实际负担的年利率最低至 2. 35%。多项精准施政措施充分反映了福建省发展普惠金融的决心，所取得的显著成效也证明了福建省大力支持普惠金融发展的思路是正确的、可持续的。

三　福建省普惠金融发展现状

2020 年以来，福建省以创建宁德和龙岩两市国家级普惠金融改革试验区为契机，在各领域探索富有地方特色的、易让市场主体接受的、健康可持续发展的，具有“福建品牌”特色的金融普惠发展之路，取得了显著成效。本报告主要从普惠金融组织体系、金融产品、数字普惠金融、金融改革创新、利率水平、信贷规模、信贷质量、社会金融素养、金融消费者权益保护以及金融基础设施等方面对福建省普惠金融发展现状进行剖析。

1. 普惠金融组织体系不断健全

福建省参与普惠金融的机构较为丰富，包括大型商业银行、国家开发银行和政策性银行、股份制商业银行、农村商业银行和农村信用社、村镇银行等，基本构建起多元化、广覆盖的普惠金融服务网络，为普惠金融发展奠定基础。

2020 年福建省银行业金融机构基本情况如表 2 所示。

表 2　2020 年福建省银行业金融机构基本情况

机构类别	营业网点			法人机构(个)
	机构个数(个)	从业人员(人)	资产总额(亿元)	
国家开发银行和政策性银行	46	2145	8226	0
大型商业银行	2278	53638	27147	0
股份制商业银行	882	25815	51989	1
城市商业银行	262	10386	10609	4
小型农村金融机构	1934	20777	9760	68
财务公司	7	182	442	6
信托公司	2	770	289	2
邮政储蓄	1063	6504	2876	0
外资银行	34	917	666	1
新型农村机构	103	2047	380	55
其他	5	3241	586	5
合计	6616	126422	112970	142

资料来源：《福建省金融运行报告（2021）》，中国人民银行福州中心支行网站，2021 年 6 月 8 日，http：//fuzhou. pbc. gov. cn/fuzhou/126787/127175/4264154/index. html。

按照福建省委、省政府部署，中国人民银行福州中心支行系统地制定了福建省普惠金融发展实施意见及工作重点，下沉服务重心，推动形成全方位、多层次、广覆盖的普惠金融组织体系，工作机制不断完善，工作责任不断压实，普惠金融深度、广度和可持续性不断延展。福建省各大中型商业银行均已设立专门的普惠金融事业部门，中国农业银行、福建省农村信用社联合社等金融机构在乡村设立小额便民支付点、助农取款点等代理网点，解决了存款、取款、支付结算等基础性金融服务“最后一公里”问题。目前，福建省农村信用社联合社正通过“党建+金融助理+多社融合”模式，加强对当地乡村振兴的服务，通过搭建新型“一站式”农村综合服务平台，打通金融服务农户“最后一公里”，促进农业农村现代化，弥合城乡数字鸿沟，全面推进乡村振兴。

在此基础上，福建省充分发挥政治优势和区位优势，组织申报宁德市、龙岩市国家级普惠金融改革试验区并获国务院批准。宁德市自普惠金融改革试验区设立以来，率先实现普惠金融服务中心、政府性融资担保公司、防止返贫救助保障机制县域全覆盖，支农再贷款、贷款延期支持工具、信用贷款支持计划规模均居全省前列。2020 年 5 月，宁德农村商业银行与宁德蕉城区人民法院联合创新设立普惠金融纠纷调处中心，该普惠金融纠纷调处中心采用法官对接指导、法官助理深度参与的“多元互动”模式，依托金融纠纷快速处理一体化平台，有效破解当事人因各种原因无法集中进行调解的困局，为普惠金融纠纷当事人提供多途径、高效率、低成本的特色解纷模式，切实解决金融消费者在诉前调解中遇到的困难和问题，让纠纷解决在诉前。

2. 金融产品创新能力显著提高

近年来，按照福建省委、省政府要求，福建省积极营造“学金融、懂金融、用金融”的良好氛围，鼓励金融创新，丰富金融市场层次和产品，大力发展普惠金融，全面提升金融服务民生能力，拓展金融服务渠道，延伸金融服务半径，提升金融服务精准度，加强各地各部门与金融机构的合作，畅通服务实体经济的渠道，引导金融“活水”源源不断地流向实体经济。随着福建省经济发展水平不断提升，消费者的物质生活不断改善，金融市场上对创新产品的需求也在不断增加，各地各部门积极响应政府要求，引导金融机构不断创新金融服务产品，持续提升金融服务水平，加大对薄弱环节和数字、绿色、海洋经济等重点领域的金融支持力度。

福建省农村信用社联合社作为“乡村振兴主办银行”和“农村金融主力军”，全面贯彻落实党中央和福建省委、省政府关于农村要素市场化配置改革相关部署要求，推出“五福”系列信贷产品。截至 2021 年末，福建省农村信用社联合社推广的“五福”系列信贷产品达 29 款，贷款户数 74.61 万户，余额超 1500 亿元，占各项贷款余额的 1/4。同时，2021 年 12 月 15 日，福建省农村信用社联合社与兴银理财联合为福建省农村信用社联合社客群定制的首款专属主题理财产品“乡村振兴、共同富裕”上架，其具有“普惠性、长期性、稳定性”的特点，能够较好地满足城乡居民长期限投资、定期分红、风险偏好较低的理财需求，辖内 16 家法人行社“线上+线下”全渠道同时开售，拉开了福建农信探索构建适合城乡客群普惠性财富管理的序幕。

作为服务三农的国家队主力军和服务乡村振兴的“领头雁”，中国农业银行三明分行认真践行“绿水青山就是金山银山”理念，2021 年创新推出“绿色金融+绿盈乡村”模式，该项目首次将乡村生态环境指标作为主要参考依据，针对不同等级绿盈乡村设计服务产品并开展差异化金融服务。截至 2021 年末，三明市“绿盈乡村”信贷服务覆盖 97%的自然村，“绿盈乡村”贷款授信 16597 户，金额 33.58 亿元，发放贷款 13187 户，余额 22.26 亿元；绿色金融贷款余额 41.65 亿元，比年初增加 12.55 亿元，增幅 43.1%，高出全行各项贷款增幅 25.2 个百分点。

福建省内其他国有大型商业银行也相继创新金融服务乡村振兴的模式。中国邮政储蓄银行福建省分行创新金融支持创业就业模式，拓宽各类新型农业经营主体的融资渠道，创设“村委贷”“人才贷”等产品，与各地政府人社部门合作，针对农村致富带头人提供贷款优先受理、贷款门槛更低、利率更优惠、流程更简化、审批更快捷的服务。在宁德、龙岩国家级普惠金融改革试验区，中国邮政储蓄银行福建省分行创新推出了“春茶贷”“民宿贷”“海参贷”等惠农金融产品，着力对接特色农业全链条金融需求，大力支持当地优势特色农业发展。中国建设银行福建省分行针对散户缺乏有效担保物的融资难题，推出了为养殖、畜牧、种植等涉农群体量身定制的“惠闽宝”普惠产品，包括“闽禽贷”“闽渔贷”“闽茶贷”等，涉农小微主体享有50万元以下免担保、免抵押、专属利率放贷、1年期以内随借随还的优惠。

此外，作为福建资本市场的主力军和“领头羊”，兴业证券将ESG理念融入公司经营发展中，2018年率先在业内成立绿色金融部，坚定推进和实施绿色发展战略，进一步深化巩固和打造绿色金融新优势，塑造绿色证券金融品牌。2020年4月兴业证券投资银行业务总部成立碳中和行业部，正式发布了证券行业内首个绿色金融业务评价标准，同年8月又发布了证券行业内首个ESG指数——中证兴业证券ESG盈利100指数。中国人民财产保险公司福建分公司也在宁德市推出“防贫保”业务，对出现返贫风险的农村人员进行保险救助，让脱贫基础更加稳固，成效更加持续，是巩固脱贫攻坚成果同乡村振兴有效衔接的一次有益探索。

3. 金融服务效率和质量不断提升

（1）信贷供给规模不断增加，金融可得性持续提升

福建省普惠金融信贷供给规模近年来呈现持续增长的趋势。表3主要说明了福建省2020~2021年普惠领域的信贷供给规模变化情况。

2020年末，福建省普惠小微贷款余额7625.60亿元，同比增长32.4%，增速比上一年末提高0.5个百分点；普惠小微贷款户数达136.00万户，较年初增加22.8万户，涉农贷款余额为15000.00亿元，同比增长了12.2%；2021年末，福建省普惠小微贷款余额9451.70亿元，同比增长23.9%，其中个体工商户经营性贷款余额同比增长23.3%，增速较各项贷款高9.9个百分点；普惠小微贷款户数达156.46万户，较年初增加20.46万户，涉农贷款余额16464.70亿元，同比增长9.8%（见表3）。其中，农户贷款金额6012.1亿元，同比增长14.1%，同时扶贫再贷款展期操作覆盖全省23个脱贫县，展期金额为35.1亿元，绿色贷款余额4110.3亿元，同比增长40.6%。[①] 这些

① 中国人民银行福州支行网站，http://fuzhou.pbc.gov.cn/fuzhou/126797/index.html。

精准快速的行动确保了中小微经营个体受到的外部经济因素冲击得到缓冲，从而稳定省内整体金融运行环境。

表 3　2020~2021 年福建省普惠领域信贷情况

单位：亿元，万户

年份	普惠小微贷款余额	普惠小微贷款户数	涉农贷款余额
2020	7625. 60	136. 00	15000. 00
2021	9451. 70	156. 46	16464. 70

（2）融资成本明显下降

2020 年，受新冠肺炎疫情影响，农户、中小企业等客户主体都在不同程度上面临资金短缺的问题，福建省坚决贯彻党中央、国务院的决策部署，用好三项货币政策工具，落实三项纾困政策措施，优化地方融资环境。此外，福建省各地积极落实金融机构减费让利政策，从而带动福建省利率水平整体下行。图 1 展示了福建省 2019~2020 年各项贷款平均利率的变化情况。

从图 1 可以看出，近年来福建省各项贷款平均利率明显下降，2020 年福建省贷款平均利率为 5. 35%，较 2019 年下降 0. 53 个百分点，福建省农户贷款平均利率从 8. 66%下降到 7. 93%，福建省小微企业贷款平均利率从 5. 49%下降到 4. 82%，同比下降 0. 67 个百分点。其中，福建省 2020 年普惠型小微企业贷款平均利率、普惠型农户经营型贷款平均利率分别为 5. 36%、8. 10%，分别较 2019 年下降了 1. 03 个百分点、0. 70 个百分点。① 截至 2020 年末，福建省普惠小微贷款同比增长 32. 38%，1~12 月贷款利率的下降可节约福建省普惠小微融资成本 87. 5 亿元。从上面的数据不难看出，福建省整体利率水平下行明显，贷款成本的减少在一定程度上纾解了中小微企业以及农业经营个体的资金困境。

---

① 《福建省金融运行报告（2021）》，中国人民银行福州中心支行网站，2021 年 6 月 8 日，http：//fuzhou. pbc. gov. cn/fuzhou/126787/127175/4264154/index. html。

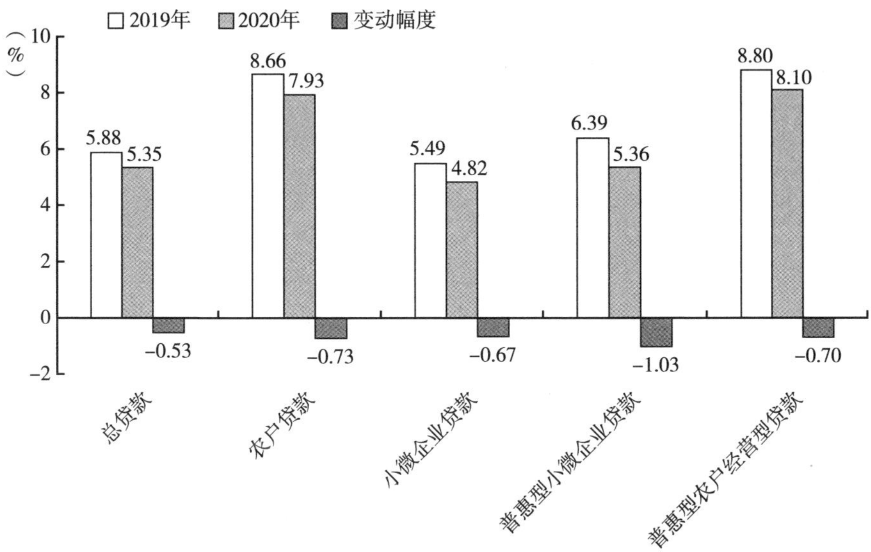

图1　2019~2020年福建省各项贷款平均利率变化

2021年以来，福建省持续深化利率市场化改革，推动利率进一步下行。以2021年为例，全省人民币加权平均贷款利率5.20%，同比下降0.15个百分点；对企业贷款利率4.32%，同比下降0.12个百分点，其中对普惠小微企业贷款利率5.08%，同比下降0.28个百分点。上述各类贷款利率水平均创历史新低。①

（3）数字普惠金融实践愈加丰富

当前，随着大数据、区块链等技术的发展，数字普惠金融已成为当前普惠金融发展的主流。福建省数字金融发展水平也在不断提升，根据《北京大学数字普惠金融指数报告》，2020年福建省数字普惠金融指数为380.13，覆盖广度为359.21，均较上年增长5.4%，超过全国各省平均值。② 近年来，福建省各大金融机构积极响应政府号召，加大对地方经济的金融支持力度，

① 福建省金融工作办公室网站，http：//jrb.fujian.gov.cn/。

②《北京大学数字普惠金融指数（第三期，2011—2020年）》，北京大学数字金融研究中心，2021年4月21日，https：//www.idf.pku.edu.cn/zsbz/515313.htm。

拓展各类经营主体的融资渠道，创新推出各类普惠金融特色产品，全方位满足各类经营主体的金融需求。

“福建金服云平台”在福建省委、省政府的直接领导下，由福建省数字办和福建省地方金融监管局联合开发，于 2019 年 5 月正式上线运营，充分运用金融科技手段破解信息“孤岛”，有效缓解民营和中小企业的融资难题。截至 2021 年 12 月中旬，由兴业银行负责建设运营的福建省金融服务云平台（简称“金服云平台”）注册用户超 16 万户，解决各类融资需求近 3 万笔，金额突破 1000 亿元，笔均不到 350 万元，其中超 90%为普惠小微贷款，普惠效应显著。

通过近两年的努力，宁德市、龙岩市国家级普惠金融改革试验区这两片“试验田”里硕果颇丰。其中作为“全国林改第一县”的龙岩市武平县，为有效破解林农融资难、融资贵等难题，在全国范围内创新推出“惠林卡”“兴林贷”两款普惠金融产品。为进一步提升金融服务质量，武平县于 2021 年 7 月上线林业金融区块链融资平台，实现林权数据上链、林农档案共享和信贷业务线上办理，有效破解了农村信用体系建设普遍存在的信息安全、共享和应用难题，也方便了林农贷款。截至 2022 年 3 月 14 日，武平县共有 10 家金融机构在平台上提供了 49 款信贷产品，754 户林农通过平台提交了融资申请，平台已成功放款给 649 户林农，贷款金额达 1.28 亿元，贷款年利率比平台外的同类贷款低 0.61 个百分点。① 而另一个国家级普惠金融改革试验区宁德，则聚焦如何盘活农村生产要素，帮助更多的农村生产主体解决生产资金需求，于 2021 年 9 月建成福建省首个农村生产要素流转融资平台，整合农村四大类 23 个品类生产要素，为农村各类生产要素提供确权、评估、交易、流转等一条龙服务。截至 2021 年底，辖区金融机构结合农村生产要素资源禀赋创新推出渔排养殖贷、渔排托管贷、仓单质押贷、民宿贷等 57 种信贷产品，支持 4.79 万户经营主体通过生产要素融资 66.99 亿元。

① 龙岩市人民政府网站，http://www.longyan.gov.cn/。

面对突如其来的新冠肺炎疫情，为确保金融服务不断档、不掉线，作为农村金融主力军、普惠金融排头兵，乡村振兴主办行的福建省农村信用社联合社积极应对、主动作为，紧跟数字经济发展大势，顺应客户需求，大力推进福农综合服务平台建设，推出“福农 e 贷”“福农快 e 贷”等线上线下相结合的产品，持续加强对手机银行、微信银行、“福农 e 政”银政直联平台的功能升级，逐步向广泛链接的场景服务平台转型，让各类经营主体都能享受到高效便捷的金融服务，大力推动乡村振兴战略发展，真正实现“让数据多跑路、让群众少跑腿”。截至 2021 年 9 月末，福建省农村信用社联合社系统手机银行客户数达 1241 万户，“福农 e 厅”为 145.3 万户客户提供点对点、全方位的远程服务，与客户同舟共济、共渡难关，全力以赴助力打赢疫情防控阻击战。

除此之外，随着数字普惠金融在福建省的发展，福建省各大涉农金融机构也纷纷利用数字科技、展业成本和风险控制等优势，不断拓展人工智能、物联网、大数据和区块链等数字技术应用场景，不断创新贴近大众需求的金融服务业态，不断满足三农、小微企业和弱势群体的金融需求，不断提升全社会金融服务的普惠性。如中国农业银行依靠大数据推出了一款免抵押、免担保、低利率的农户贷款产品——“快农贷”，快农贷全程在线上自动审查并审批贷款，同时农户还可实现线上申贷和线上放款；中国邮政储蓄银行福建省分行推出“极速贷”“小微易贷”等线上信贷产品，为中小微企业提供覆盖更广、价格更优、高效便捷的金融服务，而在提升“三农”金融服务质效方面，推出“乡农 e 贴”等助力乡村振兴的线上专项贴现产品；中国银行福建省分行、交通银行福建省分行、福建海峡银行、中国信保福建分公司也分别推出“中银企 e 贷”“线上抵押贷”“供应链 e 融资”“跨境电商+海外仓”等多样化的数字普惠金融产品，并将其提供给具有不同需求的群体。

（4）贷款质量显著提升，风险监管取得一定成效

近年来，福建省不良贷款率总体稳中有降。2020 年末，福建省银行业机构不良贷款率为 1.09%，同比下降 0.04 个百分点；不良贷款余额 654.45

亿元，比年初增加 54.46 亿元。到 2020 年末，福建省银行业机构逾期 90 天以上贷款占不良贷款的比例降至 100%以内。2021 年，福建省不良贷款率下降至 1.04%，同比下降 0.05 个百分点；不良贷款余额较福建省“十二五”金融业发展专项规划时期减少 177.65 亿元。通过数据能够看出，福建省信贷资产风险显著降低，信贷质量明显提升。虽然福建省信贷质量的各项指标与 2019 年相比均有所改善，但与全国平均水平相比还有待进一步加强。其中，截至 2020 年末，全国普惠型小微企业不良贷款率为 1.16%，而福建省普惠型小微企业不良贷款率为 1.46%，高出全国平均水平 0.3 个百分点。因此，政司银企保应形成合力，继续采取如“控新化旧”“一企一策”等措施遏制不良贷款，降低不良贷款率。

图 2 为 2019~2021 年福建省整体不良贷款率的变化情况。

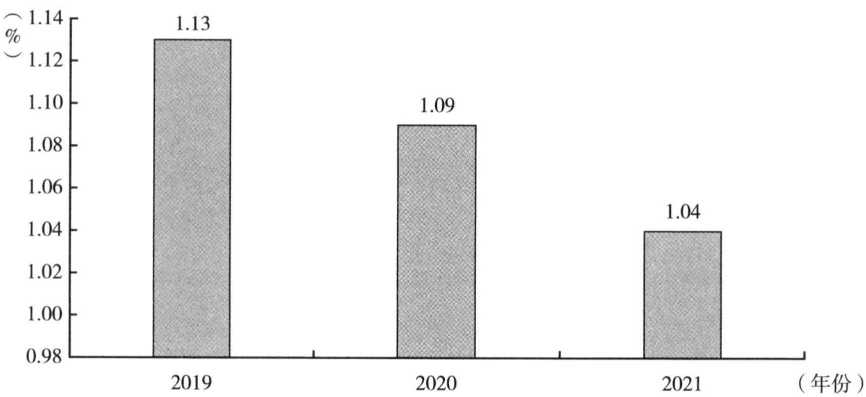

图 2　2019~2021 年福建省整体不良贷款率

此外，福建省不断加大监督管理力度，以维护公平、公正、诚信的金融市场环境。2020 年，福建银保监局出台《2020 年银行业保险业普惠金融服务监测评估工作方案》，进一步评估、引导、督促和鼓励银行保险机构持续提升普惠金融服务水平。2021 年，福建银保监局不仅印发了《福建银行业保险业机构类和业务类行政许可及后续管理工作细则》《关于辖区银行业金融机构和保险公司市场准入报告类、备案类事项管理有关工作的通知》等指导性文件通知，而且还联合公安、司法、市场监管、地方金融等部门协调联动，形成合力开展不良代理投诉举报专项工作。福建银保监局还与福州市中级人民法院联合举行“福州金融纠纷联动化解中心”揭牌活动，形成“咨询+投诉+调解+裁决+诉调对接+公调对接+快审速裁”的一站式、多元化、全流程、全覆盖的线上线下一体化金融纠纷诉非联动、多元化解福州模式，努力促进金融纠纷依法、公正、高效解决。2021 年福建省地方金融监督管理局印发《福建省金融管理局 2021 年度双随机抽查工作计划》，同年 5 月，福建省重点在宁德、三明两地开展对融资担保公司、典当行双随机现场检查，检查合规经营情况，其中详细了解财务指标和利润指标变化情况，及早发现问题以便早介入和早处置，同时总结可推广可复制的成功经验以便在全省范围内推广；各地金融监督管理局（金融办）也认真落实《福建省金融管理局 2021 年度双随机抽查工作计划》，结合各地具体实际情况，自行组织开展双随机抽查工作。

4. 消费者金融素养稳步提升，消费者权益保护成效显著

（1）社会公众整体金融素养稳步提升

福建普惠金融研究院 2021 年的调研数据显示，因受新冠肺炎疫情影响，2020 年福建省金融知识进校园、社区和乡村的平均数量为 41.84 次，同比下降 47.50%；全省金融知识得分 6.50 分、金融行为得分 7.17 分，与 2019 年相比金融知识得分下降 4.27%、金融行为得分增长 8.47%。

2017 年，福建省率先在全国开展福建省高校“金融知识校园行”等“三行活动”，至今各地仍持续开展多样的金融知识普及宣传教育活动，指导金融机构针对不同地区、不同群体设计差异性的宣传普及方案，线上线下渠道有机联动，持续开展金融知识宣传和咨询服务活动。

2021 年以来，福建省各金融机构引导组织辖区内各党支部党员、金融助理组成“金融巧匠服务小分队”走进田间地头、工厂园区，开展“金融夜校+农技知识+多社融合助力乡村振兴”活动，向农村居民普及党史知识、法律知识、农技知识、金融知识，为群众获取知识、获取资金、脱贫致富搭建平台，为乡村振兴“充电赋能”，有助于金融服务“最后一公里”问题的

解决。

2020 年，为构建金融知识普及长效机制，打造金融知识宣传教育阵地，推进常态化金融教育，中国人民银行福州中心支行以宁德福鼎为先试先行地区，福建省首家金融消费者教育基地正式揭牌成立。该金融消费者教育基地配套设立了互动交流、产品展示、模拟体验和专家讲座 4 个功能区域，涉及金融消费权益保护、防范电信诈骗等 12 个板块，共计 22 万字的金融知识与政策法规可供现场教学和线上自学。同时，借助 VR、智能机器人等电子设备，通过手机扫码即可实现征信查询、ATM 自助服务等，帮助金融消费者在接受金融服务的同时获得有针对性的金融知识。

龙岩市通过传统媒体、新媒体、微沙龙、知识讲座、志愿服务队等多种形式为新市民群体普及金融知识，积极发挥龙岩数字普惠金融服务平台、龙岩市普惠金融服务中心、龙岩市普惠金融服务馆、闽西工农银行旧址等宣传阵地的作用，将金融知识与龙岩红色金融史相融合开展宣教，持续深化普惠金融“百千万”工程，依托现有普惠金融学校、普惠金融工作站、普惠金融助理，加强日常金融知识普及和宣传，常态化开展金融消费者权益保护、反洗钱、反假币、防骗反诈、防范非法集资等宣传教育，潜移默化提升市民的金融素养，有效推进信用环境建设。此外，龙岩市还将金融知识进校园作为推进国家级普惠金融改革试验区建设的重要内容，中国人民银行龙岩市中心支行与龙岩市教育局建立金融知识教育长效机制，在全市 7 个中小学生综合实践教育基地开展金融知识教育，逐步将金融基础知识教育纳入中小学校本课程，为义务教育阶段跨学科融合金融素养教育提供有力支撑，成功搭建起金融机构与中小学校园之间的宣教平台。

（2）消费者权益保护措施成效显著

福建省积极推进金融消费者权益保护行动，投诉处理工作机制逐渐完善。2020 年以来，中国人民银行福州中心支行持续畅通金融消费者投诉咨询渠道，共受理金融消费者投诉 1015 件、咨询 3258 件，办结率 97.3%、满意率 87.6%。持续完善金融纠纷多元化解机制，累计建立 32 家金融纠纷调解组织，开发金融消费纠纷调解网络申请平台，建立专门的网络调解室，扎实推进金融消费权益保护评估与监督检查；加强金融广告治理，并以泉州市为试点开展民间投融资机构营销宣传专项整治行动；持续推进金融知识纳入国民教育体系；组织开展金融知识宣传活动，累计开展活动 7000 多场次，发放宣传材料 165 万份，线上渠道点击量超过 140 万次。

福建银保监局、中国农业银行福建分行等金融部门以民生关切为金融普惠服务的出发点和落脚点，高度重视金融消费者权益保护工作，切实保护金融消费者的财产安全权、信息安全权、公平交易权、知情权等基本权利，为金融消费者防范化解金融风险提供强有力的保障，营造诚实守信的金融普惠生态环境。近年来，福建省保护金融消费者权益取得显著成效。2021 年，福建银保监局共接听消费者来电超 6.2 万通，处理投诉案例超 1.3 万起，有效维护金融消费者经济利益近 6000 万元；健全金融消费者保护机制，持续规范银行业收费，全年共取消 200 多项收费项目，减轻企业负担约 25 亿元，超 251 万户企业受惠。① 同时，联合福州中院在福建省银行业保险业消费者权益保护服务中心设立巡回法庭，联合省台办设立全国首家涉台金融纠纷争议解决服务中心，推动全辖消保中心入驻各级法院调解系统平台，为金融消费者拓宽高效便捷的纠纷救济渠道，以维护普惠金融秩序，保障金融普惠在福建省有序健康、高质高效发展。

5. 金融基础设施显著改善

近年来，福建省信用体系建设工作不断深入，进一步强化了金融机构的贷前审核以及贷后管理工作规范，切实提高了金融机构的信贷质量，加强防范地区金融风险，从而促进地区经济稳健发展，进一步改善农村信用环境，提升工作实效以及工作效率。

首先，福建省金融信用信息基础数据库稳定运行。截至 2020 年末，福建省金融信用信息基础数据库收录福建省企业以及其他组织 168.74 万户，

① 中国银行保险监督管理委员会福建监管局网站，http://www.cbirc.gov.cn/branch/fujian/view/pages/index/index.html。

提供企业信用报告查询约139万笔；分别为政府部门推优评先和司法机关案件办理提供企业和个人信息查询5885笔和2344笔。福建省共部署个人信用报告自助查询机280余台，为社会公众提供便捷查询246万笔，逐步扩大接入金融信用信息基础数据库的机构类型和信息采集范围。截至2020年末，福建省已有184家接入机构，为福建省信贷发放的前期审查、中期回访以及后期监督奠定了较为完善的信息数据基础。

其次，继续深入贯彻落实福建省人民政府《福建省建立完善守信联合激励和失信联合惩戒制度加快推进社会诚信建设的实施方案》，不断推广福州市、厦门市和莆田市作为社会信用体系建设示范城市可复制可推广的经验，充分发挥守信激励和失信惩戒的金融联动作用。截至2020年末，金融机构在全省范围内共享信用激励信息1341笔和信用惩戒信息728笔，[①] 使金融风险防范与金融联合惩戒得以强化。除此之外，福建省持续推进农村信用体系建设，聚焦脱贫攻坚和普惠金融。2020年末，福建省已为680万户农户建立信用档案，并对已建档的351万户农户累计发放贷款11240.51亿元；推动福建省农村信用体系对建档立卡贫困户实现全覆盖，助力贫困户全部脱贫；重点指导宁德、龙岩开展普惠金融改革试验区信用体系建设工作，积极创建“普惠金融信用乡镇和信用村”，已评选出普惠金融信用乡镇12个和普惠金融信用村252个，引导金融机构与信用村签署整村授信合作协议，巩固信用创建成果，服务乡村振兴。

最后，福建省稳步推进中小微企业信用体系建设，持续改善企业信用生态，重点指导泉州、南平两市因地制宜开展中小微企业信用体系建设并取得明显成效。中国人民银行泉州市中心支行推动品尚征信、泉州农商银行联合开展“小微征信贷”试点，截至2020年末，累计为3052户复产复工企业授信6.41亿元，用信5.16亿元；中国人民银行南平市中心支行积极开展信用工业园区创建，截至2020年末，南平市已评定126家园区信用示范企业，

① 《2020年度福建省金融稳定报告》，知网百科，https://xuewen.cnki.net/CJFD-FJJR202106002.html。

使其优先获得银行信贷授信约 151 亿元，银行承兑汇票授信约 19 亿元，节约融资成本约 1.7 亿元，成功将信用转化为生产力。

此外，福建省顺应数字技术发展的趋势，不断加强数字金融基础设施建设。一方面，福建省规范村集体资产股权质押贷款线上申请和审批流程，推动相关信贷档案电子化、信息化管理，实现村集体资产股权数据资源归集、信息共享同步。农信社基层网点和产权登记主管部门只需登录该系统，便可实现农村集体资产股权信息查询、贷款申请、股权登记、质押审批等“全链条”办理。另一方面，福建省推进了村集体资产股权质押登记便民化、高效化，既为乡（镇）乡村振兴服务中心工作人员提效减负，又为农户提供农信线下网点“最多跑一趟”的“一站式”服务。同时，“福建农信模式”有效提高了农信网点服务和获客能力，有助于推进网点业务交叉营销，实现网点业务全面发展。自 2021 年 8 月农村产权制度改革系统上线以来，永定联社通过该系统为 210 位客户发放了 1143 万元股权质押贷款。在数字金融基础设施建设方面，福建省借助云计算、区块链等技术不断加强数字金融基础设施建设，助力数字金融可持续发展。已获批创建国家级普惠金融改革试验区的宁德市和龙岩市，充分发挥自身优势，努力成为数字普惠金融示范的典型案例。宁德市依托小微企业信息平台，通过“网上办、掌上办、马上办”的方式，为企业融资提供高效便利的金融服务，助力宁德经济高质量发展；截至 2021 年末，“信易贷”入驻 24 家银行，发布融资产品 95 个，成功授信 2457 笔，金额达 94.07 亿元，位居全省第 。龙岩市依托数字普惠金融服务平台，采取线上线下有机融合方式，为金融消费者提供高效优质服务；截至 2021 年末，龙岩数字普惠金融服务平台与 35 家金融机构有效对接，发布需求 4329 笔，成功对接 3495 笔，授信 15.39 亿元。①

6. 普惠金融改革试验工作有序推进

自 2019 年设立宁德、龙岩普惠金融改革试验区以来，福建省不断纵深推进普惠金融改革试验区工作，试验区成果显著。宁德试验区率先实现普

① 福建省金融工作办公室网站，http：//jrb.fujian.gov.cn/。

惠金融服务中心、政府性融资担保公司以及防止返贫救助保障机制在县域的“三个全覆盖”，支农再贷款规模居福建省前列。龙岩普惠金融改革试验区则在福建省率先推进首贷培植专项行动，深入推进金融支持乡村振兴“986 工程”，主要金融指标均已达到总体方案要求。为确保“基础金融服务不出村”，福建省已成功完成对金融改革试验区农村普惠金融服务点的标准化升级改造，截至 2021 年末，宁德和龙岩两市分别建有普惠金融服务点 2075 个和 2154 个，为村村享有普惠金融服务奠定了物质基础。此外，宁德市积极创建普惠金融信用，在全国首创“海上信用渔区”，依托福鼎产业特色，创建白茶大数据溯源平台，收集从事茶业生产经营主体的相关数据，建立数据库。截至 2021 年末，福建省共创建 17 个海上信用渔区，为普惠金融提供更加便捷高效的服务。龙岩“台湾农民创业园信用园区”为福建省首创，颁发首批台商、台胞金融信用证书给 17 家台商和 13 位台胞，给予其 1.4 亿元的授信。全力推进“986 工程”（即高于 90%的示范村农户建档面、高于 80%的授信面、不高于 6%的贷款利率），力争占比高于 60%的信用贷款、不低于 60%的用信面。截至 2021 年末，龙岩市累计创建 159 个示范村。

2020 年，福建省人民政府办公厅印发《三明市省级绿色金融改革试验区工作方案》以及《南平市省级绿色金融改革试验区工作方案》，目的是打造具有福建特色亮点的绿色金融服务体系，2021 年成功推广首批共 5 项可复制创新成果。三明市发放全国首笔林票质押和林业碳票质押贷款，凭借“绿色金融+绿盈乡村”的服务模式成为 2021 年中国银行业协会服务乡村振兴的典型案例；南平市落地全国首单“碳汇质押+远期碳回购”和首单“科特贷”业务，并首创“一元碳汇”项目。在绿色金融改革试验区创新工作的支持下，2021 年福建省绿色信贷资金增长约 1173 亿元。截至 2021 年末，福建省绿色信贷余额 4110 亿元，绿色信贷资产质量整体良好。截至 2021 年末，福建省绿色信贷不良率仅 0.04%，不良率远低于其他商业银行。表 4 展示了部分宁德市、龙岩市普惠金融改革试验区以及三明市、南平市绿色金融改革试验区可复制可推广成果。

表 4　福建省金融改革试验区可复制可推广成果

城市	时间	成果
宁德市	2021 年 2 月	“担保云”线上平台、渔排养殖贷、信用村镇建设
	2021 年 5 月	“福海贷”、普惠金融纠纷调处中心
	2022 年 1 月	农村生产要素流转融资服务机制、“快处快赔 121”服务中心
龙岩市	2021 年 2 月	普惠金融惠林卡、“三农”综合保险及其升级版、供销助农风险补偿机制
	2021 年 5 月	金融支持乡村振兴“986 工程”、林业金融服务体系
	2022 年 1 月	数字普惠金融服务平台、普惠金融 · 福农驿站
三明市	2021 年 7 月	银行保险机构绿色金融服务中心、电力绿色贷、海峡股权交易中心首单 VCS 林业碳汇交易
南平市	2021 年 7 月	绿色转型贷、林业碳汇贷

自普惠金融改革试验区以及绿色金融改革试验区获批以来，福建省先后推出了多个可在全省范围内进行推广复制的创新成果。自宁德市“担保云”线上担保服务系统上线以来，宁德市政府性融资担保机构已通过该系统办理业务 1024 笔，担保总金额 7.58 亿元，纳入管理业务 19229 笔，总金额达 23.15 亿元；在渔排养殖贷的基础上继续探索农村产权方案，将该模式推广到其他领域。龙岩市创新推出并持续优化以覆盖面广、保费低为主要特点的“三农”综合保险，率先实现“三农”保险全市覆盖，风险补偿机制的完善也提高了普惠金融的包容性，加大了对农户的信贷支持力度。

综合上述情况分析，福建省各设区市普惠金融平稳、健康、有序发展，有效助力实体经济与金融平衡高质高效发展；为进一步畅通融资渠道，福建省各设区市普惠金融机构借助大数据平台、云计算等现代科技手段实现信息共享，提高金融资源配置效率，促进金融供给渠道畅通，促进金融机构尤其是农村金融机构数字化转型，在充分降低金融服务门槛、匹配更多不同客户群体的不同需求以及推动扩大普惠金融覆盖范围等方面都产生了重要影响。

四 福建省普惠金融发展存在的主要问题

1. 普惠金融发展过度依赖政府，自身造血功能不足

福建省普惠金融发展历程及其自身特点说明要推进其发展应遵循“政府引导、市场主导”的原则，保持政府“有形的手”与市场“无形的手”之间的协调和平衡。虽然近年来国有企业改革逐步缩减了国有企业的数量，但在金融领域，国有金融机构占多数。金融业不同于制造业和服务业，其自身有自我膨胀的冲动和倾向，一旦金融机构由政府主导，背靠政府信用，占有资源、资金、权利等特权，自身的扩张就更具有便利性和顺周期性。由于有政府信用的背书和资源，政府控制的金融企业不仅难以通过市场实现“优胜劣汰”，而且还对市场化的金融机构具有一定的挤出效应。

因此，市场才是普惠金融发展的主导力量，而政府应在其中扮演“引导者”的角色，发挥政策支持、宣传推动、统筹协调等方面的作用，引导多方联动、协同配合，探索多元共赢和商业可持续的普惠金融模式。夯实产业带动、创业就业、社会诚信、政策配套等普惠金融发展的根基，实现社会效益和经济效益的统一。注重普惠金融与实体经济的紧密结合、正向联动，以普惠促发展，以发展带普惠。

2. 普惠金融产品同质化严重，创新能力不足

目前福建省在普惠金融产品供给方面准备比较充分，但在产品创新方面能力比较薄弱，即便金融机构自身在不断丰富和完善，大部分信贷产品仍处于同质化状态，在部分县域金融创新仍难以满足不同规模市场、不同产业特征客户的多样化、差异化金融需求。

一方面，目前福建省各大金融机构在普惠产品的营销上并无行业统一的利率定价，因此在营销过程中，容易出现“利率战”和抢挖现象，使企业融资结构不稳定，或出现盲目扩张的行为。另一方面，各大金融机构为响应国家政策都加大了对县域普惠金融的投入力度，研发相关产品，虽然在一定程度上推动了农村经济的发展，但也增大了金融机构之间有关普惠金融业务的竞争。迫于竞争压力，它们互相学习借鉴，所以其研发的产品都集中于一般层级，对于一些特定层级涉及不够，即现有普惠金融平台上的产品大多偏向提供小额贷款或者作为中介撮合资金供求，并没有针对农村地区发展现状和农民的实际需求推出具有惠农性质的金融产品。同时，部分农村地区居民收入达不到大部分金融服务的门槛，对金融产品也不够了解，很难找到适合自身的数字普惠金融产品。针对该部分群体的现实需求，在数字普惠金融发展中应该有针对性地开发金融产品，实现以产品带动需求，促进农村地区数字普惠金融发展，从而带动农村地区整体经济发展。

3. 农村产权交易市场不完善降低了金融机构对农村产权抵押贷款的积极性

长久以来，农村产业发展都存在融资难的问题，其主要原因是缺乏融资渠道以及融资资质难以被认可。福建省自 2015 年启动农村集体产权制度改革以来，已全面完成全省农村集体资产清产核资，大部分地区已建立农村产权交易平台，但大部分的农村产权交易平台形式较为单一，缺乏良好的市场交易功能，只有一些区域性农村产权交易市场体系是有交易和流转产权作用的。

除此之外，农村产权交易市场在运行过程中还存在以下问题：一是农村各类生产要素不同程度地存在确权工作整体进度缓慢的现象，很多农村生产要素产权权属不清晰导致其无法得到有效评估、定价、处置，而被金融机构拒之门外；二是农村产权交易的规范性无法保证，农村整体信用环境建设滞后导致大多数经营主体缺少正确的信用观念，随意性大，同时农村各类生产要素的流转关系长期具有不稳定性，收益波动性较大，这些因素都直接影响了金融机构发放抵押贷款的意愿；三是金融机构对农村以各类生产要素作为抵押物的处置困难，流转渠道受阻，产权交易不顺畅，不利于金融机构获得清偿。

4. 农村基础设施不完善及“数字鸿沟”存在，造成数字普惠金融非均衡发展

当前，福建省城市基础设施建设较为完善，但农村地区仍缺少相应的清算支付、信息通信等配套基础设施。多样化的农村数字金融基础设施是打通金融服务“最后一公里”的必要条件，是金融科技得以应用、金融服务得以

推广的重要支撑。近年来，虽然福建省积极推进“光纤宽带下乡入村”行动，但仍有一些道路交通、通信网络等基础设施不完善的偏远山区的客户无法获得高效便捷的数字普惠金融服务，其金融需求无法得到满足。

在数字普惠金融发展的过程中，“数字鸿沟”问题也开始凸显。“数字鸿沟”会带来新的金融排斥，导致一些特殊群体无法享受普惠金融带来的实惠。一方面是缺乏数字技术的使用，把没有互联网覆盖的偏远山区、无法有效接触和使用数字技术的老年人及一些文化程度较低的人群等排斥在外；另一方面是缺乏金融素养，即一些缺乏金融知识的人群会在心理层面上排斥数字普惠金融服务。2020 年福建省消费者金融知识得分为 6.50 分，同比下降 4.27%，说明福建省消费者在了解、认识相关基础金融知识方面还有待提高。

5. 福建省普惠金融区域发展不平衡现象仍存在

普惠金融发展的区域不平衡现象较为明显，沿海城市的普惠金融发展水平普遍高于内陆城市，且沿海各个区域也有差异。福建省的沿海城市不论是在政策、经济、地理位置还是在金融资源上都具有相对优势，其经济社会发展较为充分，普惠金融水平较高，这些沿海城市主要分布在闽东、闽南地区。与沿海城市相比，受交通和资源约束的内陆城市信息收集、传递、接收和运用少，因此普惠金融水平较低地区大多分布在闽西、闽北地区。

五　福建省普惠金融发展的工作重点

目前福建省经济正处在高质量发展的关键期，自 2020 年新冠肺炎疫情发生以来，普惠金融的供需矛盾加重，整体经济运行面临较大压力。中小企业恢复经营的能力有所下降，居民消费信心受挫，对金融机构信贷的支持意愿下降。为提高中小企业恢复经营的能力，增强居民的消费信心，福建省有责任有义务降低普惠金融交易成本，推进普惠金融服务下沉，扩大普惠金融活动覆盖面，使普惠金融主体充满活力，从而推动福建省经济健康高质发展。

根据前文的相关分析，针对福建省普惠金融发展存在的问题，结合福建省经济发展现状，本报告提出福建省普惠金融未来的工作重心。

1. 应重点加大对闽西、闽北地区的普惠金融支持力度

福建省内陆山区的普惠金融总体发展水平虽有显著提高，各维度指标也表现出增长的趋势，区域间金融服务的不平衡性在不断缩小，但相较于福建省沿海地区，闽西、闽北等地区的金融服务水平相对较低。因此，更加重视该地区的普惠金融基础设施建设，助力降低地区发展的不平衡性和不充分性，助推普惠金融服务覆盖重点领域和薄弱环节。为此，应有针对性地制定符合福建省山区发展的调控政策，为农村金融机构的金融产品和服务提供政策支持，增强闽西、闽北的发展信心；不断加大对小微企业、“三农”业务的金融支持力度，如进一步放宽小额信贷发放条件、简化小额信贷流程、适当降低小额信贷利率以及在满足一定条件下适当延长小额信贷还款期限等，从而有效解决当地“融资难”“融资贵”等问题，有力助推福建省重点领域和薄弱区域高效优质发展。

传统金融机构不仅要坚持传统的金融服务方式，而且要与时俱进，有针对性地提供智能化服务。因此，传统金融机构要不断升级数字金融服务，加大硬件基础设施建设。此外，政府及相关农村金融机构可以在福建全省分享宁德、龙岩两地金融改革试验区可推广、可复制的金融创新经验和创新成果，以高水平发展地区带动低水平发展地区，实现福建省普惠金融均衡发展。此外，各级政府应持续引导普惠金融下沉发展，在引导性政策机制作用下构建一个全方位、多层次的普惠金融生态体系，进而提供全方位、灵活、稳定、便捷的金融产品，向具有不同金融需求的经济体提供服务。

福建省不仅要全面持续推进普惠金融优质高效发展，而且要根据福建省各地特色，充分发挥金融的普惠作用。例如，在地方特色产业方面，如龙岩市的“八大珍”和“八大鲜”特色产品，宁德市“8+1”产业特色布局，创新推进信贷产品和保险项目，实现“产业特色+信贷模式/保险产品”的目标，不断为两地经济高质量发展注入活力。在历史文化特色方面，借助老苏区红色资源丰富的特征，创新普惠金融与红色文化有机融合的发展理念，通过金融支持特色教育基地和普惠金融学校创建，以更有效的方式发挥金融教

育优势，帮助两地市场主体掌握更加丰富的金融知识，增强两地市场主体的金融风险意识，从而发挥两地在全省范围内的普惠金融示范作用。

2. 重视金融服务的可得性，给予乡村全面振兴金融支持

金融支持是助力乡村全面振兴的重要力量，但引起金融排斥的因素不可忽视，其中一个重要因素是金融可得性。衡量该地区金融可得性主要看该地区获得金融服务的难易程度、金融机构为该地区提供服务的能力，以及金融基础设施的完善程度。

要提高农村地区普惠金融的可得性，就要加大对该地区金融基础设施的建设力度，尤其是对相对落后的、交通不便的农村薄弱地区，更应该制定持续有效的金融供给机制，以提高农村金融服务的可得性，解决农民融资难、融资贵的问题。其中，大中型商业银行要根据自身的业务特长，通过拓宽农村金融服务内容的覆盖面、提高农村金融服务网点的覆盖率、降低农民金融准入门槛等举措，提高农村地区金融服务的可得性、满意度。

在稳定农村市场和严格控制风险的基础上，应当积极鼓励支持多元化的农村金融机构开展良性合作与竞争，在合作中竞争，在竞争中合作，共同推进农村金融市场的健康有序发展。

3. 持续探索金融创新的有效路径，助力福建省经济高质量发展

福建省经济高质量发展离不开普惠金融强有力的支持。福建省需要持续探索金融服务的创新模式，提供更加丰富的金融产品和金融服务，更好地满足人民追求美好生活而日益增长的金融服务需求。

现如今互联网、云计算、大数据等现代科技手段快速发展，为金融创新提供了优质载体，这就要求金融机构加强运用现代信息技术，把这些现代信息技术融入金融服务中，创造出新的服务模式、新的业务流程和新的金融产品。同时，在法律许可的范围内，运用信息技术与客户保持有效沟通，以便更加精准、有效地满足客户多样化和多层次的需求，保障金融业更加健康有序地发展。

此外，数字技术对推进农村普惠金融发展发挥重要的作用，有利于创建良好的农村金融生态环境，有利于促进农村经济发展，为实现共同富裕提供

有力支撑。因此，农村金融机构要科学运用数字技术，把数字技术和金融普惠有机、深度融合，降低金融普惠风险与成本。与此同时，应积极完善农村金融机构数字化转型配套机制，加强农村互联网基础设施建设，大力推进各地与优秀科技公司合作，鼓励企业设立金融科技研发机构，开展金融科技基础研究和应用研究，促进各地金融资源共享、平台共享、风险共防，运用科技手段拓展数字金融新技能。

4. 加大金融知识宣传力度，重点提高农村居民的金融意识

为使广大人民群众掌握一定的普惠金融知识，提高广大人民群众的资金安全意识和依法维权能力，福建省应结合地方实际情况，积极开展普惠金融知识宣传活动，重点加强对农村居民的宣传。

由于受到整体社会环境以及文化教育水平的限制，我国广大农村居民相对缺乏普惠金融知识和资金安全意识，易受他人的诱导而产生不必要的资金损失。因此，政府应主动联合金融机构，采取线上线下相结合的宣传方式，例如，线上以网络和新媒体为抓手，通过微信群、公众号等网络手段，宣传普惠金融知识；借助图文、美篇等方式，助力广大人民群众掌握普惠金融知识。线下以村镇为阵地，通过开展专家讲座、举行有奖金融小游戏、发放金融知识宣传册等丰富多彩的活动形式宣传普惠金融知识；这些活动不仅使农村居民深刻理解了金融知识，而且也增强了其对金融领域的兴趣，从而有效消除了其对普惠金融的误解，推动普惠金融高质量发展。

5. 关注金融风险的防范与化解，保护金融活动市场主体的利益

近年来，在福建省委、省政府领导下，在地方各级政府的指导下，在福建广大人民群众的支持下，在金融机构的不懈努力下，福建省总体及各地区的普惠金融水平均在持续提高。但福建省不能只追求短期的“漂亮”数据，而忽视了对金融风险的防范与化解。因此，福建省要居安思危，增强忧患意识，切实采取有效措施，确保市场金融活动主体的利益不受损。

各级政府既是资金需求者，也是资金管理者，要积极主动扮演好资金管理者的角色。要按照上级的决策与部署，结合普惠金融在福建各地区进展的实际情况，研究制定科学防范化解金融风险的政策，进一步完善处置金融风

险的机制，充分利用各类资源，积极发挥“财政+金融”作用，精准有效施策；加快社会信用体系建设，健全失信联合惩戒机制，及时纠正违法违规行为，从而优化普惠金融生态环境。

金融机构是沟通资金供求双方的桥梁。金融机构在防范和化解金融风险方面，要树立正确的风险观，提高自身防风险能力，这就要求金融机构具有应对风险的主动性和可预见性，在金融风险走向市场之前将其消除。此外，企业和个人也是普惠金融的主要参与者，应积极主动防范化解金融风险，科学合理利用融通资金，提高金融风险意识，自觉维护自身的资金安全。

6. 注重培养金融人才，提高自身造血功能，以提升普惠金融服务水平

人才是第一资源，普惠金融持续健康发展需要培养高素质的金融人才。政府部门应制定相关政策，支持和激励金融人才，同时要求金融人才恪守职业道德。

金融人才的培养，关键要靠教育。为适应经济社会发展的新需要，各高校金融专业教育应及时更新金融学科知识体系，积极培养综合素质较高的复合型金融人才。此外，金融机构是金融人才施展才能的重要舞台。金融机构要让金融人才的金融知识有受实践锤炼之地，因此，要提供更广阔的交流平台，以提升其应对复杂多变的金融市场的能力。

培养高素质的金融人才有利于金融资源的合理配置，提高金融风险管理效率，促进福建省金融业健康可持续发展。

参考文献

王永珍：《我省金融支持实体经济能力显著提升》，《福建日报》2022 年 1 月 27 日。

林阿玲、李良忠：《武平县林业金融区块链融资服务平台入选》，《闽西日报》2022 年 3 月 15 日。

陈容：《资源变资产　发展增动力》，《闽东日报》2022 年 6 月 20 日。

陈衍水、杨瞰焱：《福建银保监局　构建和谐金融消费生态环境》，《农村金融时报》2022 年 3 月 28 日。

刘凡等:《创新接地气　种好“试验田”》,《金融时报》2021 年 11 月 5 日。

燕翔、冯兴元:《农村中小银行的经营效率研究——基于 DEA-BCC 模型和 DEA-Malmquist 指数模型的分析》,《金融监管研究》2021 年第 11 期。

方亚丽:《让金融活水更精准流向实体经济》,《当代贵州》2020 年第 26 期。

陈明荣、罗忠沂、樊巾:《金融支持脱贫攻坚与乡村振兴衔接的探索与实践》,《甘肃金融》2021 年第 8 期。

金融稳定分析小组、单强、于松柏:《2020 年度福建省金融稳定报告》,《福建金融》2021 年第 6 期。

杨昕辰:《福建省多措并举　推动普惠金融改革试验区创出成效》,《金融世界》2020 年第 12 期。

B.11
福建省农村垃圾治理情况调查分析

施生旭　游忠湖*

摘　要： 福建省素有“八山一水一分田”之称，广大乡村地区处在“八山”之间，其农村垃圾治理的情况、特征和所面临的治理难点具有特殊性，需要探索一条合适的治理路径。本篇报告对福建省龙岩、三明、南平、宁德四个地区部分村庄的305位村民进行实地调研，结果显示乡村整体社会资本情况一般，特别是村民社会声望较差，其他维度社会资本处于中上水平，村民个体社会资本要强于乡村集体社会资本；村民整体参与垃圾治理的水平较高，部分村民参与垃圾治理的水平较低。

关键词： 乡村治理　社会资本　垃圾治理　福建省

一　调查区域概况

福建省的龙岩、三明、南平和宁德四地市都是经济欠发达地区，处于福建东南丘陵核心地带，自古道路阻塞、交通不便，是福建“八山一水一分田”的集中体现，它们相较于福建沿海地区经济落后，乡村发展也较为缓慢。其中龙岩市位于福建省西部，是闽南沿海连接内地的交通要道，在地

* 施生旭，博士，福建农林大学公共管理学院副教授，硕士研究生导师，研究方向为公共管理与公共政策；游忠湖，福建农林大学公共管理学院硕士研究生，研究方向为环境治理与公共政策。

理位置上具有较大优势。龙岩市地势由东北向西南倾斜，呈东高西低状，平均海拔460米，山地丘陵占全市总面积的94.83%。且该地森林资源丰富，是福建省三大林区之一。而三明市位于福建省西部和西北部，境内以中低山及丘陵为主，西北部为武夷山脉，中部为玳瑁山脉，东南角依傍戴云山脉。峰峦耸峙，低丘起伏，溪流密布，河谷与盆地错落其间，全境地势总体呈西南高、东北低。截至2020年底，三明市林地面积189.93万公顷，占土地总面积的82.7%，森林面积180.8万公顷，森林覆盖率78.73%，森林蓄积量1.86亿立方米，林分平均亩蓄积量8.5立方米，位居福建省各设区市第一。南平是福建辖区面积最大的设区市，具有典型的“八山一水一分田”特征：低山丘陵分布广，山峰陡峭，断层崖、断裂谷等断层地貌分布广。南平市为我国南方重点集体林区，森林资源丰富，素有“绿色金库”“南方林海”之称，森林覆盖率78.89%，居全省第二，森林蓄积量1.88亿立方米，居全省第一。宁德市位于福建省东北部，地形以山地、丘陵为主，沿海有面积不大的海积、冲积平原。地势西北高、东南低、中部隆起。因其特殊的地理位置而具有多种气候特点，热量丰富，雨水充沛，四季分明，海洋性季风气候显著，沿海和内陆温差悬殊，气候类型呈多样性，灾害性气候频繁。

龙岩、三明、南平和宁德下辖的县（市、区）包含19个省级扶贫开发工作重点县，2020年龙岩、三明、南平和宁德常住人口城镇化率分别为62.9%、63.2%、57.5%和58.5%，都低于68.8%的全省城镇化率。根据第七次全国人口普查数据，四地的常住总人口为11037521人，约占福建省常住总人口的26.57%；龙岩、三明、南平和宁德四地在2020年实现地区生产总值10199.49亿元，约占福建省地区生产总值的23.23%；龙岩、三明、南平和宁德四地2020年的人均生产总值为9.24万元，低于福建省10.57万元的人均生产总值；2020年龙岩、三明、南平和宁德四地农村居民人均可支配收入分别为20150元、19533元、18557元和19050元，都低于福建省20880元的农村居民人均可支配收入。

二　调查对象情况分析

本报告的研究数据由实地调研获得，调研时间为2021年7月至9月，调研方式为问卷调查和访谈。问卷调查的对象是福建省龙岩、三明、南平和宁德四地市中的部分下辖县（市、区），发放问卷350份，共收回325份，有效问卷305份，有效率达到93.85%，问卷调查意在了解乡村社会资本基本情况、村民参与垃圾治理情况等。调查范围涉及四地市的8个县（市、区），为解各县（市、区）农村垃圾治理总体情况及村民参与情况，在每个县（市、区）选取1~3个乡镇，每个乡镇随机选取1~3个村庄，共调研了21个村庄（见表1），并对村干部和村民进行访谈。实地访谈意在了解村庄的农村垃圾治理具体是如何运转的，乡村社会资本在农村垃圾治理过程中是如何发挥作用的，村民是如何参与农村垃圾治理活动的，农村垃圾治理又取得了怎样的成效或者存在什么问题等。

表1　调研地点分布

单位：份

地市	县(市、区)	镇(乡)村	有效问卷数
龙岩市	连城县	文亨镇竹岗村	21
		文亨镇文楼村	16
		文亨镇文岗村	12
	漳平市	朋口镇文坊村	16
		朋口镇池溪村	13
三明市	大田县	建设镇建设村	12
		建设镇建国村	18
		石牌镇石牌村	14
		桃源镇桃源村	17
		桃源镇上举村	13
	沙县区	青州镇青州村	17
		青州镇后洋村	13
		夏茂镇中街村	12

续表

地市	县(市、区)	镇(乡)村	有效问卷数
南平市	顺昌县	埔上镇埔上村	16
		浦上镇墩头村	14
	武夷山市	兴田镇兴田村	13
		兴田镇南树村	12
宁德市	柘荣县	城郊乡熊透村	15
		城郊乡岭边亭	12
		英山乡英山村	15
	福安市	坂中乡坑下村	14

对被调查者的基本情况信息进行分析（见表2）。性别方面基本上处于均衡状态。年龄方面，中老年偏多，40岁以上占比达66.2%。在受教育程度方面，高中所占人口比例最高，达30.8%，其次为初中生人口，符合农村整体受教育情况。个人月收入方面，小于等于1600，即低于2020年福建最低工资标准四档平均值，占28.9%，这一部分人口主要是学生和居家老人。居住所在地分别为龙岩25.6%、三明38.0%、南平18.0%、宁德18.4%，三明分布偏多，不够均匀。

表2 村民个人社会特征分布

单位：个，%

指标	选项	样本量	占比
性别	男	175	57.4
	女	130	42.6
年龄	18岁以下	6	2.0
	18(含)~30岁	78	25.6
	30(含)~40岁	19	6.2
	40(含)~50岁	117	38.4
	50(含)~60岁	73	23.9
	60岁及以上	12	3.9

续表

指标	选项	样本量	占比
受教育程度	小学及以下	37	12.1
	初中	79	25.9
	高中	94	30.8
	大专	48	15.7
	本科	43	14.1
	研究生及以上	4	1.3
个人月收入	1600 元以下	88	28.9
	1600(含)~3000 元	90	29.5
	3000(含)~6000 元	95	31.1
	6000(含)~8000 元	15	4.9
	8000 元及以上	17	5.6
居住所在地	龙岩市	78	25.6
	三明市	116	38.0
	南平市	55	18.0
	宁德市	56	18.4

三　乡村社会资本参与情况

（一）村民个体社会资本情况

1. 村民社会网络

本报告参考边燕杰和丘海雄研究社会网络的测量方法①，主要用网络密度来衡量村民社会网络。网络密度用村民与亲朋好友及当地人的平时交流情况表示。根据表 3 村民社会网络的描述性统计，村民与亲戚、邻居、村干部和乡贤的交流程度均值依次为 3.50、3.41、3.11 和 2.87，显示村民的交流

① 边燕杰、丘海雄：《企业的社会资本及其功效》，《中国社会科学》2000 年第 2 期，第 87~99 页。

频繁程度与乡村传统的血缘和地缘关系紧密，村民与亲戚和邻居的交流较为频繁，但依然处在一般和比较经常之间，说明村民与周边人的交流程度比较一般；村民与村干部交流程度较低的原因可能与社会地位差异有关，村民没有紧要事情不愿意去找村干部；而村民与乡贤交流程度最低的原因可能与经济差距大，乡贤多外出发展村民无法与其交流有关。因此，大多数村民的社会网络主要是由社会交流程度体现的，而交流程度的频繁与否取决于村民之间的亲疏远近关系。

表 3　村民社会网络的描述性统计

测量指标	平均值	标准差
您和亲戚的交流程度	3. 50	1. 14
您和邻居的交流程度	3. 41	1. 11
您和村干部的交流程度	3. 11	1. 29
您和乡贤的交流程度	2. 87	1. 26

2. 村民社会信任

根据表 4 村民社会信任的描述性统计，可以看到村民对亲戚、邻居、村干部和乡贤的信任程度均值分别为 3. 89、3. 52、3. 59 和 3. 44，都介于一般信任和比较信任之间。其中村民对亲戚信任程度最高，这是因为固有的血缘亲情关系使他们更为信任自己的亲戚。其次是村民对村干部的信任，这离不开政府对农村的政策支持，而村干部作为政府政策执行的“最后一公里”，参与村中事务的处理和裁定，村民对他们的信任也处于较高水平。虽然村民和邻居之间平时交流程度高于村民与村干部的交流程度，但一旦牵涉邻居之间的宅基地等利益纷争时，他们之间的信任可能就会松动，而村干部作为他们利益的裁判者，大概率会做出比较公正的判断，村民对他们的信任就可能高过邻居。而村民与乡贤的交流程度最低也可能是村民对乡贤的信任程度最低的重要原因。因此，大部分村民的社会信任主要是建立在血缘关系和交往程度的基础上，也有关于村民对切身利益的考量。

表 4 村民社会信任的描述性统计

测量指标	平均值	标准差
您对亲戚的信任程度	3.89	0.95
您对邻居的信任程度	3.52	0.99
您对村干部的信任程度	3.59	1.07
您对乡贤的信任程度	3.44	1.11

3. 村民社会声望

根据表 5 村民社会声望的描述性统计，能够发现村民社会声望两项指标均值分别为 3.02 和 2.91。别人家闹矛盾时，大家寻找别人调解的意愿一般，即使不得不有人出面调解，也只是村中少数德高望重的乡贤能获得村民的调解请求，符合农村矛盾内部消化和家丑不可外扬的传统观念。村里有重大事项待决策时接受村民的咨询情况反映了村民社会声望的高低，统计分析显示它介于“偶尔”和“一般”之间，说明大部分村民在这方面社会声望不高，调查中也发现只有少数村干部和乡贤会经常接受村民的咨询。

表 5 村民社会声望的描述性统计

测量指标	平均值	标准差
别人家闹矛盾时，是否愿意找您帮忙调解	3.02	1.29
村里有重大事项时，村民是否愿意来咨询您的意见	2.91	1.33

4. 村民社会参与

村民社会参与表达了村民对村庄公共事务的关心程度及对公共利益的诉求，反映了村民参与管理村庄公共事务的情况。根据表 6 村民社会参与的描述性统计，发现村民对村庄集体事务的参与程度都比较高，其均值分别为 3.28、3.30 和 3.13，均介于“一般”和“比较经常”之间。其中村集体活动参与度和村干部选举参与度较高，这可能和四地的乡村特征有关，调研的大部分村庄具有显著的宗族色彩，往往是一个村庄集中居住少数相同的宗族，宗族血缘关联带来的归属感和自豪感驱使村民参与村庄集体活动和村干部选举；同样地，参与村庄集体活动和村干部选举能激发村民们的归属感和自豪感，增强村庄发展的内在动力和精神潜力。在近几年如火如荼的乡村建设活动中，环境治理成为乡村治理的重要事项，激发了村民参与环境治理决策的积极性。

表 6 村民社会参与的描述性统计

测量指标	平均值	标准差
您参与村干部选举的情况	3.28	1.30
您参与村集体活动的情况	3.30	1.23
近三年来,您参与本村环境治理决策的情况	3.13	1.29

（二）乡村集体社会资本情况

1. 乡村社会信任

乡村社会信任反映的是村民之间的信任及村民们对政府的总体信任情况，根据表 7 乡村社会信任的描述性统计，乡村社会信任水平总体较高。其中村民对政府信任程度较高，“大多数村民觉得政府是可信任的”均值为 4.01，介于“比较信任”与“非常信任”之间，这反映了近年来政府实施的一系列惠农政策使村民普遍受益，有效地增强了政府公信力。而“村子里多数村民之间比较信任”均值为 3.52，说明村民个人对周边人的信任程度介于“一般信任”与“比较信任”之间，也说明村民个人基于地缘关系构建的信任关系较为牢固。

表 7 乡村社会信任的描述性统计

测量指标	平均值	标准差
村子里多数村民之间比较信任	3.52	0.95
大多数村民觉得政府是可信任的	4.01	0.84

2. 乡村社会支持

乡村社会支持体现村组织对乡村集体事务的支持情况和村民关心的情

况，反映了村组织在处理集体事务和解决村民困难时发挥的作用。根据表8乡村社会支持的描述性统计，村组织的乡村社会支持都处于较高水平，均值分别为3.48、3.58、3.75，都介于“一般同意”和“比较同意”之间。其中，均值最高的是“总体上，村组织在村民遇到困难时会给予关心和帮助”，带有显著宗族色彩的村组织在村民遇到困难时更愿意给予村民关心和帮助；村组织提供的信息支持和资金支持程度也较高，但其均值小于“总体上，村组织在村民遇到困难时会给予关心和帮助”，原因可能在于各个村庄的经济发展水平和宗族关系的紧密程度不同。

表8　乡村社会支持的描述性统计

测量指标	平均值	标准差
村组织在集体事务中会提供资金支持	3.48	1.08
村组织在集体事务中会提供信息支持	3.58	1.05
总体上，村组织在村民遇到困难时会给予关心和帮助	3.75	1.04

3. 乡村社会互惠

乡村社会互惠建立在乡村地区特殊的血缘和地缘关系基础上，村民往往重视互助互惠，这是村民在乡村生活的一种方式和方法。通过对表9乡村社会互惠的描述性统计进行分析，能够看出两项测量指标的均值都远大于3.00，且“当我或我的邻居遇到困难时，我们会互相帮助”均值为4.01，体现为比较经常性地互帮互助，而“农业生产及日常生活中村民及家庭之间会互相帮忙”均值也达到3.88，说明村民之间无论在日常生活中还是遇到困难时都会互帮互助，也说明乡村集体社会资本在乡村社会互惠方面有较高水平。

表9　乡村社会互惠的描述性统计

测量指标	平均值	标准差
农业生产及日常生活中村民及家庭之间会互相帮忙	3.88	1.00
当我或我的邻居遇到困难时，我们会互相帮助	4.01	0.92

4. 乡村社会规范

乡村社会规范作为乡村集体社会资本的重要组成部分，其规范程度的高低直接决定了村民对所在村庄的认同感和归属感，进而影响村民对乡村集体事务的参与。在表10乡村社会规范的描述性统计中，两项测量指标的均值都大于3.00，表明乡村社会规范水平较高，村民对村规民约等制度的遵守程度较高。调查中也发现有少数村民不遵守村庄规范，他们往往在村庄中处于边缘位置。在参与环境治理方面，村民的主动性要低于对村规的遵守，表明大部分村民对新近纳入乡村社会规范的环境卫生认识度低于传统社会规范。

表10　乡村社会规范的描述性统计

测量指标	平均值	标准差
村民对村规民约等制度的遵守程度较高	3.81	0.90
当面临环境污染时，大家参与治理主动性很高	3.55	0.93

四　村民参与农村垃圾治理情况

从表11村民参与农村垃圾治理意愿的描述性统计中，能够探究四个地级市部分乡村村民参与垃圾治理的整体情况。在村民参与重要性上，大部分村民认为“比较重要及以上”，说明村民有着比较高的农村垃圾治理认知水平。在村民参与程度认知方面，整体来看大部分村民认为本村村民参与程度处于一般水平以上。大部分村民表示他们村庄会举办环境保护宣传活动，但举办的频繁程度一般，且他们大部分人对环境保护或垃圾治理的参与意愿比较一般。从对垃圾分类的注意程度来看，大部分村民处于时而注意时而不注意的状态，只有极少数村民从不质疑和非常注意。垃圾分类的思想已经广泛传播，但垃圾分类的行动可能还需要加强。

通过对表12农村垃圾治理情况的分析发现，在农村垃圾治理责任方面，有72.5%的村民认为农村垃圾治理责任应该由政府、村民和企业共同承担，说明村民意识到农村垃圾治理不能单靠自己或者一味把责任推给任何一方，只有多方合作才能更好地推动农村垃圾治理进一步发展。通过分析影响村民参与治理的因素，发现大多数村民首先在乎的是自己参与能否取得相应效果，其次是关心治理活动的过程是否复杂到足以阻止自己参与，而少部分村民更关心时间和奖励的问题，说明要让村民参与农村垃圾治理的重点在于让他们熟悉治理活动的流程，以及让他们体验治理的效果。环境保护宣传工作主要由村委会和政府有关部门负责，这说明乡村环境治理政策不仅受到高度重视，也切实获得了有效执行。村民主要通过村宣传栏、网络平台（微信、QQ、新闻网页等）和政府相关文件关注环境保护与垃圾治理的宣传活动，这是因为村宣传栏通常位于村民日常出行的路上，宣传效果较好，网络平台的快速发展为村民获取信息提供了便利，而村民对政府相关文件的了解主要是因为村干部要执行相关政策。在当前农村垃圾治理过程中，许多村民认为还存在公共区域垃圾处理不到位、卫生死角和严重污染环境的塑料制品（比如塑料包装袋、一次性塑料杯等）较多等比较严重的问题。当发现垃圾给生活带来不便时，大部分村民采取的措施是向村委会反映、向政府和相关部门投诉以及与邻里协商解决，但也有19.3%的村民从未采取任何措施，这说明大部分村民会及时维护周围环境，但仍存在部分村民受传统观念影响，不注重周围环境的维护。

表11　村民参与农村垃圾治理意愿的描述性统计

测量指标	平均值	标准差
您认为村民的有效参与对农村垃圾治理的重要性	4.33	0.81
您感觉本村村民在垃圾治理过程中的参与度如何	3.30	0.94
您周围有没有关于环境保护的宣传活动	3.41	1.11
您平时对环境保护与垃圾治理的宣传活动关注程度如何	3.33	0.94
您平时是否注意垃圾分类	3.15	1.03
如果政府需要民众的大力配合，您是否愿意花时间参与	3.97	1.82

表 12　农村垃圾治理情况

单位：个，%

测量指标	选项	样本量	占比
您认为农村垃圾治理的责任主要在于哪方	政府	31	10.2
	村民	47	15.4
	企业	6	2.0
	政府、村民和企业共同承担	221	72.5
	其他	0	0
您认为以下哪项因素会对您参加垃圾治理产生重要影响	活动的过程复杂与否	101	33.1
	是否浪费时间	31	10.2
	能否取得相应效果	132	43.3
	是否有奖励	32	10.5
	其他	9	3.0
您所在的村庄有关环境保护宣传的工作是由谁负责的	政府有关部门	102	33.4
	村委会	185	60.7
	村民	10	3.3
	企业	2	0.7
	其他	6	2.0
您平时是从何种渠道了解环境保护与垃圾治理的宣传活动	村宣传栏	218	71.5
	电视	130	42.6
	政府相关文件	135	44.3
	网络平台（微信、QQ、新闻网页等）	166	54.4
	其他	18	5.9
您认为目前农村垃圾治理中哪些垃圾问题比较严重	厨余垃圾和果皮瓜壳	106	34.8
	可回收的包装纸盒箱、塑料瓶和金属瓶等	39	12.8
	严重污染环境的塑料制品（比如塑料包装袋、一次性塑料杯等）	111	36.4
	破旧衣服和鞋类	30	9.8
	农药瓶、废旧电池、废弃的电子器件等	91	29.8
	其他	8	2.6

续表

测量指标	选项	样本量	占比
您通过以下哪些形式参与垃圾治理	垃圾源头减量化	104	34.1
	垃圾源头分类	121	39.7
	垃圾回收利用	131	43.0
	自助收集垃圾	71	23.3
	垃圾定点运输堆放	127	41.6
	参与集体的垃圾治理活动	76	24.9
	兼职村保洁员	28	9.2
当发现垃圾给生活带来不便时,您采取过的措施	从未采取过措施	59	19.3
	向村委会反映	198	64.9
	通过媒体(QQ、微博、微信、论坛等)反映	44	14.4
	与邻里协商解决	115	37.7
	其他	26	8.5

参考文献

左孝凡、康孟媛、陆继霞:《社会互动、互联网使用对农村居民生活垃圾分类意愿的影响》,《资源科学》2022 年第 1 期。

周镇浩、王艳伟:《农村垃圾处理 PPP 项目三方演化博弈分析》,《昆明理工大学学报》(自然科学版)2021 年第 6 期。

苏敏等:《农户参与农村生活垃圾治理的行为机制——基于大五人格特质的调节效应》,《资源科学》2021 年第 11 期。

陈娟风、孟存鸽:《农村生活垃圾治理的困境与完善路径——以甘肃省渭源县为例》,《云南农业大学学报》(社会科学版)2022 年第 1 期。

张嘉琪、颜廷武、张童朝:《农户农村垃圾治理投资响应机理及决策因素分析》,《长江流域资源与环境》2021 年第 10 期。

万心雨:《农村生活垃圾分类多元主体参与行为及对策研究》,《特区经济》2021 年第 9 期。

颜鹰、赵智慧:《农村生活垃圾治理机制研究现状与展望》,《湖北农业科学》2021 年第 17 期。

王璇、张俊飚、何可：《环保教育提高了农村居民生活垃圾治理参与意愿吗？——基于村干部身份的调节作用分析》，《干旱区资源与环境》2021 年第 8 期。

宋焕、王瑞梅：《乡村振兴背景下农村生活垃圾治理的博弈研究》，《生态经济》2021 年第 6 期。

孟小燕等：《农村生活污水垃圾治理评估研究——以福建生态文明试验区为例》，《环境与可持续发展》2020 年第 5 期。

刘余、朱红根、张利民：《信息干预可以提高农村居民生活垃圾分类效果吗——来自太湖流域农户行为实验的证据》，https：//kns-cnki-net-s. ra. cass. cn：8118/kcms/detail/detail. aspx? dbcode = CAPJ&dbname = CAPJLAST&filename = NYJS20211213002&uniplatform=NZKPT&v=iTunj5N9gP8nYPly_ afrrY6QPir9I61Q715XHQfhK3fqVrmFvmC361bt3inFOG6B。

案 例 篇

Case Studies

B.12
水土流失治理的“长汀经验”

谢杰辉*

摘　要： 福建省长汀县曾是我国南方红壤区水土流失最为严重的县域之一，但就在2021年10月，它成功入选了世界生态修复实践成功范例，水土流失治理的“长汀经验”一时引发各界关注。本报告以“长汀经验”为案例，以时间为主轴，以水土流失治理过程和治理效益为主线，分析昔日带有生态顽疾的长汀县如今“摇身一变”为成功典范的过程。本报告展示了长汀县在治理生态、改善民生与统筹发展过程中面临的“困”与“破”，系统总结其实现从“浊水荒山”到“绿水青山”，再到“金山银山”巨大转变的经验做法，以期为我国其他生态脆弱的县域或地区的生态治理和可持续发展提供有实践参考价值的典型样板。

关键词： 水土流失　网络化治理　“长汀经验”

* 谢杰辉，福建农林大学公共管理学院2021级硕士研究生，研究方向为公共管理。

一　背景

长汀县史称“汀州”，位于福建省西部，毗邻江西，土地面积 3104.16 平方千米，其中山地面积 2587.67 平方千米，实属典型的“八山一水一分田”福建山区县。

长汀县享有“红色小上海”的美誉，这里的“红色”有两层含义：其一是指革命红区，长汀县曾是福建省苏维埃政府的所在地；其二是指红壤土地，即这里曾是我国南方红壤地区水土流失最为严重的县域之一。据 1985 年遥感数据，全县水土流失面积达 146.2 万亩，约占土地面积的 31.5%。[①]

据史料记载，长汀县自民国初年起水土流失情况便极为严重，当地百姓饱受土地之贫、饥馑之迫。长汀县的水土流失是自然因素和社会历史因素双重影响所致，但后者是主要影响因素。就河田镇而言，在百年前仍是山清水秀的山村，直至民国初期，当地社会环境动荡，加上早年生产及燃料供给方式单一，封建宗派间的山地林权纠纷矛盾严重，在商洽未果时经常大规模争伐林木；1934 年，国民党进驻河田镇，乱砍滥伐林木充作军资，导致残存的森林资源遭到毁灭性破坏。

至此，长汀县以河田镇为中心的水土流失问题已极为严重，正如当地民谣所唱“晴三天，尘满面，雨三天，泥满田，水淹火烤到哪年”。当时的百姓处于水深火热之中，叫苦连天，怨声载道。

二　尝试

新中国成立后，长汀县水土流失的严重情况便受到福建省委、省政府的高度重视，“福建省长汀县河田水土保持试验区”于 1949 年 12 月成立。县领导意识到水土治理必将是一项长期的事业，应该从源头开始治理。正因如

① 《贯彻落实习近平新时代中国特色社会主义思想在改革发展稳定中攻坚克难案例·生态文明建设》，党建读物出版社，2019，第 277~290 页。

此，当时水土流失治理成果主要体现在封山育林方面，也涌现出一批造林禁山模范组。

百废待兴之际，在党和政府的领导下，长汀县河田水土保持试验区主要做了两件事：一是协助乡里在土改基础上探索林权确定工作，组织林业有序生产，改变无序砍伐局面，广泛封山育林；二是坚持“以人民为中心”，树立并宣传植树造林、水土保持的典型，以此带动群众。长汀县河田水土保持试验区强调“谁种谁有”的原则，意在宣传“要想摆脱自身贫困必须先解决‘土地的贫困’，不能随意砍伐和破坏植被”的思想。

从 1951 年起，在以农民廖先贵为首的造林禁山模范组的带动下，河田掀起了一个植树造林、保持水土的高潮。据不完全统计，截至 1958 年，河田累计造林 6 万多亩，封山育林 17 万多亩。① 原先大片光秃秃的山头一改往常凄凉景象，培育的幼林给这里带来了不少生机。

1962 年，长汀县专门建立了水土保持工作站与办公室，由主要领导负责。为进一步推进水土流失治理工作，长汀县邀请省内高校师生蹲点指导，开展灌、草栽培，耕作方式的技术研究，以及经济果林、茶叶等品种的引种试验。除此之外，各村还积极开展水土保持培训活动，成立专业队伍。这一阶段的治理和研究工作为长汀县积累了宝贵的经验。

三　探索

（一）筚路蓝缕迎振兴

此后，长汀县水土流失治理经历了一个痛苦而又艰难的过程，一直期待曙光的到来。十余年之后，终于迎来了十一届三中全会的顺利召开，自此农村改革开启新进程，水土保持事业也迎来振兴时期。1983 年 4 月，时任福建省委书记的项南率专家至长汀县视察水土流失治理情况，并总结出“水

① 马卡丹：《新中国初期的长汀水土保持》，《炎黄纵横》2014 年第 3 期，第 27~28 页。

土保持三字经”，为后来的水土流失治理工作指明方向，开启了规模化治理的进程。

改革开放后县政府在制度层面做了许多创新。一是加强领导。水土流失治理工作并不是一蹴而就的，具有治理成效显现周期长的特点，需要好几代人的共同努力。治好土地的顽疾也是长汀县脱贫致富、实现可持续发展的重要前提之一，因此明确责任义务就显得格外重要。长汀县历届县委、县政府始终把水土治理工作视作政治责任，领导换届但不换使命和担当，做到了一任接着一任地贯彻与落实。二是加强宣传与管理。各乡镇制定与水土保持相关的乡规民约，重点是禁止乱砍滥伐，通过印制宣传单分发到户、开展教育会等方式进行宣传，对违反规定者采取相关惩罚措施。三是创新投入机制。从 20 世纪 80 年代开始，县委为改变以往单靠国家投入的方式，制定了群众投工的政策，以工代赈的方式既改善了贫困农户的生活条件，又加快了治理进程。

1983 年，福建省政府为确保治理成果，决定由省水保办每年划拨 30 万元作为群众烧煤价格补贴，龙岩行署每年拨 1 万吨煤炭，解决推行封禁治理后群众生活燃料不足的问题。此外，福建省政府还联合原省农业厅、原省林业厅、原省林科所等 8 个部门和单位，来支援长汀县的水土流失治理工作。科研人员吸取上个治理阶段的经验，从外地引进许多耐旱性强的树种、草种，采用人工客土精心培育，所培植物一时长势喜人。1980 ~ 1990 年这 10 年间水土流失治理面积达 1.84 万公顷。①

（二）林改探索遇失误

为阻止土地退化，长汀县政府于 20 世纪 80 年代开始推行林地产权改革，其中约九成的林地被无偿划分至各农户手上，由农户自行维护管理，但农户采伐树木首先要获取当地林业部门的审批。政策执行后的情况却与预期

① 徐松青：《长汀县水土流失治理效益及机制研究》，硕士学位论文，福建师范大学，2011，第 23 页。

背道而驰，大部分农户都没有维护和经营好自己的林地，而是越过林业部门审批环节，私自伐树售卖木材或是将其作为薪材自用。这次林地产权改革不但没有达到预期目标，反而进一步加剧了水土流失，在一定程度上破坏了水土流失治理工作的持续性。

位于长汀县特别是河田镇等长汀中部地区的农户，自古以来就是“靠山吃山”，砍伐山上的树木出售或者种植一些本土林下经济作物来维持生活。其次，在20世纪七八十年代，长汀县同其他山区县一样缺乏能源薪材、肥料，家庭的日常烧火和种菜施肥基本上都用木炭，柴火灶就像“传家宝”似的一代传一代，伐薪烧炭似乎也成为当地居民生活方式中不可或缺的一部分。但随着水土流失的加剧，山林产出也逐渐不够农户自足，原本闭塞的生产生活环境无法为农户提供新生计，水土流失严重地区的居民为满足基本生活条件，只能重蹈覆辙，继续砍伐林木，因此陷入“贫困陷阱”。被问及当时林地产权改革，村民们是这样说的“政府的确是发了燃料补贴，但是根本不够我一家老小的花销，从我这往上数三代，家里就是靠卖木材讨生活的，那片老林是我们唯一的经济来源，怎么能说禁就禁了”“政府都把林子分配给我们了，怎么处置也是我们自己的事吧，平时烧饭做菜也得用柴火吧，砍点柴火还得一层层审批下来，饭都不用吃了”“那时候有句顺口溜嘛，‘年年造林初二三，造在自家后门山，年复一年还是一片光头山’，林改后人们只有名义上的所有权，其他权利都没有落实清楚，造林护林问题才会越来越严重”。

20世纪80年代初的林地产权改革是一次探索性的改革，政府的出发点是希望发挥群众力量，群管群治，在土地改革的基础上将林权分配到户，但是改革并不彻底，只有部分农户分到了林权。长汀县林业局工作人员形容它是“破碎”的林权，何谓“破碎”的林权？农户实际上仅拥有山林的“所有权”，不享有相关的经营权、处置权和收益权，且要承担维护管理的职责，权利和义务不对等，正如当地百姓口中所说“端着金饭碗，过着苦日子”。这次林地产权改革引发了政府及相关部门对一些问题的深刻反思，如何改变贫困群众迫于生计向林木无度索取的局面，真正调动人民群众积极性、发挥群策群力的优势？如何从政府主管、典型农户牵头转变为政府主导的多元主体网络化治理模式？这些问题已成为当时治理工作中的难点和痛点。

四　转变

随着改革开放的不断深化，以及市场经济的发展，长汀县的水土流失治理又迈出新的一步。为破解群众“靠山不能吃山”的生计难题，长汀县政府开始转变治理理念，以开发性治理为重点，从以往仅追求生态效益转变为生态效益、经济效益和社会效益三者兼顾。

在政策层面，长汀县人民政府于 1990 年制定颁布了长汀县第一部与水土流失有关的法规《长汀县人民政府关于预防水土流失的若干规定》，使长汀县水土流失治理工作在法律上获得了强有力的保障，加强了治理的规范性与权威性。此外，长汀县政府还从制度、措施层面进行创新。

一是接轨市场经济，发动农户规模种植。1990 年后，长汀县开始大规模种植经济果林，在有效固土的同时，种植经济果林带来的不菲利润也让农户们看到了发展的曙光，拓宽了他们的收入来源渠道，再次证实了“谁治理谁受益”的原则，不少农户燃起热情加入进来。

二是调整土地利用方式，改革经营管理模式。为推进土地使用改革，充分利用土地资源，长汀县政府于 1994 年在策武乡策田村、策星村开展了水土流失土地使用权公开拍卖，共拍卖出 150.4 公顷的“四荒地”使用权，[①]拍卖后于当年种植水果及水保林，其中几位农户通过套种果林及豆科类植物的方式，一年增收几百元至上千元。拍卖试点的成功也带动了其他村农户的参与，加速了水土流失区域的开发治理。为发动群众造林，县政府充分吸取 20 世纪 80 年代林地产权改革失误的经验和教训，提出了四种经营管理模式：分户承包治理，国家在树苗、肥料方面给予资金补贴，收益所得归农

① 《我省长汀县率先开展拍卖“四荒”（未治理小流域）使用权试点工作》，《福建水土保持》1995 年第 1 期，第 52 页。

户；联户承包治理，所得收益按农民投入比例分配；统一治理、分户管护，国家先出树苗、肥料，分户按要求管护，所得收益除国家收回成本外分配农户；集体承包治理，所得收益按农户投入比例分配。这期间，通过这四种经营管理模式完成的治理面积约占总面积的一半，究其原因是在国家支持、政府引导下，将土地、山林的水土治理成果实实在在地转化为看得见的收益呈现给群众，从而达到群治的预期效果。

三是加强预防意识，跟进配套保障措施。长汀县政府采取边治理边预防"两手抓"的方式，对完成初期治理的水土流失区及水蚀荒漠化严重的山地进行封禁。长汀县从 1983 年开始大规模开展改燃气灶节能工作，并于 1992 年提出开展"良福工程"，旨在保护生态、实现良性循环、为民造福。项目仅实施 6 年，全县农村改灶烧煤的就有 39433 户，占农户总数的 52.6%，采用第二代省材灶的有 6711 户，建沼气池 1591 个及其他节能设施。经测算全县每年可节省木材 33.4 万吨，年创造直接和间接经济效益 9000 万元以上，① 在控制水土流失的同时改善了农村生活条件，实现了"三个效益"的兼顾。

在政府制定实施的一系列政策引导下，治理主体逐渐多元化，治理网络已现雏形。农户由被动参与逐渐转变为主动参与，而企业也开始加入水土流失治理的主体队伍。在农户种植盈利和政府优化服务、提供优惠政策的影响下，1995 年厦门中环经济技术发展联合公司和华美卷烟有限公司于策武乡南坑村投资 38 万元，建立"凌志"千亩果场，长汀县在吸引外资之路上迈出有力一步。至 1999 年，全县累计治理面积 3 万公顷，有效治理面积 2.57 万公顷。②

五　深化

（一）省政府给予支持

长汀县的水土流失治理工作能取得今日的成果，离不开习近平同志的大

① 刘德富：《长汀县实施"良福工程"取得成效》，《福建水土保持》1998 年第 3 期，第 37 页。

② 徐松青：《长汀县水土流失治理效益及机制研究》，硕士学位论文，福建师范大学，2011，第 47 页。

力支持。习近平同志在福建工作期间，十分重视经济发展与生态保护的关系，努力探索人与自然和谐共生的实现路径。1999 年 11 月 27 日，习近平同志专程来到长汀县指导水土流失治理的相关工作，标志着长汀县水土流失治理开启了全新的篇章。时任长汀县委负责人向其介绍过去十多年来的治理成果，提及当时水土流失面积仍有百万亩，长汀作为经济贫困县要持续推进治理工作，仅凭自身力量是远远不够的，望福建省政府给予大力扶持。

据 1999 年龙岩地区统计年鉴数据，长汀县的财政收入与农民收入都不容乐观，县财政收入 6820 万元，在龙岩市乃至福建省都排在靠后的位置；而其农业人口占比 86%，在龙岩市所辖的县里排第一；同年农民人均纯收入仅有 2431 元，居全市末位。此外，考虑到水土流失及其衍生的生态环境问题的严重性、复杂性，仅靠政府财政来治理是不够的。

习近平同志听闻此情况，当即要求长汀县起草相关材料，报送至福建省政府以争取上级支持。2000 年 2 月，福建省委、省政府首开安排到县的先例，将“开展以长汀严重水土流失区为重点的水土流失综合治理”列为全省 15 件为民办实事项目之一，每年拨出 1000 万元给予长汀县水土流失最为严重的 4 个乡镇（策武乡、河田镇、三洲乡、濯田镇）。长汀县从此挣脱了束缚，治理范围也由局部向全局转变，开始了大规模的治山治水。

（二）林下经济有作为

自 2000 年长汀县出台禁伐天然林的规定后，林农在政府的引导下转变思路，将发展的目光聚焦于林下经济。林下经济发展势头较好的当属长汀县四都镇上焦村的示范基地，在研究人员的科学指导下，当地的林芝年均亩产值高达 15000 元。长汀县三洲镇的水土流失情况堪比河田镇，诚如当地俗语所言“三洲河田，没米过年”。但自 1997 年三洲水土流失区域试产杨梅成功后，县林业局于 2000 年组织抽调科技人员赶赴三洲专门负责万亩杨梅基地建设项目。经过科学规划和精心栽培，该项目在带动当地农民人均增收千元的同时，吸引了大量的观光游客，长汀县三洲镇成为远近闻名的“杨梅之乡”。

（三）集体林权制度改革

不仅是上焦村和三洲镇，还有很多乡镇的林业经济产业也在政府与相关部门的扶持和引导下开始发展，其中农户们的积极参与起着至关重要的作用，而 2002 年的集体林权制度改革正是让群众扛起锄头的重要原因。

2002 年，在时任福建省省长习近平同志的亲自领导下，集体林权制度改革之风吹到了长汀县。福建省林业局就林权问题展开深入探讨，认识到以往多次改革成效不理想是因为过往都只在管护责任制上兜圈，没有触及产权根本。长汀县林业局遂在上级部门的指导下，开展以产权改革为核心的新一轮林业经营体制改革。先是明晰所有权，组织林农到村进行林权登记、发换林业权证，后是解决之前林业经营体制改革中经营主体缺位的问题，把经营权交到林农手中，鼓励林农通过自主经营出售原产品、招投标或以协议转让经营权的形式走向市场，并跟进林业配套措施，确保林农依法享有处置权和收益权。此次林业经营体制改革之后，政府从身体力行的“拓荒者”摇身一变，成为“服务者”，协调林业局和科研院所引进优良品种，组织农户开展技术培训，在资金上提供相应补助。林农们好似吃了“定心丸”，大面积种植经济林木。除此之外，山林权属落实到户，一方面农户可以通过租赁转让经营权获得更为稳定的收入，这激发了群众守土护林的积极性；另一方面山林资源产权市场化，能为生态产业的发展注入更多社会资金和力量，加快水土流失治理步伐。据龙岩地区统计年鉴数据，2002～2003 年仅一年时间，长汀县林业总产值增加了 2293 万元，次年林业总产值又增加了 4221 万元。

六　拓展

（一）稀土产业规范化

在扶持第一产业发展的同时，长汀县政府致力于挖掘具有更大效益的第二产业的潜力。长汀的稀土资源非常丰富，其资源储量是福建省内最多的。

传统的稀土开采和生产工艺是一个“搬山”的过程，对设施要求不高，因此早年政府监管不足时，许多村民会私自招买人手非法开采。开采过程中采富弃贫、浪费资源的现象早已见怪不怪，更别说开采过后的恢复治理了。非法、无序的开采会造成土壤结构的变化，从而导致水土流失加剧。

进入2000年后，稀土市场的升温掀起群众性开采的热潮。长汀县意识到想要在防止造成新的水土流失的前提下，通过长远地发展稀土产业来盘活县域经济，首先必须要对开采行为进行规范和整治，便于2000年5月组织成立稀土开发协调小组与联合执法大队。执法一年多来，全县共清理整顿稀土矿点98家，收缴罚款10.65万元，[①] 乱挖滥采稀土行为的蔓延趋势已得到有效遏止。

随着长汀县市场经济的不断发展和招商引资优惠政策的陆续出台，2006年我国最大的钨钼产品出口企业——厦门钨业决定以收购长汀县原有的金龙稀土公司的形式入驻长汀，并于次年投资建设稀土分离生产线。厦门钨业的助力改变了长汀过去产业规模小、生产工艺落后的局面，深加工产业链的形成大大提高了稀土资源的利用效率。类似于金龙稀土这样的土地资源开发企业不仅使行业标准得到规范，制止了当地非法开采行为，而且促进了长汀县域经济的发展，为当地群众提供大量的就业机会，最重要的是根据“谁开发谁治理”的原则，分担了政府在水土流失治理、生态环境改善方面的资金压力，为长汀县早日实现“绿富共赢”提供可能性。

2012年，在多方主体的共同努力下，长汀县已完成117.8万亩水土流失区域的初步治理，全县森林覆盖率上升到79.4%。[②] 在国家层面，习近平指出当前长汀县水土流失治理正处于重要节点，“进则全胜，不进则退”。在省级层面，福建省政府专门成立领导小组进行挂钩帮扶，攻坚水土流失治理。在县级层面，长汀县政府意识到历经多年治理，生态有所改善，但在民生上却收效甚微，必须打造“长汀经验”升级版，实现生态与民生的有机统一。

---

① 《长汀规范稀土矿山开采行为》，《中国水利报》2001年6月21日，第3版。

② 《长汀县委书记魏东介绍水土流失治理的经验》，总结推广长汀水土流失治理经验座谈会，福建长汀，2012年5月17日。

（二）打通林农的“最后一公里”

为打通服务林农的“最后一公里”，长汀县于2013年对林权抵押贷款制度进行创新，并制定颁布了《长汀县林权抵押贷款实施办法（试行）》等一系列文件，另拨款3000万元牵头成立长汀县林业金融服务中心。林权抵押贷款制度的创新结合了长汀县的林业发展实际，主要体现在交易平台、抵押贷款形式、资产评估机制、贷款模式、服务模式、抵押物监管机制、林权流转机制等方面。

林权抵押贷款制度的创新有效解决了林业企业、自营大户和普通林农的融资需求，以具有“长汀特色”的金融服务为支撑，降低了中小林业企业的融资门槛，化解了林农的资金难题，实现了以政府及相关部门造林为主向以社会造林为主的转变，不仅加快了长汀县水土流失治理的步伐，而且促进了民生林业的产业化。“绿水青山”正是如此逐步变成“金山银山”的。

七　成效

在福建省委、省政府的指导下，在长汀县委、县政府一任接着一任、当地群众一代接着一代的生态接力中，长汀县水土流失这个顽瘴痼疾终于得到治理。长汀县在水土流失治理期间获得多项荣誉称号，2018年3月小流域网络化治理有所成效，长汀成为第一批通过全国水生态文明建设试点验收的城市；2019年9月长汀县获全国绿化模范单位；2019年长汀县产业增长势头迅猛，于11月获年度福建省县域经济发展“十佳”县；2020年5月入选年度中国县域全生态百优榜；2020年和2021年皆入选“中国最美县域”榜。

截至2020年底，长汀全县水土流失面积从1985年底的146.20万亩减少到31.52万亩，全县水土流失率从1985年底的31.50%降至6.78%，低于福建省平均水平和欧美、日本等发达国家水平；县森林覆盖率提高到

80.31%，入选全省“最绿”县域。[①] 2021 年 10 月经水利部推荐，《长汀县水土流失综合治理与生态修复实践》成功入选联合国《生物多样性公约》第十五次缔约方大会（COP15）生态修复典型案例，水土流失治理的“长汀经验”正式向世界推广。

“长汀经验”的凝练与推广并不意味着结束。在“生态美”方面，2021 年长汀列入全国水土保持高质量发展先行区，获评国家水土保持示范县；在“百姓富”方面，据长汀县统计年鉴数据，农民人均可支配收入已达 20587 元，累计增长 13.4%。围绕到 2035 年实现水土流失治理全胜及争当先行区建设排头兵的目标，龙岩市成立长汀县推进水土保持高质量发展先行区建设工作领导小组，持续推广“长汀经验”，进一步推进水土流失治理工作。结合新时期要求，长汀县已被福建省列为全省林业碳中和试点县，全县可开发林业碳汇约 100 万亩。此外，大田经济、林下经济、乡村旅游等生态产业也在不断发展，2022 年第一季度，龙岩市乡村旅游接待人数约 160 万人次，收入约 9.2 亿元。[②]

八　启示

长汀县的水土流失治理自新中国成立之初便开始了，但这条“绿色革命”之路并不是一帆风顺的，经历了多次的“困”与“破”，能为我国其他生态脆弱县域或地区的生态治理和可持续发展带来一些经验启示。

一是在治理过程中要采取网络化治理方式。构建以政府为主导的治理网络，创建纵向、横向联结，培育多元治理主体，汇聚多方合力。纵向联结主要以制度关系为基础，是上下级政府之间、政府与各部门之间的权力联结。在本报告中，中央和福建省政府给予长汀县水土流失治理足够的重视和持续

① 《一份壮美的绿色答卷——来自龙岩长汀水土流失治理夺取决定性胜利的报告》，人民网，2022 年 1 月 9 日，http://fj.people.com.cn/n2/2022/0109/c181466-35087726.html。

② 《龙岩：持续拓展提升“长汀经验”推进水土保持高质量发展》，人民网，2022 年 6 月 29 日，http://fj.people.com.cn/n2/2022/0629/c181466-40016513.html。

的政策、资金支持，并在此基础上对长汀县政府的治理全过程进行协助和监督，长汀县政府要定期向上级政府汇报水土流失治理进程与成效。长汀县水土保持事业局在水土流失治理中起到核心枢纽作用，要将从县政府传达来的水土流失治理工作规划，根据涉及的林业局、国土资源局、财政局等各部门职能转化为具体工作分配下去。乡镇一级还建有水土保持站直接与同层级部门对接，负责治理工作的具体执行。

横向联结主要以制度关系、契约关系、信任关系为基础。长汀县政府在水土流失治理过程中制定并出台了一系列规章制度，包括封山育林制度、燃料补贴制度、生态补偿费用征收制度、财政补助与专项奖励制度等。除了制度关系外，主体间建立起来的横向合作联结也有以契约关系为基础的，措施包括集体林权制度改革、公共服务项目外包、招商引资等。信任关系的建立依赖于治理主体存在共同的目标，在利益层面没有冲突，主要措施有建设科研基地或建立科研联系、培育自主自治组织、号召志愿公益组织等。

二是在治理过程中要注重政策学习。政策学习是指政策制定主体根据不断变化的政策环境或吸取过往经验教训，自主地、适时地优化政策理念、政策工具或政策方案以达到政策目标的过程。长汀县水土流失治理的过程可分为尝试、探索、转变、深化和拓展五个阶段，体现的也是一个政策学习的过程。政策学习应该注重两个特点。一个特点是政策学习具有渐进性。基于政策需要保持持续性和稳定性，政策制定者会采取理性的方式，从实际情况和既有经验教训出发，通过不断调试来学习并制定政策。长汀县水土流失治理便是在“不断试错”的过程中开展的，最典型的政策措施就是林权制度改革，整个政策学习过程呈现逐渐向政策目标靠近，最终达成目标的特点。另一个特点是政策学习具有互动性。政策环境的开放性与复杂性决定了政策学习需要互动性，以政府为主的政策制定者需要与社会、市场等多主体进行双向的互动与沟通。这样不仅能够帮助政策制定者准确识别政策需要，切实解决社会问题；而且其他主体的及时反馈也会提高政策制定与执行的科学性。在长汀水土流失治理过程中，正是因为政策学习的互动性，政策的价值导向才逐渐从以生态修复为主转为以改善生态和改善民生相结合为主，以实现可持续发展为最终目标。

参考文献

杨志军：《地方治理现代化背景下的学习型政策变迁——基于渐进和强制两种路径的比较分析》，《暨南学报》（哲学社会科学版）2021 年第 8 期。

韩兆柱、杜佳昌：《从引介到创新：中国语境下的网络化治理研究》，《学习论坛》2021 年第 4 期。

丁建彪：《政策学习视角下农村扶贫政策演变的内在机理研究》，《理论探讨》2021 年第 1 期。

唐亚林、王小芳：《网络化治理范式建构论纲》，《行政论坛》2020 年第 3 期。

谢宝剑、张璇：《我国小流域网络化治理路径的探索——以福建省长汀县为例》，《北京行政学院学报》2018 年第 4 期。

范胜龙等：《福建省长汀县生态环境建设与经济发展的协调关系研究》，《中国农业大学学报》2018 年第 3 期。

李宜钊：《政策学习：推动政策创新的新工具》，《云南行政学院学报》2015 年第 5 期。

B.13

寿宁县下党乡：闽东特色的乡村振兴之路

项忠红*

摘　要： 习近平同志在闽工作期间曾九到寿宁、三进下党，开启了下党脱贫致富的历史征程。在总书记三十年如一日的深情关怀和亲自推动下，勤劳朴实的下党人民，努力走出了一条具有闽东特色的乡村振兴之路，荣获“全国脱贫攻坚楷模”荣誉称号。创新发展了“下党模式”，讲好下党故事，推动“小地方”发展“大产业”；深化党建引领，带动“小村子”走向“大联结”；注重共建共享，引领“小农户”对接“大市场”；创新消费模式，力促“小叶子”产生“大效益”。取得了重要成效：农业形成新格局，旅游发展开创新局面，基础配套跨越新台阶，人居环境呈现新面貌，美好生活实现新变化，乡村治理能力得到新提升。形成了必须坚持党的全面领导，必须因地制宜唱好山歌，必须坚持精准方略，必须紧紧依靠群众，必须倡导滴水穿石、久久为功的经验启示。

关键词： 闽东特色　“下党模式”　乡村振兴　下党乡

一　背景

下党乡位于福建省寿宁县西部，地处寿宁、庆元、政和三县交界地带，

* 项忠红，福建省宁德市寿宁县政协副主席、下党乡党委书记。

1987 年建乡，全乡土地总面积近 70 平方公里，下辖 10 个行政村，有 2220 户 7087 人，曾是全省唯一的“五无乡”（无公路、无自来水、无电灯照明、无财政收入、无政府办公场所）。建档立卡时，贫困人口 132 户 499 人，贫困发生率 6.2%。全乡农民人均纯收入 9400 元，贫困人口人均收入 3000 元左右。

习近平同志在闽工作期间曾九到寿宁、三进下党，访贫问苦、现场办公、解决难题、推动发展，开启了下党脱贫致富的历史征程。勤劳朴实的下党农民，在总书记三十年如一日的深情关怀和亲自推动下，在各级党委政府和社会各界关心支持下，进行着滴水穿石般摆脱贫困的生动实践，努力走出了一条具有闽东特色的乡村振兴之路。

如今，这个曾给总书记留下“异常艰苦，异常难忘”深刻记忆的“五无乡”，已经从闭塞落后的穷乡僻壤变成远近闻名的生态红色旅游小镇，全乡面貌焕然一新。2018 年，下党乡全面完成脱贫攻坚历史任务。2021 年，下党乡人均可支配收入达到 20055 元。2019 年 8 月 4 日，习近平总书记给下党乡乡亲们回信。2021 年 2 月 25 日，中共福建省寿宁县下党乡委员会荣获“全国脱贫攻坚楷模”荣誉称号。2021 年 6 月 28 日，下党乡党委、下党乡分别荣获“全国先进基层党组织”“第二批全国乡村治理示范乡镇”等荣誉称号。

二　主要做法

下党乡始终坚持以人民为中心的发展理念，大胆创新突破，实践并总结形成一系列宝贵经验，创新发展了“下党模式”，得到社会各界的广泛认可，群众幸福感、获得感得到提升。

首先，讲好下党故事，推动“小地方”发展“大产业”。“下党故事”是下党的“真宝贝”，为下党的发展注入了不竭的奋进力量。“三进下党”、习近平总书记重要回信、“全国脱贫攻坚楷模”、“全国先进基层党组织”荣誉称号等，进一步丰富“下党故事”的内涵。2021 年 7 月，中国共产党与世界政党领导人峰会在下党设立分会场，使下党成为国际减贫交流的重要窗口，提升下党乡的影响力。以上均为下党乡开发红色旅游、研学游、主题乡村游创造了机会，吸引更多年轻人返乡创业，很多游客慕名前来，昔日寂静的小山村热闹起来了，仅 2020 年旅游综合收入就达到 3600 万元，2021 年接待游客突破 45 万人次。

其次，深化党建引领，带动“小村子”走向“大联结”。建立“党委带着支部干，支部带着党员干，党员带着群众干”机制，争取省（区、市）支持，选派驻村第一书记，强化村级组织力量，创新推出“感恩教育暖民心、廊桥夜话听民声、产业振兴助民富、乡村课堂扶民智、村规民约转民风”等 5 个党建为民平台，持续深化感恩教育，掀起“学回信、抓发展、促振兴”热潮，引导全乡干部群众感党恩、听党话、跟党走，形成牢记嘱托、感恩奋进、以干得助、创先争优的良好氛围，有力夯实基层战斗堡垒，创造了 10 天完成省道 S207 征地、3 天完成产业园项目征地等多个“下党速度”。

再次，注重共建共享，引领“小农户”对接“大市场”。创新“公司+合作社+农户”的共建共享模式，建立以寿宁县梦之乡农业综合开发有限公司、寿宁县登云教育培训有限公司为龙头，以 33 家合作社和家庭农场为主体的共建共享模式，通过引导农民种、督促农民管、帮助农民卖、促进农民富，带动“一村一品”和旅游产业蓬勃发展。首创“下乡的味道”公共品牌，提升了农产品附加值，带动全县生态农产品销售突破 5 亿元，通过品牌授权，实现下党村村财年增收 10 万元。

最后，创新消费模式，力促“小叶子”产生“大效益”。做好茶文化、茶产业、茶科技这篇大文章，提升茶叶产品附加值。增加群众收入是产业发展的重要路径。立足 4000 多亩茶产业基础，下党乡推出全国首个“扶贫定制茶园”，探索“只卖茶园不卖茶”的模式，以每亩茶园年租金 2 万元的价格招募爱心茶园主，带动茶农户年均增收 8000 元以上，促进村集体经济发展壮大。

三　重要成效

第一，农业产业形成新格局。首创全国第一个扶贫“定制茶园”，发展可视化定制茶园4000多亩，年销售额2000多万元，带动农户每亩增收8000元，村财年增收10万元；建立“公司+合作社+农户”的共建共享模式，组建寿宁县滴水缘农业专业合作社联合社，建设“一村一品”特色农业基地10个，总面积达1.4万亩；推广“下乡的味道”品牌，“下乡的味道”由单一的茶叶产品向全乡农产品发展。“定制茶园”扶贫模式入选原国务院扶贫办向全国推广的12则精准扶贫案例。“下乡的味道”项目先后入选“2018年网络扶贫优秀案例”“第二届中国优秀扶贫案例”。

第二，旅游发展开创新局面。按照“1145”思路定位，第一个“1”即以作风建设为主题，第二个“1”即打造“中国红色旅游新地标”，“4”即建成党的作风建设展示基地、群众路线的教育基地、摆脱贫困的实践基地、乡村振兴的示范基地，“5”即实施重走一段路、重温一段历史、上好一堂党课、举办一个仪式、夜谈一次心得的“五个一”学习主题，打造难忘下党党性教育基地，承接中央、省、市、县党校培训，吸引各企事业单位、其他省（市）学院到下党乡参观学习。建立有效扶持激励机制，支持旅游业发展，发展民宿18家，农家乐等各类业态66家，年接待游客近20万人次，带动300多人在家门口就业。

第三，基础配套跨越新台阶。建成难忘下党学习基地、难忘下党新主题馆、下屏峰村情馆，学习小镇基础设施日渐完备；有力筑牢生态环境保护屏障，全面完成全乡农村污水管网建设，有序推进城乡安全饮用水、城乡供水一体化等，确保居民喝上放心水、住上安全屋、用上稳定电；实施下党希望学校改造提升工程，开展名校合作，建成健康小屋，配齐基本医疗设施，教育、医疗、卫生方面的民生短板不断补齐；2020年，省道S207线顺利通车，各村实现四通八达。

第四，人居环境呈现新面貌。实现“多规合一”全覆盖，完成上党、下屏峰、碑坑等美丽乡村和曹坑村人居环境整治示范村建设，保护性修复杨溪头、碑坑、碑坑山、曹坑4个传统古村落。突出“一村一主题”，打造下党村红色旅游、碑坑山村红曲酒酿造技艺传承与保护等主题村落。实施村庄美化亮化工程，强力推进旅游公厕、观景台、生态停车场以及景观节点建设。深化人居环境整治，实施“一厕所四革命”行动，乡村面貌焕然一新。建立常态化、精细化、网格化的人居环境整治工作机制，持续开展“美丽庭院”、星级文明户等评选活动，卫生环境得到根本改善。

第五，美好生活实现新变化。从党建、旅游、品牌等多点发力、精准施策，全乡建档立卡贫困户全面实现稳定脱贫，全面打赢脱贫攻坚战。大力实施“我+1”产业扶贫新模式，确保每位贫困户均加入合作社，将建档立卡贫困户全部纳入基本医疗保险，实施“先诊疗、后付费”，医疗报销比例达96%。2018 年，下党扶贫故事走上“北京人权论谈”，获“全国脱贫攻坚奖组织创新奖”；2021 年 2 月 25 日，获评“全国脱贫攻坚楷模”荣誉称号，这是下党乡实现摆脱贫困千年愿景的最鲜明注脚，是最具“含金量”的肯定。

第六，乡村治理能力得到新提升。村级党组织战斗堡垒作用和党员先锋模范作用充分发挥，带头人敢于担当、冲锋在前，能力素质有较大提升；党员发挥示范带头作用，不再是“推一下动一下”了。比如，85 名党员致富能手带头发展农家乐、民宿、特色种植业等；在新冠肺炎疫情防控期间，党员参与率达 100%。组建下党义务消防队、“老刘调解室”、村民理事会、村民监事会等民间自治组织，让农民群众直接参与脱贫减灾、抗洪抢险、纠纷调解、村务监督等工作，提高群众参与乡村治理、建设和管护的积极性，有效提高群众自治水平，2017 年下党乡被评为“零上访”乡镇。

四　经验启示

一是必须坚持党的全面领导。巩固脱贫攻坚成果和推进乡村振兴，加强党的领导是根本。总书记“九到寿宁、三进下党”给我们留下了宝贵财富，特别是对脱贫攻坚提出了“扶贫先扶志”，要以一村一户一人为对象，去想路子、去解决问题，一个项目一个项目地上，才能实打实上一个新的台阶等重要要求，加强党的领导，首要的就是严格对标总书记的重要讲话重要指示批示精神，一条一条梳理、一件一件落实，只有这样才不会偏离方向，以实际成效增强“四个意识”，坚定“四个自信”，做到“两个维护”。同时，严格落实“一把手”负责制，坚持乡、村两级书记一起抓，凝聚强大合力。

二是必须因地制宜唱好山歌。巩固脱贫攻坚成果和推进乡村振兴，产业是基础。产业要强，必须因地制宜，走出符合下党实际的产业振兴新路。下党乡实现“五无乡”的华丽嬗变，既是因地制宜发展特色产业的创新探索过程，也是“绿水青山就是金山银山”理念在这个偏远山区的生动实践。无论山村多么偏远难觅，只要咬定目标、创新思维、用心探索，总能找到一条适合自己的发展路径。

三是必须坚持精准方略。脱贫攻坚，精准是要义。只有扶持对象精准、项目安排精准、资金使用精准、措施到户精准、因村派人精准、脱贫成效精准，才能解决好扶持谁、谁来扶、怎么扶、如何退的问题，才能聚焦聚力，不搞“大水漫灌”“撒胡椒面”，才能真正扶到点上，实现扶真贫、真扶贫。

四是必须紧紧依靠群众。解铃还须系铃人。脱贫攻坚和推进乡村振兴的主体是群众，既要顺应群众的需要，又要依靠群众力量。只有激发群众内生动力，才能让群众心热起来、手动起来，倡导以干得助、多劳多得，脱贫攻坚才更具有生命力、持久力；只有把解决好群众的急难愁盼问题作为一切工作的出发点和落脚点，才能实现得人心与促发展的有机统一；脱贫攻坚和乡村振兴的答卷只有让群众来检验、让群众满意，各项举措才能更加符合群众需求。

五是必须倡导滴水穿石、久久为功。巩固脱贫攻坚成果和推进乡村振兴并不是一蹴而就的短期工作，而是长期接续奋斗的过程。总书记给下党乡乡亲们的重要回信指出，“经过 30 年的不懈奋斗，下党天堑变通途、旧貌换新颜，乡亲们有了越来越多的幸福感、获得感，这生动印证了弱鸟先飞、滴水穿石的道理。希望乡亲们继续发扬滴水穿石的精神，坚定信心、埋头苦干、久久为功，持续巩固脱贫成果，积极建设美好家园，努力走出一条具有闽东特色的乡村振兴之路”。只要按照总书记的重要指示，接续奋斗、苦干实干，必定能谱写新时代乡村振兴的新篇章。

参考文献

周道棉:《党建引领乡村文化和旅游发展路径探索——以福建省寿宁县下党乡为例》,《文化学刊》2021 年第 8 期。

郭晓红:《下党乡党委:以奋进姿态续写发展新篇》,《闽东日报》2021 年 7 月 5 日。

张晓霏:《寿宁村跑　到下党乡领略那一抹最炙热的红》,《海峡旅游》2020 年第 12 期。

陈灏、邹璇:《基于乡村振兴的下党乡农民增收脱贫经验》,《宁德师范学院学报》(哲学社会科学版)2020 年第 3 期。

陈灏:《下党乡乡村旅游助力乡村振兴的启示》,《闽江学院学报》2020 年第 1 期。

B.14
"跨村联建"：将乐县高唐镇"联村党委"创建模式

温毅强*

摘　要： 2017年，将乐县高唐镇针对大村与小村、强村与弱村、富村与穷村发展不平衡以及常口村周边部分村村级组织涣散、村级集体经济薄弱、乡风文明弱化等问题，在全县率先对农村基层党组织设置方式进行创新，推出"联村党委"模式，探索出一条符合本地实际的乡村振兴新道路。主要做法是强化党建创新，筑牢基层战斗堡垒；选准发展路子，推动"党建红"引领"生态绿"；整合优势资源，拓宽发展空间；领创优质服务，推动乡村互补共治。经过几年的发展，高唐镇改善了生态环境，拓宽了产业发展空间，打牢了群众增收基础，提升了基层党建质量。从中可以获得诸多经验启示，包括建好党支部才能发展有成果，因地制宜才能发挥资源优势，绿水青山才能支撑长远发展。

关键词： "跨村联建"　"联村党委"　福建乡村

一　背景

常口村位于福建省将乐县东北部，村域面积13.83平方公里，下辖3个自然村、7个村民小组，共246户1062人，党员47名，下设2个党小组。

* 温毅强，福建省三明市将乐县高唐镇人民政府乡村振兴办副主任。

1997 年 4 月 11 日，时任福建省委副书记的习近平同志莅临常口村调研，就加强生态文明建设、农村基层党建、精神文明建设和奔小康等工作做出重要指示，提出“青山绿水是无价之宝”“山区要画好山水画，做好山水田文章”的重要嘱托。20 多年来，高唐镇历届党委、政府持续推动乡村“生态美”向“产业兴”“百姓富”转化。

2017 年 11 月，高唐镇党委针对大村与小村、强村与弱村、富村与穷村发展不平衡以及常口村周边部分村村级组织涣散、村级集体经济薄弱、乡风文明弱化等问题，在全县率先对农村基层党组织设置方式进行创新，推出“联村党委”模式，靶向发力，共同推进。依托常口、常源、元坪、高山坊、陈坊、邓坊等 6 个村“山水相依”的地域特性和“文化相融”的民俗特征，结合常口村党建工作优势，着力以强村带弱村的方式推动后进村发展，探索建立“跨村联建”机制，有效调动联建弱村干部干事创业的激情，有力推动“两山”理念转化，助力乡村振兴。

二　主要做法

（一）强化党建创新，筑牢基层战斗堡垒

常口村周边不少村庄干部队伍存在文化程度不高、年龄偏大、乡村治理人才不足等问题，这导致部分村党组织战斗力不强，制约乡村社会经济发展。高唐镇改变党组织的设置方式，不再以行政村为单元，而是根据本地情况围绕常口村组建联村党组织，强化支部引领作用，靶向发力，共同推进。

一是加强领导，突出政治引领。在县委组织部的指导下，通过深入调研、反复论证，在保持原有行政区域、村委会职责、党支部设置、财务管理体制、目标考核奖惩、村干部职数配置、经济待遇和债权债务“八个不变”的前提下，高唐镇以全省先进基层党组织常口村为主导，联合周边陈坊、邓坊、高山坊、元坪、常源 5 个村党支部，成立常口联村党委，同时产生联村党委班子，由县委常委、县委组织部部长“挂帅”，指导协助联村党委开展工作。

二是强化共识，突出思想引领。联村党委通过建立党委班子联席会议机制，及时研究贯彻党中央决策部署和省市县工作要求，以及镇党委部署安排，强化政治定位，强化理论学习，通过学习进一步摸清思想脉络，在解疑释惑中统一思想认识，提升思想水平和理论水平。按照“联席会议提议、联建村两委商议、党员大会审议、村民代表评议、联村党委决议”的程序，明确议事规则，每月定期研究讨论农村党建、产业发展等重大事项。

三是配强队伍，突出组织引领。选派镇党委委员任第一书记，全国人大代表、常口村党支部书记担任联村党委书记，负责联村党委全面工作；产生联村党委委员 4 名，村干部整合使用，配齐配强联村党委领导班子。在常口村建立联村党群服务中心，每周固定 1 天为联村党委党群服务中心集中办公日，实行每村派 1 名干部坐班，为居住在集镇及常口村周边的联建村村民提供便民代理、信息咨询、致富指导、矛盾调解等服务。

（二）选准发展路子，推动“党建红”引领“生态绿”

常口村坚持走生态富民的可持续发展之路，以“党支部+山水田”的模式，带领广大村民做好山水田文章，将党的组织优势转化为绿色发展优势。

一是做好“山”文章。多年来，众多党员积极参与林业工作，发挥“林长”带头作用，呵护每一寸林地。深入开展村企合作。2020 年 8 月起常口村与福建金森林业股份有限公司进行合作，林地合作面积达 6000 多亩，并实施森林碳汇造林，创造性地发放林业碳票，每年可实现村财增收 10 万元。整合利用区域内 12.5 万亩林地资源，发展多种产业，2020 年投资 50 万元在常口村宋门山地块打造黄精、铁皮石斛等中草药种植基地，于 2021 年投资 60 万元在邓坊村内建设 120 亩甜柿基地，投资有力地推动了当地林业差异化发展。摸索“党支部+旅游”的发展模式。常口村与福建省旅游集团合作，成立常青旅游公司，开发多个旅游项目。将“店长”的角色交由党员担任，通过与村民共同经营擂茶馆等多种模式，让游客品常口擂茶、吃乡土饭、购土特产，使常口村的绿色资源成为当地民众的“绿色银行”。

二是做好“水”文章。河长制实行以来，党员带头全面推进，积极落实河长巡河责任，凝聚红色力量打好治水保卫战。建立一支12人的环境综合整治队伍，每半个月联合开展1次污水治理、卫生保洁、河道水环境治理等巡查工作，形成乡村环境共同管护机制，定期联合巡逻联村范围内的河湖。

三是做好“田”文章。按照“一片一风景、一垄一特色”的建设目标，发动党员种植人才帮助和引导村民发展田间产业，致力于发展森林康养产业，打造一个人们得以亲近自然、享受自然，与山水亲密互动的大乐园，实现村民在家门口就能“有事做”“有钱赚”。

（三）整合优势资源，拓宽发展前景

为解决单一村落发展空间有限、村级产业规模小且分散、传统产业难壮大、新兴产业难跟上等问题，高唐镇围绕五种发展模式，由联村党委牵头，引导各村进行资源整合，促进村级产业形成共赢的良性发展闭环。

一是整合各村资源、推动共同发展。涉及多村的政策、项目及资金，由联村党委进行有效整合利用，提高办事效率，充分发挥上级政策的最大效益。通过进一步完善联村农田水利、道路基础设施，为各村发展打下坚实基础。2020~2021年，投资800余万元在联建村陈坊村与邓坊村建设万里生态水系工程，总工程全长近7公里，惠及群众3000余名。

二是整合优势、壮大乡土人才队伍。联村党委通过统筹人才优势，组织各类技术人才交流经验。秉承“专业的事由专业的人做”的理念，打造“村企校共同体”，按照“产学农”的发展模式，由常口联村党委争取项目资金，引进企业进行专业化运营管理，联合科研院校专家、乡土科技特派员进行技术孵化，打造高标准产业基地，形成稳定村财增收项目。

三是统筹推进乡村产业融合发展。联村党委结合各联建村实际，重点开发特色农业和乡村旅游。由邓坊村带动联建村，大力建设特色农业项目。围绕常口村AAA级旅游景区常青旅游区，将常上湖旅游作为规划重点，同时将其纳入联建村，着力开发城郊乡村旅游项目，促进产业升级。

（四）领创优质服务，推动乡村互补共治

针对村民主体意识不强、参与建设乡村积极性不够等问题，高唐镇坚持党建引领，强化创建示范作用，多措并举，有效推进乡村治理整体提升。

一是提升党建引领能力，村村联动合力促发展。联村党委编制6个村联动农旅融合产业规划，以常口村为中心建设当地旅游核心区，促进农业生产结构转型升级，先后于2019年建立800余亩生态脐橙种植基地，2020年发展林下黄精、铁皮石斛等中药材种植基地，培育100亩红菇扩繁基地核心区等，可为村财增收30余万元。开展区域美丽乡村建设，通过统一规划、统筹实施，着力打造“两山两溪”美丽乡村景观带，推进山水林田湖草系统治理，全面实施生态修复与保护工程。

二是提升群众参与能力，补齐乡村治理短板。发挥党员先锋模范作用，组织188名农民党员积极开展党组织活动，发动村民全面参与乡村振兴。联村党委年初统一制定党支部“三会一课”学习计划、“主题党日”活动计划，依托“创十星评十户”精神文明创建，发动党员、群众积极参与村级事务建言献策、美丽乡村建设、文化进农家等活动，凝聚发展合力。

三是推进乡村治理联动，让村民自治活起来。依托联村矛盾纠纷调解中心，通过群团组织进行协调处理，制定联防、联调、联处预案，及时化解矛盾纠纷。落实干部住村“4+3”联系群众工作机制，推行农村党员群众网格化管理，由联建各村两委干部分别联系若干名党员，每名党员挂包若干户群众，做好民事调解、村容协管、便民代理、精准扶贫等工作，实现服务群众全覆盖。

三　重要成效

（一）改善了生态环境

高唐镇深入践行“青山绿水是无价之宝”理念，做好山、水、田三篇文章，把联村建设成美丽宜居的绿色生态村。通过封山育林、生态修复、森

林质量提升等工程，提升生态景观，联村区域内森林覆盖率达80%以上。通过污水治理、河湖巡逻、联合制定适合村庄特点的垃圾分类和资源化利用方案，联村90%以上群众生活污水得到有效处理，区域内主要溪流常年水质保持在Ⅱ类以上。通过开展"家园清洁行动""农村环境综合整治"，村子里山环水绕、果园飘香，形成"村在林中、路在绿中、房在园中、人在景中"的美丽乡村图景。

（二）拓宽了产业发展空间

良好的生态环境为联村发展生态产业、实现绿水青山转化为金山银山创造了得天独厚的条件。联村依托山、水资源优势，大力开发生态农业，建立生态脐橙种植基地、林下中药材种植基地和红菇扩繁基地等，有效发展了精品水果采摘园、苗圃种植园、有机稻种植等。2018年，以常口村AAA级旅游景区常青旅游区为核心，开发出森林氧吧、"两山两溪"等旅游项目。通过发展特色农业和乡村旅游，联村产业发展条件不断优化，发展潜力和发展能力不断提高。自2013年开始，联村通过开发漂流和训练基地等水上项目，每年吸引众多国内外人士来常口村旅游、比赛。

（三）打牢了群众增收基础

通过建好绿水青山、发展绿色产业，群众收入有了大幅提升。依托良好生态条件和产业基础，常口联村群众积极发展珍贵苗木等产业；"店长"的角色交由党员担任，探索出与村民共同经营擂茶馆等多种模式；联村村域内企业吸纳本地劳动力就近务工，联村增设公益性岗位招募村内群众就业；多种村集体收入以及土地等入股企业，群众每年获得分红。2020年，联建村农民人均可支配收入2.5万元，较2017年增长160%，群众收入水平不断提高，增收基础更加牢固。

（四）提升了基层党建质量

通过建立联村党委，加强领导、配强班子，有效整合了各村资源，实现资源互补，党组织的组织力、战斗力得到显著提高，弱村党组织战斗力明显增强。一方面，组建了强有力的干部班子，形成完善的议事规则，每月定期研究讨论重大事项。另一方面，开展丰富的便民服务和联系群众工作，积极带领群众发展产业增收致富。基层党组织凝聚力、战斗力全面提高，广大党员的先锋模范作用充分显现，群众对党员和基层党组织的满意度、认可度显著提高，基层党建质量大幅提升。

四　经验启示

（一）建好党支部才能发展有成果

农村发展的关键是要有一个好的班子。村庄发展好不好，关键在于党支部领导是否有力，是否充分发挥战斗堡垒作用。常口周边村的村干部队伍存在文化程度不高、年龄结构偏大、乡村治理人才不足等问题，导致部分村党组织战斗力不强，制约了乡村社会经济发展。通过跨村建立联村党委，配强班子、强化领导，联村发展进入快车道，乡村产业稳步发展，群众收入迅速增长，是“党建强”推动“农民富”的鲜活例子。

（二）因地制宜才能发挥资源优势

不同地方的自然条件、风俗习惯、发展基础各不相同，关键要结合本地实际，准确把握自身特点和优势，精准施策。常口联村内各村之间也有差异，联村党委充分发挥领导核心作用，积极引导各村整合资源，有效解决单一村落发展空间有限、村级产业规模小且分散、传统产业难壮大、新兴产业难跟上等问题。强化各村资源互补，凝聚发展合力，形成产业发展新优势。联村党委通过整合优势资源，因地制宜发展产业，实现集体经济强、群众增收快的良好局面，有效带动联建弱村发展，实现统筹联村资源、资源发展成果共享的效果。

（三）绿水青山才能支撑长远发展

良好的生态环境是人类生存发展的基本条件，生态环境承载能力直接影响发展潜力。20 多年来常口村始终坚持“画好山水画，做好山水田文章”，广大党员护林爱林，发挥“林长”职责，积极投身林业工作。党员带头全面推进“河长制”，积极落实河长巡河责任，凝聚红色力量打好治水保卫战，定期联合巡逻联村范围内的河湖。通过守护好绿水青山，最终使绿水青山成为联村最大的发展优势，为联村大力发展特色农业和乡村旅游打下坚实基础。在基层党组织的坚强领导下，联村依托自身山水优势，开发出森林康养等丰富的生态产业，将绿水青山转化为金山银山，助力当地群众收入增长，获得持久发展的绿色源泉。

参考文献

方炜杭、徐文锦、陈子章：《联建更联心　携手向振兴》，《福建日报》2021 年 10 月 17 日。

许殊镌、蔡茂楷：《“跨村联建”促振兴》，《农民日报》2021 年 9 月 4 日。

郑丽萍：《跨村联建，激活乡村振兴“一池春水”》，《海峡通讯》2022 年第 3 期。

杜志雄、赵黎、崔红志：《跨村联建、村企共建：农村基层党组织创新与发展的实践探索》，《中共中央党校（国家行政学院）学报》2022 年第 1 期。

陈晓宏：《乡村振兴背景下农村基层党建模式创新——以福建省三明市“跨村联建”为例》，《中共福建省委党校学报》2018 年第 12 期。

B.15

“智慧治理”：南安市灯光村实现网络服务“零距离”

黄江川　李幼玲*

摘　要： 福建省南安市灯光村打造“智慧灯光”网格化管理体系，融入网格化管理、智慧治理、综合指挥调度中心等内容，建设智慧AI识别、智慧森林防火、智慧水库防汛、智慧消防、智慧灌溉、智能环境监测等项目，将网格化管理和智慧治理相结合，全方位提升农村治理能力，打造现代化智慧乡村，为村民提供一个安全宜居的生活环境，为乡村振兴奠定坚实的社会治理基础。

关键词： 智慧治理　网格化管理　灯光村　南安市

背景

灯光村位于福建省南安市梅山镇西北部，土地面积2.5平方公里，其中，耕地面积762亩、山地面积2353亩。下辖10个自然村7个村民小组，村民673户人口2058人。连接307线省道，沈海高速复线绕境而过，后屏鹅角过山，山下有鹅峰水库、乌石水库相贯通。

2009年以前，灯光村“两委”班子长期存在担当意识不强、服务能力不强等问题，导致良好的资源禀赋未能被挖掘和释放出来，经济社会发展较

* 黄江川，中共南安市梅山镇灯光村党总支书记、村民委员会主任；李幼玲，中共南安市梅山镇灯光村党总支副书记。

缓慢。随着网络时代的快速发展，基层群众共享现代智能生活的愿望日益迫切。建设智能服务平台，为群众提供政策咨询、信息查询、农产品销售及衣食住行游等更高层次的综合服务，能够有效打破城乡“数字”鸿沟，将“无形”的网络转化为村民看得见、摸得着的“有形”福利，实现农村网络服务的“零距离”，让群众身居农村，也能享受高品质生活。

此外，农村事务林林总总，服务对象千差万别，定制化、差异化服务是完善基层服务的客观要求。智能服务平台能够帮助基层干部从“疲于奔命式”“撒胡椒粉式”的传统服务模式中解放出来，更多地将时间和精力投入经济发展、村庄规划建设、社会民生等重要事务，提升工作实效，并且能为老弱病残等特殊对象提供更多“面对面”“点对点”的关爱服务，增加困难群体的获得感和幸福感，促进社会和谐发展。

二　主要做法

（一）智慧灯光初级版

2015 年 8 月，灯光村在福建省乃至全国首创“智慧灯光”。“智慧灯光”是在建设“美丽乡村”的基础上，通过整合广电网络云平台、互联网、家居智能化终端等业务形态，设计、规划、建设村居、家庭、个人三大板块，开发“广电云智能应用集成平台”，以电视机、微信公众号为村居、家庭、个人共联互通的载体，将村务公开、党务公开、村居服务、公共信息发布、智能家居、智慧健康、文化建设、文化娱乐等内容进行整合，最终实现媒介全覆盖、群体全覆盖、平台全覆盖、网络全覆盖，是“互联网+”“广电+”在“智慧村居”“智慧家庭”中的融合应用。

1. 阳光公开

每个月及时公开党务、村务、财务，透明公正。

2. 健康小屋

为村里五保户、贫困户等老人提供免费测血糖、量血压服务，并建立健康档案，方便老人到医院复查使用。

3. 党群直播室

使用手机直播，在外党员可实时观看党员支部大会及党课内容。直播内容有录播，党员群众可随时观看。

4. 平安视频监控系统

在全村主要路口、盲区等重要区域，设有 38 个视频监控器，实时监控治安、卫生、交通等状况。

5. 结对帮扶

党员与五保户实行“一对一”结对，在其家里安装视频监控器，结对党员可通过手机随时观看五保户的生活状态，关注其人身安全，打通关爱弱势群体的“最后一米”。

6. 农家购平台

整合农业产业园、农家饭店、农户作坊、商户门店等，将村内特色农产品、特色餐饮、闲置房间、闲置资源等信息集中发布、免费推广，实行网络化经营，扩大营销渠道，带动村民致富增收。

（二）“智慧灯光”升级版

在“智慧灯光”初级版的基础上，打造“智慧灯光”网格化管理体系，融入网格化管理、智慧治理、综合指挥调度中心等内容，建设智慧 AI 识别、智慧森林防火、智慧水库防汛、智慧消防、智慧灌溉、智能环境监测等项目，将网格化管理与智慧治理相结合，全方位提升农村治理能力，打造现代化智慧乡村，为村民提供一个安全宜居的生活环境，为乡村振兴奠定坚实的社会治理基础。

1. 实现应急指挥中心多元素一体化管理

（1）智慧 AI 识别

打造智能防控系统，对全村的人员信息实行网格化管理，通过“卡口监控+车辆识别”、人脸识别技术、车辆信息采集录像等技术，实现卡口与探头、高空与低位的立体化集成乡村出入口网络管理方式，对外来进出人员实行人像、车辆的高效识别、人车管控。

（2）智慧水库防汛

灯光村的防汛设备安装在水库，通过水位监测、视频监测与智能广播相结合，对乡村水库进行防汛监测，一旦出现水位异常，系统会自动进行事件预警，并立即提醒管理人员采取防汛措施。

（3）智慧森林防火

在灯光村管辖的山林制高点的利旧铁塔上安装一套远程热红外设备，通过视频监控、环境监测、无人机巡逻等结合的方式，实现对森林防火全天候监测，一旦发生火情，系统会立即报警，并与消防机关实时联动，快速响应，控制火情。

（4）智能烟感

在室内场所布控烟雾报警器以及可燃气体探测器，当发生火灾时，物联设备会立即报警，及时通知村委会管理员处置火情。在村里的消防通道和重点监测区域设置微型消防站、配备灭火设施，在突发火情时能以最快速度灭火。

（5）多媒体集群指挥调度平台

通过引入“福广”多媒体集群指挥调度平台和大屏对讲终端，全面加强村委、村联防队员的巡查和提升调度的智慧化、信息化水平。

2. 实现人文关爱与科技教育融合

（1）家庭医生签约服务

优先覆盖老年人、高血压和糖尿病患者、孕产妇等人群，家庭医生远程会诊开展健康指导，开展慢性病普查监控，可以减少农村“小病拖、大病熬”的现象，切实减轻患者负担。此外也为留守幼儿接种疫苗提供上门服务。

（2）智能呼叫设备

为全面关注村里老幼群体身心健康和安全情况，专门为他们配置了智能呼叫设备（如智能手环、呼叫喵、一键智能平板电脑、智能手杖等），有紧急情况可联动报警，连接专业服务，全村多名失能、失智、失独、优抚及低收入的老年人、留守儿童将从中受益。

（3）智能电表

智能电表是智能电网（特别是智能配电网）数据采集的基本设备之一，承担原始电能数据采集、计量和传输任务，是实现信息集成、分析优化和信息展现的基础。

（4）智能充电桩

通过电动车智能充电桩，可实现电动车扫码充电、电压检测、故障预警、充满自动断电、预防火灾等功能。

（5）智慧调解

首创“智慧+警调”模式，实行片区交叉调解、视频智慧调解，同时邀请“两代表一委员”、律师、退休干部作为顾问成员，民警全力配合化解各种矛盾纠纷。

（6）学习强国室

全国首创“学习强国室”，内设投影仪、电脑等设备，旨在帮助辖区内党员解决不会使用智能手机的难题，发挥老年人的经验及智慧。党员以点带面，带动身边群众一起参与“大学习”的热潮，营造“全民学习”的浓厚氛围。集思广益，将“强国”思想转变为“强村”思想，助推灯光村振兴。

（7）“智慧党建”展厅

“智慧党建”展厅包含智慧党建激活组织活力、党建引领乡村振兴、村貌新旧对比、党建推动乡风文明等板块，归纳灯光村党支部开展的一系列工作，勉励党总支进一步提高战斗力，增强组织凝聚力。

（8）培育“五彩课堂”新品牌

依托灯光村新时代文明实践站，聚焦寒暑假、小长假、双休等学后时段，招募退休教师、在家大学生组成志愿服务团队，开设“五彩课堂”，提供免费辅导、兴趣培养等服务，解决部分孩子放学后无人监管的问题。

三 重要成效

“智慧灯光”平台将网络云平台、“互联网+”等高端技术送进寻常百姓家，让乡下人足不出户也能享受“高大上”的智慧生活，成功探索和走出一条人性化、数字化、智能化的基层社会治理新路子，有效增强群众的获得感。近年来，灯光村通过“智慧治理”助推乡村振兴，先后获评全国乡村治理示范村、福建省脱贫攻坚先进集体、福建省人民调解先进村、福建省数字家庭示范村、福建省高级版绿盈乡村、福建省乡村振兴实绩突出村、福建省“千村整治、百村示范”美丽乡村建设工程村庄、福建省“最美乡村”、泉州市先进基层党组织、泉州市文明村、泉州市共建共享示范社区、泉州市第一批乡村振兴示范村、泉州市交通安全示范村等荣誉称号。

（一）实现服务智能化

该平台以电视机、微信公众号为载体，整合广电网络云平台、互联网、家居智能化终端等技术形态，量身定制“广电云智能应用集成平台”应用软件，开辟村居、家庭、个人三大功能板块，个人板块包含智慧健康、信息发布、电视收看等，家庭板块包含家庭监控在内的智慧家居、关爱留守儿童和空巢老人等，村居板块则可以使村务、财务、党务等公开接受监督，努力为群众提供智能化综合服务。

（二）实现服务全覆盖

该平台覆盖电视机、手机、计算机及户外显示屏等媒体终端，将传统网络媒体覆盖面由固定终端扩展到移动终端，实现用户个体由家庭、户向个人延伸，直接向用户个人提供信息、健康、安防、娱乐等服务。同时，该平台将 WiFi 信号从室内扩展到室外，实现村域全覆盖，无论站在村里的哪一个角落，都有 WiFi 信号，可以让村民们安全无忧地免费“蹭网”。

（三）实现服务人性化

该平台在创建之初便充分考虑群众文化程度的差异问题，立足平民化、人性化，尽可能运用视频、触屏、声像等直观、简便、易学的方式，来引导和鼓励群众参与互动、享受服务。对老弱病残等特殊群体，均将其纳入重点服务对象，指派专人“送技术入户”，手把手指导其学习掌握登录和使用该平台的基本技能，努力做到只要懂得观看电视、使用手机的群众便会使用该平台。

（四）实现服务实用化

村民们可以调取公共智能监控视频实时查看孩子放学回家的场景，消除后顾之忧；可以从电视或手机看见自己的体重、血压等数据，了解掌握自己的健康状况，及时科学调养身心；可以通过实时可视网络与家人沟通交流、增进亲情；可以进入“农家购”平台，免费发布特色农产品、特色餐饮、闲置资源等信息，提升“线上”销售效益；可以用微信在公共自行车“i单车”出租点扫描注册，随时来一场说走就走的“绿色出行”；可以通过室外智能大屏幕，全程关注和监督村“两委”会议、村民代表大会等议事内容；可以通过智能监控视频，追查打架斗殴、盗窃抢夺等违法犯罪行为，以及超载等交通违法行为和乱倒垃圾等不文明行为。

四　经验启示

“智慧灯光”平台紧密结合发展趋势和农村实际，将智能元素植入农村地区，并被村民接受，形成有益的可借鉴和推广的样本。主要有以下三点启示。

（一）打通服务群众的“最后一米”

该平台坚持“基层群众最需要什么，就在平台上提供什么”的服务理念，所提供的智能服务符合农村实际，贴近群众追求高品质生活的需求，将智能服务送进群众家里、交到群众手上，有效解决了网络服务群众的“最后一米”问题，缩小了城乡数字鸿沟。

（二）丰富服务群众的内涵和外延

该平台集“上互联网、上电视、上手机”等功能于一体，功能齐全，资源丰富，信息化程度高，有效解决了传统服务形式、服务手段单一，科技化水平不高，个性化服务不强，及与群众联系和沟通不够紧密等问题，使基层服务方式实现了由“群众和干部跑”到“信息和网络跑”的转变，拓展了建设服务型基层组织的新途径。

（三）改变群众的生产生活方式

该平台融合了“互联网+”、广电网络、物联网等各类形态，让广大农民身居农村，也能体验和分享“高大上”的智慧生活。同时，其开辟的网络销售渠道，成功打造了升级版的农村产业新模式，为农村经济注入活力，让农民得到“智慧生产”带来的福利。

参考文献

杨丽君等：《统筹依法治理智慧治理全民治理》，《陇南日报》2021 年 12 月 14 日。

王健：《制度下的时代“智慧”治理》，《芜湖日报》2021 年 11 月 24 日。

雍支康、赵珅：《乡村智慧治理的路径探析——基于四川省梓潼县双板镇“慧眼工程”实施成效的调查》，《乡村振兴》2022 年第 6 期。

李全利、朱仁森：《“内外兼具”：乡村智慧治理伦理风险及长效机制建构研究》，《青海社会科学》2022 年第 1 期。

王张华：《数据“回流”：基层智慧治理能力建设的关键之举》，《领导科学》2022 年第 2 期。

栗燕杰：《大数据推动接诉即办迈向智慧治理》，《前线》2021 年第 12 期。

吕童：《技术、结构与制度：智慧治理能力建设的优化路径探讨》，《城市问题》2021 年第 11 期。

附　　录

Appendices

B.16
"数说"福建乡村振兴（2021）*

一　乡村发展

第一产业增加值 2897.74 亿元，比上年增长 4.9%，占地区生产总值 5.9%

农林牧渔业总产值 5200.97 亿元，比上年增长 5.1%

农村居民年人均可支配收入 23229 元，实际增长 10.9%

城乡居民年人均可支配收入比值为 2.20，比上年缩小 0.06

农村居民年人均生活消费支出 19290 元，实际增长 17.7%

粮食播种面积、总产量超额完成国家下达任务

播种面积 1252.6 万亩，比上年增加 1 万亩

---

* 参见《2021 年福建省国民经济和社会发展统计公报》、《福建统计年鉴 2021 年》、福建省政府及相关部门官网、《福建日报》、东南网、有关组织官方公众号等。

总产量 506.42 万吨，比上年增加 4.1 万吨

单产 404 公斤/亩，亩均增产 3 公斤

生猪产能提前恢复到常年水平

年末能繁母猪存栏 94.98 万头，比上年末增长 2.4%

年末生猪存栏 937.62 万头，比上年末增长 2.9%

全年生猪出栏 1547.59 万头，比上年增长 19.1%

全面实施特色现代农业高质量发展"3212"工程

实施现代农业重点项目 962 个，完成投资 366.7 亿元，均超额完成年度目标任务

培育形成农业特色产业百亿强县 9 个、十亿强镇 79 个、亿元村 146 个

推动举办莆田食品展示推介会、中国食品名城食品交易会暨龙海国际休闲食品博览会（交易额 36.7 亿元）、海峡两岸食品交易会暨闽台食品交易会（交易额 163.58 亿元）

泉州市梧林社区、宁德市赤溪村等 6 个村入选第三批全国乡村旅游重点村

平潭综合实验区君山镇等 3 个乡镇入选第一批全国乡村旅游重点镇（乡）

培育 41 个省级"金牌旅游村"、17 个省级"全域生态旅游小镇"

安溪铁观音被列为第四批国家工业遗产项目

漳州天福茶业有限公司、福州春伦集团有限公司被列为省级工业旅游示范基地

闽清县被列为省级乡村文旅产业振兴示范工程试点县

全省 51%的乡镇拥有商贸中心

全省县、乡物流覆盖率分别为 100%、91.3%

全省化肥和农药使用量分别比 2015 年减少 16%、20%

畜禽粪污综合利用率 90%，居全国前列

主要农产品质量安全例行监测总体合格率 99.4%，保持全国前列

农业利用台资数量和规模保持全国第一

新批台资农业项目 78 个，合同利用台资 1.2 亿美元

全年农产品出口额超 110 亿美元，创历史新高，居全国第二

福建菌草技术被誉为“造福广大发展中国家人民的‘幸福草’”

处置整改新增农村乱占耕地建房问题 1332 宗，并纳入纪委监委“点题整治”内容

坚持堵疏结合，规范审批管理，保障农民合理建房需求，仅 2020 年第三季度办理农村宅基地审批 5356 宗，面积 64.05 公顷

制定实施《福建省高标准农田建设专项规划（2021—2030 年）》，全年新建高标准农田 151 万亩

新增 19 个中型灌区节水配套改造项目，下达省级以上补助 1.77 亿元，已完成投资 1.45 亿元

启动实施种业振兴行动，52 个新品种通过国家审定，全省农作物和畜禽良种覆盖率 98.6%

“圣泽 901”白羽肉鸡新品种成为我国首批自主培育的白羽肉鸡品种，打破国外对白羽肉鸡种源的长期垄断

主要农作物耕种收综合机械化率 72%

各类设施农业面积增加到 230 多万亩

建成省级森林村庄 800 个，全省森林覆盖率 66.8%，保持全国第一

全省小流域Ⅰ~Ⅲ类优良水质达 96.7%，全面消除劣Ⅴ类水体

厦门、漳州、泉州、平潭等 4 个海洋生态保护修复项目获中央资金支持 12 亿元

组织开展无人机巡航岸线共计 570 公里，指导全省沿海地区清理约 10.64 万吨海漂垃圾，重点岸段海漂垃圾分布密度同比下降 50%以上

原省扶贫办被中共中央、国务院授予全国脱贫攻坚先进集体

“一键报贫”做法由国家乡村振兴局在全国推广

全面推进“阳光 1+1”牵手计划，1232 个社会组织与 1263 个老区村结对共建，生成帮扶项目 1120 多个

32 个经济较发达县、192 个省直单位帮扶 38 个乡村振兴重点县和老区苏区县

各级社会组织投入资金 8 亿多元助力老区村巩固脱贫攻坚成果同乡村振兴有效衔接

脱贫人口收入增幅继续高于全省平均水平

下达省级以上衔接资金 19.1 亿元，扶持 11.1 万户脱贫户发展产业，指导帮助 15.3 万脱贫劳动力稳岗就业

在全国东西部扶贫协作成效考核中再次取得“好”的等级

安排财政援宁资金 6.1 亿元，同比增长 15%

新引进 75 家企业落地宁夏，帮助 28054 名当地劳动力转移就业，销售宁夏农产品 17.64 亿元

选派 23 名党政干部赴宁夏挂职，派出 483 名专业技术人员赴宁夏开展帮扶工作

二　乡村建设

全省应编尽编村庄规划总数约 7900 个，4660 个村庄按“多规合一”要

求编制村庄规划，其中经县级政府批复的村庄规划有 2079 个

在乡村小型项目建设中，探索“雇工购料法”，核发乡村建设规划许可证 6544 本

出台《关于深化闽台乡建乡创融合发展若干措施》

累计引进 95 支台湾建筑师（文创）团队、300 多名台湾乡建乡创人才，为全省 228 个村庄开展陪伴式服务

组织台湾建筑师对接 275 个项目（同比增加 400%），签约落地 120 个项目，下达 5000 万元补助 100 个项目

闽台乡建乡创合作项目覆盖全省近 70%县（市、区）

农村人居环境大幅改善，全面完成三年整治“一革命四行动”目标任务

乡镇生活垃圾、污水处理设施全面建成

农村生活污水治理率 87.3%，新建乡镇生活污水管网 1101 公里，完成率 144.9%

实现农村公厕建制村全覆盖，农村卫生厕所普及率达 99.2%

全面推进富有“绿化、绿韵、绿态、绿魂”盈实富美的生态振兴乡村建设，全省“绿盈乡村”累计占比 70%以上

“乡村生态振兴绿盈服务平台”荣获 2021 年度全国数字生态优秀应用案例

三明市创新“绿盈乡村+绿色金融”模式，入选省级绿色金融改革试验区首批可复制创新成果

推进农村危房改造，被住建部、财政部确定为农村危房改造工作积极主动、成效明显省份

房屋安全排查覆盖全省所有 14131 个村庄，复查农村房屋 746 万栋

农房建筑风貌和样板工程建设，完成 13 万栋裸房整治，完成率 130%，完成投资 41.3 亿元

建设改造农村公路 2200 多公里

全省所有行政村实现光纤、4G 通达，建成 5G 基站 3.6 万个，5G 网络实现乡镇全覆盖

在全国率先完成全省行政村电信普遍服务专用客户端（光猫）100%部署，实现农村宽带网络运行情况全面实时监测

农村地区网络宽带平均接入速率超过 80 兆，具备千兆网络开通能力，基本实现城乡“同网同速”

加快数字乡村建设，持续推进电子商务进农村工程

新增 6 个县（市）被列入 2021 年国家电子商务进农村综合示范县

农村网络零售额 3259 亿元，居全国第三

淘宝镇 190 个，居全国第五，电子商务年交易额超过 3000 万元

淘宝村 571 个，居全国第六，电子商务年交易额超过 1000 万元

村级便民商店超 3.5 万个，平均每个行政村拥有 2.5 个

省级下达 9500 万元补助资金，推动建设 70 个农村区域性养老服务中心，改造提升 133 个居家社区养老服务示范点

下达 1000 万元补助资金，实施 1 万户困难老年人家庭适老化改造

全面实施“福蕾行动计划”，组织开展关爱服务活动 1230 余场次，3.8 万名农村留守儿童受益，福建特色的农村留守儿童关爱服务品牌日益形成

建成乡镇（街道）综合文化站 1126 个，村综合文化服务中心覆盖率 99.6%，打造“百姓大舞台”品牌

三　乡村治理

913 个乡镇党委完成换届，平稳有序推进村（社区）“两委”换届

积极稳妥推行村党组织书记和村委会主任“一肩挑”，较好实现年龄、学历“一降一升”，总体达到以高中（中专）以上学历、36~55 周岁年龄为主体的目标

134 名优秀村主干考录乡镇机关公务员

探索建立跨村联建党组织 1879 个

全省村集体经营性年收入 10 万元以上的村达 95.4%

县级及以上文明村和乡镇占比 55.9%

编印出版福建乡村文化记忆丛书第四辑《乡风乡俗》

建设省级公民思想道德教育馆 51 个、家风家训乡贤馆 42 个、新时代文明实践站 1 万多个

全省累计摸排违建坟墓 11.4 万台，已整治 11.2 万台

累计建设乡村公益性公墓和骨灰楼堂 6696 个，全省节地生态安葬率提高至 83%，居全国前列

累计创建 109 个国家级、773 个省级民主法治示范村（社区），建成 1104 个乡镇（街道）法律服务站、8122 个村（社区）法律服务联系点，实现村（社区）法律顾问、“法律明白人”全覆盖

农村集体产权制度改革“回头看”扎实推进，通过“点题整治”收回资金资产 1046 万元、土地 5791 亩，新增租金 2311 万元

多方参与乡村振兴，全省落地实施农村农业类 PPP 项目 20 个、投资额 117 亿元

选派第六批驻村第一书记 3847 名、工作队员 1079 名，对脱贫村、易地

扶贫搬迁安置村、乡村振兴任务重的村以及党组织软弱涣散村做到全覆盖

下派844名工作经验丰富的市、县（区）党政干部担任乡村振兴指导员

建立名医工作室和导师工作室82个，培养基层医疗骨干345人

探索“师带徒”引凤还巢项目，累计组织专家127人次，达成项目对接70项

将乡村人才纳入全省紧缺急需人才引进指导目录，认定支持山区市及涉农领域220余人

招募644名高校毕业生到473个乡镇开展“三支一扶”计划

全省共有45所高职院校、176所中职学校开设休闲农业等现代农业相关专业点430个，在校生19.65万人，每年向社会输送相关专业毕业生近7.5万人

全年招收14185人接受学历继续教育和非学历继续教育，培训高素质农民10万人次

持续开展农民工“求学圆梦行动”，遴选项目承办院校92所，招收农民工学员9792名

福建农业职业技术学院等3所职业院校入选“全国乡村振兴人才培养优质校”

中共福建省委、福建省人民政府印发《关于全面推进乡村振兴加快农业农村现代化的实施意见》（2021年中共福建省委“一号文件”）

福建省第十三届人民代表大会常务委员会第二十九次会议通过《福建省乡村振兴促进条例》

B.17

福建省乡村振兴促进条例

福建省人民代表大会常务委员会公告〔十三届〕第六十号

《福建省乡村振兴促进条例》已由福建省第十三届人民代表大会常务委员会第二十九次会议于 2021 年 10 月 22 日通过，现予公布。本条例自 2021 年 12 月 1 日起施行。

福建省人民代表大会常务委员会

2021 年 10 月 22 日

目录

第一章　总则

第一条　为了全面实施乡村振兴战略，加快农业农村现代化，在高质量发展中促进共同富裕，根据《中华人民共和国乡村振兴促进法》等有关法律、行政法规，结合本省实际，制定本条例。

第二条　本省行政区域内实施乡村振兴战略的相关活动，适用本条例。

第三条　促进乡村振兴应当坚持党的领导，贯彻新发展理念，按照产业兴旺、生态宜居、乡风文明、治理有效、生活富裕的总要求，遵循农业农村优先发展、农民主体地位、人与自然和谐共生、改革创新、因地制宜、规划先行、循序渐进的原则。

充分尊重农民意愿，发挥农民在乡村振兴中的积极性、主动性、创造性，维护和保障农民民主权利和其他合法权益。

第四条　建立乡村振兴促进工作领导责任制，实行省负总责、市县乡抓落实的工作机制。

县级以上地方人民政府应当加强对乡村振兴促进工作的领导，将乡村振兴促进工作纳入国民经济和社会发展规划，建立统筹协调机制，组织推进乡村振兴战略的实施。

乡镇人民政府、街道办事处结合本地区实际组织开展乡村振兴促进工作。村（居）民委员会支持和组织村（居）民做好乡村振兴相关工作。

第五条　县级以上地方人民政府农业农村主管部门负责乡村振兴促进工作的统筹协调、服务指导和检查推动，其他有关部门按照各自职责做好乡村振兴促进相关工作。

第六条　县级以上地方人民政府应当编制本行政区域乡村振兴规划，各有关部门应当结合部门职能编制专项规划或者方案，乡镇人民政府、街道办事处应当制定实施计划或者方案，形成乡村振兴规划体系。

乡村振兴规划的编制，应当与国民经济和社会发展规划、国土空间规划相衔接，符合当地实际，统筹城乡产业发展、基础设施、基本公共服务、资源能源、生态环境保护等布局。

第七条　地方各级人民政府和新闻媒体应当加强对乡村振兴促进相关法律法规以及政策的宣传。鼓励、支持和引导各类组织和个人参与服务乡村振兴，对做出显著成绩的单位和个人，依照有关规定给予表彰奖励。

乡村振兴促进工作应当接受社会公众监督。

第八条　地方各级人民政府应当建立农村低收入人口、欠发达地区帮扶长效机制，健全易返贫致贫人口动态监测和帮扶机制，实现巩固拓展脱贫攻坚成果同乡村振兴有效衔接。

省人民政府应当加强组织协调，持续推进山海协作和对口帮扶，加大对革命老区、偏远山区、海岛以及少数民族乡村支持力度，从产业布局、项目安排、财政扶持等方面有针对性地给予重点支持。

第二章　产业发展

第九条　县级以上地方人民政府应当深化农业供给侧结构性改革，促进农村一二三产业融合发展，培育新产业、新业态、新模式和新型农业经营主体，构建现代农业产业体系、生产体系和经营体系。

县级以上地方人民政府应当发挥当地资源特色优势，推进茶叶、蔬菜、水果、畜禽、水产、花卉苗木、林竹、食用菌、乡村旅游和乡村物流等乡村特色产业发展。加大对海洋牧场、海洋信息与数字产业等新兴业态的扶持，保护海岛生态资源，传承海丝文化、海洋本土民俗文化，建设特色渔村。强化项目带动，推进优势特色产业集聚集群发展。支持农产品原产地初加工和精深加工产业发展，完善农产品物流骨干网络和冷链物流体系。

第十条　强化乡村产业用地保障，建设用地指标应当向乡村发展用地倾斜，县域内新增耕地指标应当重点保障乡村产业发展所需耕地占补平衡需求。

编制县乡级国土空间规划应当安排不少于百分之十的建设用地指标，重点用于保障乡村产业用地，满足合理需求。

在符合国土空间规划前提下，通过村庄整治、土地整理等方式节余的农村集体建设用地优先用于发展乡村产业项目。

第十一条　完善和落实政策性融资担保和信贷风险分担政策。财政出资设立的农业信贷担保机构应当为农业经营主体服务。农村承包土地经营权可以依法向金融机构融资担保，入股从事农业产业化经营。

第十二条　县级以上地方人民政府及其有关部门应当支持农产品标准化基地建设，健全农产品质量安全标准体系和监管体系，保障农产品质量安全。

县级以上地方人民政府及其有关部门应当支持绿色食品、有机农产品、地理标志农产品认证，建立地理标志农产品重点支持和保护清单，加大农产品区域公共品牌和绿色优质特色农产品品牌的培育、推广和保护力度。

第十三条　县级以上地方人民政府及其有关部门应当建立健全农业科技创新体系，培育创新主体，建设农业技术创新公共服务平台、科技创新联盟。深化农业产学研用协同创新，支持高等学校、科研院所和企业开展关键技术攻关，加强农业知识产权保护。建立农业科研成果转化推广激励机制与利益分享机制。

支持县级以上地方人民政府农业研究机构在农村设立研究所、站。支持现代种业、种质资源的保护与利用。支持育种基础性、前沿性和应用技术研究，鼓励种业科技成果转化和优良品种推广。

推进水稻以及优势特色农林产品生产全程机械化，支持研发推广适合山区丘陵作业的新型农机装备，推动农机农艺融合、机械化信息化融合。对从事农业生产经营的组织和个人购置先进适用的农机具给予政策性补贴。

第十四条　县级以上地方人民政府应当采取措施稳定粮食播种面积，提高粮食综合生产能力，加大对粮食主产区和重要粮食生产基地支持力度，完善粮食加工、流通、储备体系建设。

县级以上地方人民政府及其有关部门应当严守耕地红线，落实永久基本农田保护制度和农用地分类管理制度，加强对耕地占补平衡落实情况的监督检查，确保耕地数量和质量，并以数字化等形式向社会公布耕地占补平衡等情况。

建设完善农田水利等基础设施，建设保护高标准农田，推进农村土地整理和农用地科学安全利用，推行用养结合的耕作模式，提高耕地质量。

第十五条　县级以上地方人民政府及其有关部门应当深化农村集体产权制度改革，发展新型农村集体经济。

扶持家庭农场、农民专业合作社、农业产业化龙头企业等新型农业经营主体发展，培育支持农产品行业协会发展，发挥国有农场、林场在乡村产业发展中的引领示范作用。

完善社会化服务体系，建立供销社、合作社、信用社联动机制，为农户提供资金、信息、技术、销售等方面支持。

第十六条　地方各级人民政府支持引进借鉴适宜本地的台湾农业技术和发展模式，发挥台湾农民创业园、闽台农业融合发展产业园作用，推进闽台农业融合发展。依法保护从事闽台农业合作的台湾同胞和闽台农业合作企业的合法权益。支持闽台高等学校、科研院所和企业开展多种形式的农业科技交流合作。

第三章　人才支撑

第十七条　县级以上地方人民政府应当创新乡村人才工作体制机制，建立健全人才招聘、职称评聘、工资福利及社会保障等方面的激励机制，并向艰苦偏远地区倾斜。

第十八条　县级以上地方人民政府应当建立健全乡村干部队伍的培养、选拔机制，完善农村基层工作人员招录机制。采取培训轮训、实地考察、跟班实训等措施提高基层干部队伍的素质和能力。

县级以上地方人民政府应当统筹县乡工作人员待遇标准，保障乡镇工作人员收入高于当地县级机关同职级人员水平。建立村干部任职年限与相关待遇挂钩激励增长机制。

第十九条　县级以上地方人民政府应当坚持和深化科技特派员制度，完善选认方式，拓宽选认渠道，推动科技特派员工作向二、三产业延伸。支持科技特派员以技术和成果为纽带，与农民、企业共担风险、共享收益。

第二十条　县级以上地方人民政府应当选派工作经验丰富的干部及有关专家到产业薄弱村、老区基点村、脱贫攻坚巩固村等乡村指导推进乡村振兴，带动政策、资金、项目、技术等资源要素下乡。

第二十一条　县级以上地方人民政府应当采取有效方式促进高校毕业生到乡村任教，加强本土乡村教师培养。创新乡村教师招录机制，提高乡村教师学历水平、整体素质和乡村教育现代化水平，对长期在乡村任教的教师在职称评定等方面给予优待，保障和改善乡村教师待遇，其平均工资水平应当不低于当地公务员平均工资水平。

县级以上地方人民政府应当保留并办好山区和海岛必要的义务教育学校和教学点，保障适龄儿童、少年在户籍所在地学校就近入学。人口外流较多的乡村撤并义务教育学校或者教学点的，应当事先征求村民意见。县级以上地方人民政府教育督导机构应当加强对乡村义务教育学校或者教学点撤并的督导。

县级以上地方各级机构编制管理机关应当加强对乡村教师编制执行情况的监督检查，并加大对革命老区、少数民族地区教师配备的保障力度。

第二十二条　县级以上地方人民政府应当创新机制促进医学院校毕业生到乡村从医，加强本土医生培养。基层医疗卫生机构可以采取简便灵活的方式公开招聘，并推行定向评审、定向使用的职称制度。逐步提高乡村医生收入及社会保险待遇，并向偏远山区和海岛倾斜。加强村卫生所和村医队伍建设。

基层医疗卫生机构可以按照有关规定合理核定绩效工资总额，基本公共卫生服务收入、医疗服务收入（不含药品耗材、检查化验）扣除成本后可以用于人员薪酬分配。

第二十三条　地方各级人民政府应当建立专业人才统筹使用制度，采取定向培养、免费就读、特聘等方式，加强基层农业科技、社会工作、乡村文化和旅游等专业人才队伍建设。

县级以上地方人民政府及其有关部门应当培养本土人才，鼓励和支持农民到高等学校、职业学校接受技能培训和学历教育，鼓励和支持农民参加职业技能评定和专业技术职称评审。

第二十四条　地方各级人民政府应当建立各类社会人才参与乡村建设的激励机制，引导支持乡贤等城市人才返乡入乡，参与乡村振兴。鼓励高等学校、职业学校毕业生到农村就业创业。建立健全乡村振兴人才服务平台，引导支持各类社会人才利用技术、资金、资源等优势服务乡村振兴。

第二十五条　地方各级人民政府可以通过建设人才公寓、发放住房补助、接收返乡入乡人员子女入学、完善社保关系转移等，为返乡入乡人员及其家属提供便捷服务和宜居环境。

村（居）民委员会、农村集体经济组织应当为返乡入乡人员提供必要的生产生活服务和工作便利。农村集体经济组织可以根据实际情况提供相关福利待遇。

第二十六条　地方各级人民政府应当拓宽闽台人才交流合作渠道，支持台湾地区专业人才来闽就业创业，实行来闽台湾人才享受同等待遇政策。鼓励和支持台湾地区专业技术人员、文创团队等来闽参与乡村规划、设计、建设。

第四章　文化繁荣

第二十七条　地方各级人民政府应当坚持以社会主义核心价值观为引领，坚持马克思主义同弘扬中华优秀传统文化有机结合，加强农村精神文明建设，发挥村规民约和基层社会组织作用，运用统计申报、部门监督与群众参与相结合等方式推进移风易俗，破除婚丧喜庆大操大办、高价彩礼、厚葬薄养等陈规陋习，倡导科学健康的农村生产生活方式，培育文明乡风家风民风。

加强社会公德、职业道德、家庭美德、个人品德教育，建立乡村道德激励约束机制，培育乡村道德文化特色品牌。

加强乡村法治宣传教育，培育法治文化，增强乡村干部群众法治意识。

第二十八条　地方各级人民政府应当严守乡村建设历史文化保护线，保护传承八闽乡村优秀特色传统文化、红色文化、优秀农业文化，加强历史文化名镇名村、传统村落、民族村寨、文物古迹、历史建筑、传统风貌建筑和农业遗迹的保护管理与合理开发利用，加大对非物质文化遗产传承人和传统工匠的保护和支持，促进乡村文化遗产保护传承发展。

第二十九条　地方各级人民政府应当加强地方特色传统工艺、民间技艺与现代文创产业融合发展，挖掘乡村传统工艺，促进乡村文化、旅游、体育与其他产业融合发展。

第三十条　地方各级人民政府应当完善乡村公共文化、体育设施网络和服务运行机制，提升乡村综合文化服务中心效能。

支持农业农村农民题材文艺创作，鼓励开展形式多样的群众性文化体育活动、中国农民丰收节等节日民俗活动，拓展乡村文化服务渠道，丰富乡村文化生活。

第五章　生态宜居

第三十一条　地方各级人民政府应当坚持绿水青山就是金山银山的理念，严守生态保护红线，统筹山水林田湖草沙系统治理，实施重点生态修复工程，建立农村环境质量预报预警制度。

省人民政府及其有关部门应当探索建立生态产品价值实现机制，推动建立健全跨行政区域环境保护统筹协调机制和生态资源权益交易制度，实行市场化、多元化生态保护补偿机制。

第三十二条　地方各级人民政府应当巩固深化集体林权制度改革，推行林长制，大力开展造林绿化，在林分结构改造中，推动名优树种置换，推广适合本地的高碳汇树种，加强古树名木资源保护，提高森林生态效益。

第三十三条　地方各级人民政府应当落实河湖长制，加强湿地资源以及饮用水水源地保护，加强水土流失综合治理，推进重点流域、小流域和海湾、海岸带水环境综合整治。

第三十四条　地方各级人民政府应当优先发展生态循环农业。鼓励和支持农业生产者采用先进种植养殖技术，推动种养结合、农业资源综合开发和标准化清洁化生产，加强畜禽粪污废弃物、秸秆等资源化利用。

推广农业绿色防控技术，加强农膜等农业投入品管理，健全投入品可追溯体系。鼓励和引导农业生产经营者测土配方、施用有机肥，科学合理使用农药，实现化肥农药减量节本增效。对剧毒、高毒、高残留的农药、兽药采取禁用限用措施。

第三十五条　地方各级人民政府应当加强村容村貌整治，绿化美化村庄，推进缆线入地。建立健全政府、村级组织、运营企业、村民共建共管共享机制。

健全农村生活垃圾处置体系，推行城乡一体化处理，完善保洁制度。建立网格化、常态化整治海漂河漂垃圾制度；完善农村生活污水处理设施，因地制宜选择处理方式和处理工艺；优化公厕布局，建立健全公厕日常管护制度，提升农村户厕改造质量。

第三十六条　地方各级人民政府应当建立和落实农村住房建设质量安全管理制度。建设农村住房应当避让灾害易发区域，符合抗震、防洪等基本安全要求，保障农村住房安全。

规范乡村宅基地审批和建房规划许可管理，依法整治违建农房，加强既有裸房整治，引导村民按规划集约建房。

加强建筑风貌管控，鼓励农村住房设计体现地域、民族和乡土特色。

第六章　组织建设

第三十七条　建立健全党委领导、政府负责、民主协商、社会协同、公众参与、法治保障、科技支撑的现代乡村治理体制。

推行行政服务和审批体系标准化建设，便民利民、服务发展。加强县乡村联动，推动社会治理和服务重心向基层下移，提升社会治理和服务能力。建立干部倾听群众诉求和分析研判常态化工作机制，深入乡村调查研究，形成一年一村一村情报告制度，推动解决民生发展问题。

第三十八条　农村基层党组织应当充分发挥促进乡村振兴的领导作用，加强村党支部书记队伍建设。完善和落实驻村第一书记制度，对乡村振兴任务重的加大选派力度，派出单位应当定期对第一书记所在村的工作进行指导和推动。

县级以上地方人民政府应当健全以财政投入为主的稳定的村级组织运转经费保障制度，落实村级组织办公经费、村干部基本报酬和正常离任村干部生活补贴等必要支出。

第三十九条　乡镇人民政府应当指导和支持农村基层群众性自治组织建设，健全完善议事决策、管理监督等制度，保障农民知情权、参与权、决策权和监督权。推进农村协管员队伍、职能、经费整合，加强培训，提高综合素质。

建立健全村务监督委员会，以数字化等形式充分公开村务，发挥自治章程、村规民约和公序良俗在村民自治中的作用。

第四十条　地方各级人民政府应当加强基层执法队伍、法律顾问、公职律师队伍建设，加强对农民的法律援助和司法救助，健全矛盾化解联动工作机制。

加强农村网格化服务管理；加强农村警务工作，配强乡村治安巡防队伍；强化农村安全生产、防火减灾救灾等安全管理责任。

第四十一条　县级以上地方人民政府及其有关部门应当引导和支持农村集体经济组织发挥依法管理集体资产、合理开发集体资源、服务集体成员等方面的作用。农村集体经济组织应当保障本集体经济组织成员从集体经营收入中获得收益分配的权利。

第四十二条　县级以上地方人民政府应当加强基层群团组织建设，发挥基层群团组织、农村社会组织团结群众、联系群众、服务群众等方面作用，支持农业农村发展，促进乡村振兴。

第七章　城乡融合

第四十三条　县级以上地方人民政府应当协同推进乡村振兴战略和新型城镇化战略的实施，逐步健全全民覆盖、普惠共享、城乡一体的基本公共服务体系，促进公共教育、医疗卫生、社会保障等资源向农村倾斜，推进城乡基本公共服务均等化。

第四十四条　县级以上地方人民政府应当健全城乡统筹规划制度，强化城乡一体设计。

县级人民政府应当结合国土空间规划，依据国家和本省有关规定，统筹本行政区域村庄布局，开展村庄分类，推动村庄因地制宜选择发展模式和路径，促进资源要素集约利用，依法有序搬迁撤并生存条件恶劣和空心化严重的村庄，并将村庄分类结果作为村庄规划编制以及研究、制定、实施农业农村项目的依据。

村庄规划的编制应当符合乡村振兴规划要求，坚持多规合一，注重特色，预留未来发展空间。设区的市和县级人民政府应当加强对村庄规划编制的统筹指导。乡镇人民政府编制村庄规划应当征求政府有关部门、专家以及其他利益相关方的意见，充分了解村民需求，并经村民会议或者村民代表会议讨论同意，依照法定程序上报审批和实施管理，发挥规划引领作用。严禁违背农民意愿、违反法定程序撤并村庄。

第四十五条　县级以上地方人民政府及其有关部门应当统筹布局城乡道路交通、供水、供电、供气、信息网络、广播电视、智能安防、消防、防灾减灾、气象服务、物流等公共基础设施。

推动村庄之间基础设施和公共服务设施的共建共享，促进资源要素集约利用。城郊结合地区和其他有条件地区的公共基础设施，应当按照城市市政设施标准建设，与城市市政设施互联互通。加强乡村道路基础设施建设，农村公路平交路口应当设立减速带，预防和减少交通事故。

县级人民政府有关部门和乡镇人民政府应当按照职责分工，组织落实乡村公共基础设施建设管理维护责任，建立健全管护体制，推进城乡基础设施统一规划、统一建设、统一管护。通过财政统筹、社会资本投入、市场化运作等方式多渠道筹集资金，推行建管一体化制度，探索使用者付费机制。

第四十六条　支持国家工作人员和城市教育、医疗卫生、科技、文化和旅游等专业人才到乡村定期服务。在基层服务时间应当作为职称评审、岗位聘用等的重要参考。中小学教师评聘高级教师职务，应当有一年以上农村学校或者三年以上薄弱学校工作经历。执业医师晋升副高级技术职称，应当有累计一年以上在县级以下或者对口支援的医疗卫生机构提供医疗卫生服务经历。

第四十七条　县级以上地方人民政府及其有关部门应当优先发展乡村教育事业，统筹规划、合理布局城乡学校，改善乡村小规模学校和乡镇寄宿制学校办学条件，提高义务教育学校标准化建设水平，并通过校长教师轮岗交流等方式，实现城乡校际资源均衡配置。

扩大农村普惠性学前教育资源供给，发展面向农村的职业教育和继续教育，完善乡村特殊教育保障机制。

第四十八条　县级以上地方人民政府及其有关部门应当促进优质医疗资源下沉，提升基层医疗卫生服务水平。推进健康乡村建设，组织开展村民体检，建立村民健康档案；加强社区公共卫生委员会建设，完善基层医疗卫生服务体系；加强乡镇卫生院和村卫生室标准化、信息化建设，保障基本药物有效供给。

县级人民政府应当组建以县级医疗机构为牵头单位、以若干家乡镇卫生院为分中心、以其他乡镇卫生院和村卫生室为成员单位的县域紧密型医共体，建立基层首诊、双向转诊、急慢分治、上下联动的分级诊疗制度。加强医共体内医疗人才统筹使用，建立运行调度网络指挥平台，实现远程就医、网络会诊、资料互认，提高乡村患者就医效率和质量。

第四十九条　县级以上地方人民政府及其有关部门应当健全城乡劳动者平等就业、同工同酬、城乡一体的公共就业创业服务体系，完善扶持政策，加强培训指导、就业援助、劳动维权等，依法保障农民工工资支付和社会保障权益。

推动在城镇稳定就业和生活的农民自愿有序进城落户，不得以退出土地承包经营权、宅基地使用权、集体收益分配权等作为农民进城落户的条件；进城务工人员及其随迁家庭成员享受城镇基本公共服务。

第五十条　县级以上地方人民政府应当完善城乡统筹的社会保障制度，推进城乡居民基本医疗保险全国异地就医联网直接结算，支持农民按规定参加社会保险，完善城乡最低生活保障和社会救助制度。健全农村留守儿童、妇女、老年人以及困境儿童、残疾人关爱服务体系。

加强农村互助养老服务，创新多元化照料服务模式，建设居家、社区、机构相协调和医养康养相结合的养老服务体系。

第八章　数字乡村

第五十一条　县级以上地方人民政府应当深化数字福建建设，推动数字技术的应用，建设数字乡村。

坚持以数字赋能推动基层智慧治理，建立数据协同体系，促进数据开放共享。

第五十二条　支持农村信息通信基础设施建设，推进农村新一代移动通信网络、农业物联网等新型数字基础设施建设，提升乡村光纤网络、移动网络、高清数字电视网建设水平和覆盖质量，加快农村交通、电力、水利等传统基础设施的智能化转型。

第五十三条　县级以上地方人民政府应当引导和支持发展智慧农业，加大涉农信息服务提供力度，推进农业生产数字化转型。鼓励支持对乡村特色农产品、自然风貌等的网络推介。

第五十四条　县级以上地方人民政府应当推进农产品加工与流通领域应用系统建设，支持乡村电子商务平台建设。加强与电子商务相配套的物流基础设施建设，降低物流成本，促进乡村电商与寄递物流融合发展，建设线上线下融合的现代乡村商品流通和服务网络。

第五十五条　县级以上地方人民政府应当拓展乡村治理与服务数字化应用场景，推动互联网政务服务向乡村延伸，促进现代信息技术在基层党建、政务办公、便民服务、农村集体资产管理、生态保护、文化传承等领域的综合应用，提升乡村治理水平。

第五十六条　县级以上地方人民政府应当推进教育、医疗、社会保障等服务数字化，推动乡村网络远程教育、医疗等应用普及，促进优质公共资源城乡共享。

第九章　扶持措施

第五十七条　县级以上地方人民政府及其有关部门应当综合运用财政、金融和依法发行债券等政策措施，集中支持乡村振兴。

地方各级人民政府应当建立健全实施乡村振兴战略投入保障制度和增长机制。推进涉农资金统筹整合，优先保障农业农村投入，确保财政投入力度不断增强、总量持续增加、与乡村振兴目标任务相适应。

县级以上地方人民政府依法设立的相关专项资金、基金，应当按照规定加大对乡村振兴的支持力度。

第五十八条　地方各级人民政府应当建立健全有利于农民收入持续稳定增长的机制。县级以上地方人民政府及其有关部门应当落实农村土地所有权、承包权、经营权分置制度，鼓励和支持依法开展集体经营性建设用地出租、集体建设用地使用权抵押等，发展多种形式适度规模经营；引导新型农业经营主体与小农户建立利益联结机制，推动小农户融入现代农业发展。

县级以上地方人民政府及其有关部门应当落实国家农业补贴政策，以高质量绿色发展为导向，增加总量、优化存量，提高农业补贴政策的实效。

第五十九条　鼓励金融机构依法提高普惠型涉农贷款增速和新增可贷资金用于当地的比例、提供中长期信贷支持，创新服务模式，促进农村普惠金融发展。农村中小金融机构应当主要为本地农业农村农民服务，当年新增可贷资金主要用于当地农业农村发展。

第六十条　县级以上地方人民政府应当采取保费补贴等措施，将保费补贴资金列入本级预算，优化农业保险财政支持政策。鼓励开展地方优势特色农产品保险，拓展农业保险服务领域。

第六十一条　地方各级人民政府应当按照国家有关规定调整完善土地使用权出让收入统筹机制，稳步提高土地使用权出让收入用于农业农村的比例，集中用于支持乡村振兴。

实施高标准农田建设等新增耕地指标和城乡建设用地增减挂钩节余指标跨区域调剂使用制度，调剂所得收益应当通过支出预算安排，集中用于支持乡村振兴。

第六十二条　县级以上地方人民政府及其有关部门应当推进土地要素市场化配置，依法盘活农村存量建设用地，探索建立农村闲置房屋长期租赁机制，激活农村土地资源资产，完善农村新增建设用地保障机制，满足乡村振兴的用地需求。

在符合国土空间规划和用途管制的前提下，土地所有权人经法定程序可以将闲置的集体公益性建设用地、依法收回的闲置宅基地转变为集体经营性建设用地，并依法出让、出租。

在依法、自愿、有偿的前提下，农民可以将承包的土地经营权，通过出租和入股等方式进行流转，取得财产性收益；或者通过集体经济组织的收储、整合，与有经营能力的农业企业、合作社等签订流转协议，开展农业经营。

第六十三条　县级以上地方人民政府应当优化乡村营商环境，建立公共资源要素市场化配置机制，依法创新投融资体制机制，鼓励和支持社会资本参与乡村振兴。

第十章　监督管理

第六十四条　建立实施乡村振兴战略实绩考核制度，并将实绩考核结果作为地方各级人民政府及其负责人综合考核评价的重要内容。省、设区的市人民政府有关部门推进乡村振兴工作情况应当纳入年度绩效考核，并强化年度督察。

第六十五条　建立乡村振兴促进工作报告制度，地方各级人民政府每年应当向上一级人民政府报告乡村振兴促进工作情况。

县级以上地方人民政府应当向本级人民代表大会或者其常务委员会报告乡村振兴促进工作情况。乡镇人民政府应当向本级人民代表大会报告乡村振兴促进工作情况。

第六十六条　县级以上地方人民政府应当定期对乡村振兴促进工作情况进行评估，并组织开展对下一级人民政府乡村振兴促进工作情况的监督检查。

第六十七条　县级以上地方人民政府发展改革、财政、农业农村、审计等部门应当按照各自职责对乡村振兴规划制定和实施情况、乡村振兴各项政策措施落实情况、农业农村投入优先保障机制落实情况、乡村振兴资金安全及其绩效情况等进行监督检查，对发现的问题依法予以处理。

第六十八条　地方各级人民政府及其有关部门不履行或者不正确履行乡村振兴促进工作职责的，依照法律法规和国家有关规定追究责任，对直接负责的主管人员和其他直接责任人员依法给予处分；构成犯罪的，依法追究刑事责任。

第十一章　附则

第六十九条　本条例自 2021 年 12 月 1 日起施行。

B.18
后　记

2021 年 4 月，《福建乡村振兴报告（2018～2020）》由社会科学文献出版社出版，获得了广泛关注，成为“三农”理论研究工作者、实务部门同志研究探讨福建省乡村振兴问题的“载体”，社会各界全面、快速了解福建省乡村振兴进展情况的窗口，农林院校、涉农智库的话语工具和引导社会舆论的平台，以及“三农”理论工作者为各级党委、政府提供资政咨询的重要渠道和形式。《福建日报》理论周刊和“新福建”官微也对该书进行专栏推介。

同年 11 月，福建农林大学乡村振兴研究院正式揭牌成立。研究院秉承主动服务国家、服务“三农”的宗旨，坚持理论研究与实践工作紧密结合，汇聚校内外专家学者智慧，主动融入服务新发展格局，力争成为福建省乡村振兴宏观决策的重要智库，推进农业农村现代化的技术宝库，乡村振兴人才培养的重要基地和对外交流与文化传承的重要平台，为福建省全面实施乡村振兴战略、全方位推进高质量发展超越、谱写全面建设社会主义现代化国家福建篇章做出应有的贡献。

基于此，研究院甫一成立就启动《福建乡村振兴报告（2020～2022）》编撰工作。经过数月努力，本书终于出版面世。在此过程中，我们得到了许多部门领导、专家、老师、村干部、农户和学生的大力支持与帮助。特别是中共福建省委实施乡村振兴战略领导小组办公室、福建省农业农村厅、福建省乡村振兴局为编撰小组提供了相关汇总资料（省委省政府相关部厅局委《关于报送乡村振兴工作进展情况的函》）和《福建乡村振兴简报》等。在此我们表示衷心感谢。本书选题、准入、修改、出版、推广得到社会科学文献出版社的大力支持和全面指导，特别是王绯社长（社会科学文献出版社社会政法分社)、张建中编辑、崔晓璇编辑付出了大量的心血。

谨以此书献给福建省的广大农民兄弟和“一懂两爱”的“三农”工作队伍，并欢迎大家对本书提出批评指正，携手推进乡村振兴。

本书是国家社会科学基金项目“分类视角下空心村协同治理研究”（项目批准号：20BGL240）的阶段成果之一。

作 者

2022 年 6 月于福建农林大学

Abstract

2020 is the year when the goal of building a moderately prosperous society in all respects is achieved and the year when the battle against poverty in all respects is over; 2021 is the first year of the 14th Five-Year Plan and the comprehensive promotion of Rural Revitalization. Agriculture and rural areas have entered a new stage of development. From 2020 to 2021, Fujian Province put Xi jinping's theory into practice, withstood the test of the COVID - 19 epidemic, and adhered the road of Rural Revitalization with Fujian characteristics. It did a solid and orderly job in the key tasks of rural development, rural construction and rural goverance, and made new progress in high-quality and comprehensive Rural Revitalization. This book conducts field surveys in typical villages in Fujian Province, and conducts in-depth interviews with agriculture related departments, towns, villages, enterprises, cooperatives and farmers. Based on the annual statistics and questionnaire survey data, using descriptive statistics and quantitative analysis methods, and referring to the work summaries of relevant departments and public media reports, this book makes an in-depth analysis of the rural economy, society and politics, analyze and predict the cultural and ecological development status and related hot issues.

This book systematically reviews and summarizes the progress of Rural Revitalization in Fujian Province from 2020 to 2021, including rural development, rural construction, rural governance, rural reform and security. From 2020 to 2021, Fujian Province made new progress in Rural Revitalization. The added value of the province's primary industry was 289.774 billion yuan, an increase of 4.9% over the previous year. Fully implement the "3212" project for the high-quality development of modern agriculture with characteristics. The action to revitalize the seed industry was launched, and the coverage rate of improved varieties of crops and livestock and poultry in the province was 98. 6%. The income growth of the poverty-stricken population continued to be higher than the provincial average. The rural living environment has been greatly improved, the goals and tasks of the three-year rectification and "one revolution and four actions" have been comprehensively completed. According to the five objectives of Rural Revitalization, this book believes that there are still some problems in Rural Revitalization in Fujian Province. In combination with the opportunities and challenges faced by Rural Revitalization in Fujian Province in 2022, the report proposes several countermeasures to comprehensively promote Rural Revitalization in Fujian Province with high quality.

This book analyzes the revitalization of rural industries, talents, culture, ecology and organization in Fujian Province from 2020 to 2021. From 2020 to 2021, Fujian's rural economy continued to grow, and rural industrial revitalization achieved remarkable results, achieving the "three growth" of grain area, unit yield and total output. The rural talent team continues to grow, the institutional environment continues to optimize, and the pattern of various talents supporting Rural Revitalization has gradually taken shape. Focusing on the rural style civilization, we will continue to promote the rural ideological and cultural construction, vigorously carry forward the excellent traditional culture of Bamin, and constantly improve the rural public cultural service system. Orderly progress has been made in the improvement of rural human settlements, the protection and restoration of key ecosystems, the development of the eco-tourism industry chain, and the construction of urban and rural disaster prevention and mitigation systems, and remarkable results have been achieved. And Fujian Province has made certain achievements in improving the organizational construction of rural grassroots party organizations, villagers' autonomy, participation of social organizations, and collective economic development.

This book investigates and analysis of the reform of rural collective property rights system in Fujian Province, the operation of farmers' professional cooperatives, the "non grain" of cultivated land and its governance, the development of rural finance, and the governance of rural garbage. Finally, the book analyzes the process and experience of exploring the road of rural revitalization in Changting County, Xiadang Township of Shouning County,

Gaotang Town of Jiangle County, Guangming Village of Nan'an City and Shangjiao Village of Changting County.

Keywords: Rural Revitalization; Rural Development; Rural Construction; Rural Governance; Fujian Characteristics

Contents

Ⅰ General Report

Abstract: From 2020 to 2021, new progress has been made in Rural Revitalization in Fujian Province. In 2021, the added value of the province's primary industry was 289.774 billion yuan, an increase of 4.9% over the previous year. The sown area and total output of grain exceeded the national targets. The production capacity of live pigs was restored to the perennial level in advance. Fully implement the "3212" project of high-quality development of characteristic modern agriculture. The number and scale of agricultural utilization of Taiwan investment rank first in China. The action to revitalize the seed industry was launched, and the coverage rate of crops and improved livestock and poultry varieties in the province was 98.6%. The income growth rate of poverty relief population continues to be higher than the provincial average level. The rural living environment has been greatly improved, and the three-year goal and task of "one revolution and four actions" have been fully completed. 913 township Party committees have completed the transition, and the transition of "two committees" in villages (communities) has been smoothly and orderly promoted. Many parties participated in rural revitalization, and the province implemented 20 rural agricultural PPP projects with an investment of 11.7 billion yuan. However, compared with the five objectives of rural revitalization, there are still some problems in Rural Revitalization in Fujian Province. For example, agricultural structural contradictions are still prominent, and the pattern of high-quality agricultural development has not yet been formed. There are many shortcomings in the renovation of human settlements. Rural cultural facilities network reconstruction light management. The overall efficiency of rule of law rural construction needs to be further released. The sustained and stable increase of farmers' income is under great pressure. The basic judgment on the opportunities and challenges faced by Fujian Rural Revitalization in 2022 is: multiple strategies are superimposed, "Internet+" and "digital economy" provide opportunities for Rural Revitalization. However, uncertainties and unstable factors in the world have increased significantly, natural disasters have entered a period of frequent occurrence, extreme weather and climate events have occurred frequently, the overall macroeconomic growth has slowed down, and the task of stable rural development is more arduous. 2022 is the year of the 20th National Congress of the Communist Party of China, the key year for the implementation of the 14th Five-Year Plan, and the key year for comprehensively promoting rural revitalization and accelerating agricultural and rural modernization. It is suggested that corresponding countermeasures should be taken to comprehensively promote rural revitalization in Fujian Province with high quality.

Keywords: Rural Development; Rural Construction; Rural Governance; Rural Residential Environment; Fujian Province

Ⅱ Partial Reports

Abstract: The work of rural industries revitalization in Fujian Province has made a remarkable progress in 2020 and 2021. Fujian rural economy continued to grow. In 2020 and 2021, the primary industry product reached 273. 232 billion yuan and 289. 774 billion yuan respectively. Compared with the previous year, it increased by 3. 1% and 4. 9% respectively. Fujian achieved "three growth" in planting area, per unit yield and total output of grain in 2020 and 2021, and Fujian grain supply capacity has been improved. Fujian promoted the sustainable development of modern agriculture with local features by strengthening and optimizing rural characteristic industries and strengthening agricultural brand construction. Fujian promoted the concentration of rural characteristic industries in suitable areas and industrial parks by means of the "3212" project. The reduction of agricultural inputs in Fujian Province has been steadily promoted. The establishment of agricultural green development pilot areas has achieved results. Fujian established 600 high-quality agricultural product standardization demonstration bases, and the total number of "three bands and one standard" agricultural products reached 5016 in 2020. In 2020 and 2021, the overall qualified rate of quality and safety monitoring of main agricultural products in Fujian Province continued to remain in the forefront in China. By the end of 2020, Fujian has built more than 11000 agricultural information society sites, covering more than 85% of the administrative villages, and 50 provincial modern agricultural wisdom parks and 700 agricultural internet of things application bases. The export volume of agricultural products of Fujian Province was 9. 294 billion dollars and 11. 685 billion dollars in 2020 and 2021, an increase of 1. 6% and 25. 7% over the previous year. In 2020, six national Taiwan farmers entrepreneurship parks attracted 643 Taiwan-funded enterprises in the park and introduced nearly 1. 2 billion dollars of Taiwan capital. The postpartum loss rate of agricultural products decreased by 16% on average with an additional initial processing capacity of 25000 tons, and the processing and conversion rate of agricultural products increased to 72%. At the same time, there are also some problems in the revitalization of rural industries in Fujian Province, which are as follows: the pressure of stabilizing grain production is still large, there are still shortcomings in the agricultural industrial chain, and the ability of agricultural scientific and technological innovation is not strong. In order to accelerate the revitalization of rural industries, Fujian Province should ensure the stable and sufficient supply of "rice bags" and "vegetable baskets", speed up the construction of modern agriculture with local features, and accelerate the green development of agriculture and the innovation of agricultural science and technology.

Keywords: Rural Industries Revitalization; Modern Agriculture with Local Features; Improvement of Agricultural Quality; Digital Industry; Industry Integration

Abstract: Talent is an important support for rural development, and talent revitalization is the internal driving force for Rural Revitalization. From 2020 to 2021, Fujian Province will continue to promote the construction of rural local talent team, encourage and guide all kinds of talents to flow into the countryside to participate in rural construction, and constantly optimize the institutional environment for rural talent revitalization. The rural talent team will continue to grow, the institutional environment will continue to be optimized, and a pattern of Rural Revitalization supported by all kinds of talents will gradually take shape. However, compared with the needs of Rural Revitalization in Fujian, there are still some problems, such as the local talent team is not strong enough, the structure is not reasonable enough, the mechanism for all kinds of talents to innovate and start businesses in rural areas is not perfect, the enthusiasm of scientific and technological personnel to serve "agriculture, rural areas and farmers" needs to be improved, and the resource integration and departmental coordination in talent revitalization need to be strengthened. In the future, we should continue to strengthen the training of rural local talents, speed up the institutional reform to attract all kinds of talents to participate in rural development, optimize the environment for talent development in rural areas, and constantly strengthen and coordinate in various ways to promote the revitalization of rural talents.

Abstract: Rural culture revitalization is the important content of and motivating force for rural revitalization. From 2020 to 2021, the progress of rural civilization construction in Fujian Province was made by sustaining rural theoretical and cultural fronts with value guidance, transform outmoded habit and custom, carrier innovation and model demonstration, vigorously promoting Fujian's local outstanding traditional culture with ID forge, persisting cultural heritage and fine family education and style, and continuously improving rural public cultural services system with supply and demand matching efficiently, innovation in culture projects for public benefits, promoting industrial convergence. At the same time, there are still problems and deficiencies in the means, strength, policy implementation effect, and integrated development of culture and tourism in rural culture revitalization in Fujian Province. In this regard, it is necessary to establish and improve a long-effect mechanism, integrate and strengthen construction forces, further optimize service supply, create characteristic bland, and thus to explore the road to the revitalization of Fujian characteristic rural culture.

Keywords: Rural Culture Revitalization; Value Guidance; Carrier Innovation; Integrated Development of Culture and Tourism

Abstract: Rural ecological rejuvenation is an important part of Rural Revitalization, and it is also the key to promote the transformation and upgrading of rural economy. From 2020 to 2021, the rural ecological rejuvenation in Fujian Province was carried out in an orderly manner in the improvement of rural living environment, the protection and repair of key ecosystems, the development of the ecological tourism industry chain, and the construction of a disaster prevention and mitigation system for urban and rural areas, and achieved remarkable results. However, at the same time, the rural ecological rejuvenation in Fujian Province still exists in insufficient rural ecological governance mechanisms, relatively lagging green transformation in production methods, poor ecological consciousness, and a single waiting for rural ecological governance subjects and forms. In this regard, it is necessary to strengthen the system construction, improve the mechanism of ecological revitalization, strengthen scientific and technological support, promote the green transformation of production methods, promote ecological culture, improve the awareness of ecological civilization and optimize the structure of governance, and build a multi-governance model to help Fujian rural ecological revitalization.

Keywords: Rural Ecological Revitalization; Ecological Governance; Rural Fujian

Abstract: Organizational revitalization is the organizational guarantee of Rural Revitalization, which provides a strong political and organizational guarantee for Rural Revitalization. The revitalization of rural organizations in Fujian Province in 2020-2021 has made certain achievements in promoting the organizational construction of rural grass-roots party organizations, villagers' autonomy, the participation of social organizations and the development of collective economy. At the same time, there are some problems, including: the ability and quality of the organizational team is uneven, the villagers' lack of enthusiasm to participate in autonomy, the channel is not smooth, the scope of social organizations to participate in governance is limited, and the mobilization capacity is insufficient. The collective economy of the village is lack of vitality and the structure of the industry is single. In view of these problems, some optimization strategies are put forward: strengthen the construction of grass-roots party organizations, strengthen the leadership of party building, strengthen the mobilization of grass-roots organizations to villagers' autonomy, actively guide reasonable incentives, broaden the field of participation of social organizations, cultivate their organizational mobilization capacity, party building leads to promote industrial prosperity and innovate the path of collective economic income.

Keywords: Grass-roots Party Organizations; Party Building Leadership; Villagers' Autonomy; Social Organizations

Ⅲ Special Topics

Abstract: Rural collective property rights system reform is the focus and hotspot of comprehensively deepening rural reform in China at present and in the future. It is of great significance to explore the realization form and operation mechanism of rural collective economy, increase villagers' income, improve village governance and promote integrated urban-rural development. This report is based on the current situation of rural collective property rights system reform in

Fujian Province, it mainly analyses the reform practices such as asset and capital verification, definition of membership, reconstruction of collective economic organization, collective economic development and so on. And it discusses the effectiveness and existing problems of the reform, and discusses the results and problems of the reform. Finally, putting forward the suggestions to deepen rural collective property rights system reform in Fujian Province: increase institutional supply and policy support for reform, develop and strengthen the rural collective economy, standardize and support rural collective economic organizations.

Keywords: Rural Collective; Property Rights System Reform; Asset and Capital Verification; Stock Rights; Rural Revitalization

B.8 Investigation and Analysis on the Operation of Farmers' Cooperatives in Fujian Province

Yu Liyan, Zhou Youran, Xu Jiamin, Liang Huibao and Lu Yiyu / 144

Abstract: Farmers' professional cooperatives have become an important new type of agricultural business entity in Fujian and the backbone of modern agricultural construction. Whether they can achieve the transformation from quantitative to qualitative development, thus realizing high-quality development has become a hot issue at present. Therefore, this report firstly analyzes the overall development of cooperatives from quantity to quality, types of cooperatives, economic services of cooperatives and government support based on the development status of Fujian Province in recent years and combined with the data from 2020 to 2021. Secondly, based on the survey data of 111 sample cooperatives, we analyzed the service driving ability of cooperatives in economic, social and environmental aspects and the role of cooperatives in the promotion of the Rural Revitalization strategy. Finally, we propose an outlook on the high-quality development of farmers' cooperatives in Fujian Province.

Keywords: Specialized Cooperatives; High-quality Development; Rural Revitalization; Agricultural Development; Rural Economy

Abstract: Under the background of the national food security strategy, Fujian Province is facing the practical problems of the reduction of the total amount of cultivated land and the "non-grain growing" of cultivated land. From 2010 to 2019, the total amount of cultivated land in Fujian Province decreased by 2331 hectares, showing a temporal and spatial differentiation pattern of decreasing cultivated land in the eastern coastal areas and slightly increasing cultivated land in the Western non-coastal areas. By the end of 2020, the "non-grain growing" rate of cultivated land in Fujian Province was 50.4%. The utilization types were mainly vegetables, oil and tobacco leaves. The main reasons were the low comparative benefits of food crops, the rising cost of land and labor, the small per capita cultivated land, the low level of cultivated land fragmentation and mechanization. The "non-grain growing" rate in Fujian Province is high in the East and low in the west, rising in the East and falling in the West. To control the "non-grain growing" of cultivated land, we should respect and protect the basic rights and interests of increasing farmers' income, ensure the "best cultivated land grows food crops" and control the increment of "non-grain growing" of cultivated land through five measures: planning guidance, economic incentive, technological improvement, standardizing the land transfer market and strengthening supervision.

Keywords: Cultivated Land Management; "Non-grain Growing"; Temporal and Spatial Evolution; Cultivated Land Extension

B.10 Investigation and Analysis on Inclusive Finance Development in Fujian Province

Abstract: In recent years, Fujian provincial party committee and government have actively implemented the strategic plan of the CPC Central Committee and actively promoted the development of inclusive finance. Firstly, based on the policy documents provided by Fujian Province to promote the development level of inclusive finance, this report summarizes the achievements of Fujian Province in promoting the full development of inclusive finance. Secondly, based on the specific data of inclusive finance development in Fujian Province and its cities in 2020-2021, combined with the current general trend of inclusive finance development in Fujian Province, this report analyzes the development status of inclusive finance in Fujian Province from the aspects of interest rate level, credit amount, innovation of financial products and improvement of financial literacy, and then finds out the main problems existing in inclusive finance development in Fujian Province. Finally, according to the existing main problems and long-term objectives, the report puts forward countermeasures and suggestions for the development of Inclusive Finance in Fujian Province in the future, including continuing to focus on strengthening the construction of inclusive finance in Western Fujian, Northern Fujian and other mountainous areas of Fujian Province. Attach importance to the availability of financial services and provide financial support for the comprehensive revitalization of rural areas. Continue to explore the effective path of financial innovation and help Fujian's economic development with high quality. Intensify the publicity of financial knowledge and focus on improving the financial awareness of rural residents. Pay attention to the prevention and resolution of financial risks and protect the interests of market participants in financial activities. Pay attention to training financial talents, improve their hematopoietic function, and improve the level of inclusive financial services.

Keywords: Inclusive Finance; High-quality Development; Agricultural Credit; Financial Reform

Abstract: Rural garbage treatment is still the key task of current rural environmental governance, and it needs to strengthen efforts to continuously promote the participation of villagers. In addition, villagers are not only the direct producers of rural garbage, but also the direct beneficiaries of good governance of rural garbage. Their production and life are always inseparable from the clean rural environment. Therefore, we must fully mobilize their enthusiasm and initiative to participate in the rural waste management. We should organically integrate the villagers' participation into the process of rural garbage treatment, so as to fundamentally optimize the efficiency of rural garbage treatment, create a better living environment for the majority of rural residents, so as to effectively improve their quality of life. Fujian Province known as "eight mountains, one water and one field", is located between the "eight mountains". The situation, characteristics and difficulties of rural garbage treatment are special, so it is necessary to explore an appropriate treatment path. Based on the field survey of 305 villagers in some villages of Longyan, Sanming, Nanping and Ningde in underdeveloped areas of Fujian Province, the results show that the overall situation of rural social capital is general, especially the situation of villagers' social reputation is poor, and other dimensions of social capital are in the middle and upper level, and the individual social capital of villagers is stronger than the rural collective social capital. The overall level of villagers' participation is high, while the level of some villagers' participation is low.

Keywords: Rural Governance; Social Capital; Garbage Treatment; Fujian Province

Ⅳ Case Studies

B.12 "Changting Experience" in Soil Erosion Control

Abstract: Changting County in Fujian Province was once one of the counties with the most serious soil erosion in the red soil region of southern China, but in October 2021, it was selected as a successful example of ecological restoration practices in the world, and the "Changting experience" of soil erosion control has attracted attention from all walks of life. This case is a chronological account of the process and benefits of soil erosion control, and describes the transformation of Changting County, which used to be an ecological disaster, into a model of success. The case shows the "difficulties" and "solutions" faced by Changting County in the process of managing ecology, improving people's livelihood and coordinating development, and systematically summarizes its transformation from "turbid water and barren mountains" to "lucid waters and lush mountains", and then to "invaluable assets", in order to provide a typical model with practical reference value for the ecological governance and sustainable development of other ecologically fragile counties or regions in China.

Keywords: Soil Erosion; Network Governance; "Changting Experience"

B.13 Xiadang Township in Shouning County: The Road of Rural Revitalization with East Fujian Characteristics

Abstract: During Xi Jinping work in Fujian, he went to Shouning County nine times and Xiadang Township three times. And started the historical journey of getting rid of poverty and becoming rich in Xiadang Township. With the deep care and personal promotion of the general secretary for 30 years, the hardworking and plain people of the lower Party have worked hard to blaze a road of Rural Revitalization with East Fujian characteristics and won the honorary title of "national model for poverty alleviation". We have innovated and developed the "Xiadang mode", told the story of demobilization, and promoted "small places" to develop "big industries". Deepen the guidance of Party building and drive "small villages" towards "big connection". Focus on construction and sharing, and lead "small farmers" to connect with "big market". Innovate the consumption mode and vigorously promote "small leaves" to produce "big benefits". Important achievements have been made: the agricultural industry has formed a new pattern, the development of tourism has created a new situation, the supporting foundation crosses new steps, the living environment presents a new look; new changes in a better life, rural governance capacity has been improved. We must uphold the party's overall leadership. We must sing folk songs according to local conditions. We must adhere to the accurate strategy. We must closely rely on the masses. We must advocate the experience and Enlightenment of "dripping water wears away the stone" and "making contributions for a long time".

Keywords: Eastern Fujian Characteristics; "Xiadang Mode"; Rural Revitalization; Xiadang Township

Abstract: In 2017, Gaotang town of Jiangle County took the lead in innovating the setting mode of rural grass-roots party organizations in the whole county, launched the "joint village Party committee" mode, and explored a new road for Rural Revitalization in line with the local reality, in view of the unbalanced development of large villages and small villages, strong villages and weak villages, rich villages and poor villages, as well as the lax village level organizations in some villages around Changkou village, the weak village level collective economy, and the weakening of township style civilization. The main measures are to strengthen the innovation of Party building and build a solid fighting fortress at the grass-roots level. Select the right development path, promote the party building red to lead the ecological green, Integrate superior resources and expand development space. Lead the creation of high-quality services and promote complementary and common governance in rural areas. After several years of development, Gaotang Town has improved the ecological environment of green water and green mountains, broaden the industrial development space. We have laid a solid foundation for increasing the income of the masses, and improved the quality of Party building at the grass-roots level. We can get a lot of experience and Enlightenment from it, including: only by building a good party branch can we develop and achieve results, only by adjusting measures to local conditions can we give full play to our resource advantages, only green water and green mountains can support long-term development.

Keywords: "Inter Village Joint Construction"; "Joint Village Party Committee"; Fujian Rural

Abstract: Dengguang Village, Quanzhou City, Fujian Province has built a "smart light" grid management system, integrated into grid management, smart governance, integrated command and dispatching center, built projects such as smart AI identification, smart forest fire prevention, smart reservoir flood control, smart fire control, smart irrigation and smart environmental monitoring, combined grid management and smart governance, comprehensively improved rural governance capacity and built a modern smart village, provide a safe and livable living environment for villagers and lay a solid foundation for social governance for Rural Revitalization.

Keywords: Intelligent Governance; Grid Management; Dengguang Village; Nan'an City

皮书

智库成果出版与传播平台

皮书定义

皮书是对中国与世界发展状况和热点问题进行年度监测，以专业的角度、专家的视野和实证研究方法，针对某一领域或区域现状与发展态势展开分析和预测，具备前沿性、原创性、实证性、连续性、时效性等特点的公开出版物，由一系列权威研究报告组成。

皮书作者

皮书系列报告作者以国内外一流研究机构、知名高校等重点智库的研究人员为主，多为相关领域一流专家学者，他们的观点代表了当下学界对中国与世界的现实和未来最高水平的解读与分析。截至 2022 年底，皮书研创机构逾千家，报告作者累计超过 10 万人。

皮书荣誉

皮书作为中国社会科学院基础理论研究与应用对策研究融合发展的代表性成果，不仅是哲学社会科学工作者服务中国特色社会主义现代化建设的重要成果，更是助力中国特色新型智库建设、构建中国特色哲学社会科学“三大体系”的重要平台。皮书系列先后被列入“十二五”“十三五”“ 十四五”时期国家重点出版物出版专项规划项目；2013~2023 年，重点皮书列入中国社会科学院国家哲学社会科学创新工程项目。

皮书网

（网址：www.pishu.cn）

发布皮书研创资讯，传播皮书精彩内容
引领皮书出版潮流，打造皮书服务平台

栏目设置

◆ **关于皮书**

何谓皮书、皮书分类、皮书大事记、
皮书荣誉、皮书出版第一人、皮书编辑部

◆ **最新资讯**

通知公告、新闻动态、媒体聚焦、
网站专题、视频直播、下载专区

◆ **皮书研创**

皮书规范、皮书选题、皮书出版、
皮书研究、研创团队

◆ **皮书评奖评价**

指标体系、皮书评价、皮书评奖

◆ **皮书研究院理事会**

理事会章程、理事单位、个人理事、高级
研究员、理事会秘书处、入会指南

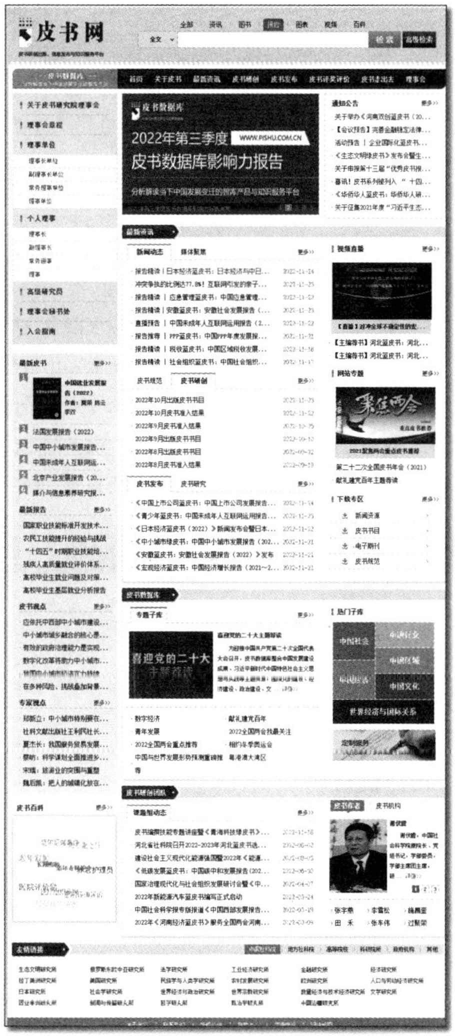

所获荣誉

◆ 2008 年、2011 年、2014 年，皮书网均在全国新闻出版业网站荣誉评选中获得“最具商业价值网站”称号；

◆ 2012 年，获得“出版业网站百强”称号。

网库合一

2014年，皮书网与皮书数据库端口合一，实现资源共享，搭建智库成果融合创新平台。

皮书网

“皮书说”
微信公众号

皮书微博

S 基本子库 UB DATABASE

中国社会发展数据库（下设 12 个专题子库）

紧扣人口、政治、外交、法律、教育、医疗卫生、资源环境等 12 个社会发展领域的前沿和热点，全面整合专业著作、智库报告、学术资讯、调研数据等类型资源，帮助用户追踪中国社会发展动态、研究社会发展战略与政策、了解社会热点问题、分析社会发展趋势。

中国经济发展数据库（下设 12 专题子库）

内容涵盖宏观经济、产业经济、工业经济、农业经济、财政金融、房地产经济、城市经济、商业贸易等12个重点经济领域，为把握经济运行态势、洞察经济发展规律、研判经济发展趋势、进行经济调控决策提供参考和依据。

中国行业发展数据库（下设 17 个专题子库）

以中国国民经济行业分类为依据，覆盖金融业、旅游业、交通运输业、能源矿产业、制造业等 100 多个行业，跟踪分析国民经济相关行业市场运行状况和政策导向，汇集行业发展前沿资讯，为投资、从业及各种经济决策提供理论支撑和实践指导。

中国区域发展数据库（下设 4 个专题子库）

对中国特定区域内的经济、社会、文化等领域现状与发展情况进行深度分析和预测，涉及省级行政区、城市群、城市、农村等不同维度，研究层级至县及县以下行政区，为学者研究地方经济社会宏观态势、经验模式、发展案例提供支撑，为地方政府决策提供参考。

中国文化传媒数据库（下设 18 个专题子库）

内容覆盖文化产业、新闻传播、电影娱乐、文学艺术、群众文化、图书情报等 18 个重点研究领域，聚焦文化传媒领域发展前沿、热点话题、行业实践，服务用户的教学科研、文化投资、企业规划等需要。

世界经济与国际关系数据库（下设 6 个专题子库）

整合世界经济、国际政治、世界文化与科技、全球性问题、国际组织与国际法、区域研究 6 大领域研究成果，对世界经济形势、国际形势进行连续性深度分析，对年度热点问题进行专题解读，为研判全球发展趋势提供事实和数据支持。

法律声明